SPRACHWISSENSCHAFTLICHE
STUDIENBÜCHER

HARM PINKSTER
CAROLINE KROON

# LATEIN – Eine Einführung

Aus dem Niederländischen
übersetzt von
ROLAND HOFFMANN

Universitätsverlag
WINTER
Heidelberg

Bibliografische Information der Deutschen Nationalbibliothek
Die Deutsche Nationalbibliothek verzeichnet diese Publikation in der Deutschen Nationalbibliografie; detaillierte bibliografische Daten sind im Internet über *http://dnb.d-nb.de* abrufbar.

UMSCHLAGBILD

Römische Statue (die traditionell als Darstellung des Flussgottes Tigris aus dem 2. Jahrhundert n. Chr. gilt, aber eher die Restaurierung und Umdeutung einer älteren antiken Skulptur auf den ›Flussgott‹ Arno in der Renaissancezeit ist). Museo Pio-Clementino der Musei Vaticani

Deutsche Lizenzausgabe der niederländischen Originalschrift
Harm Pinkster, Caroline Kroon:
Latijn: een eerste kennismaking, Muiderberg:
Uitgeverij Coutinho 1989


ISBN 3-8253-5267-6


Imprimé en Allemagne · Printed in Germany
Druck: Memminger MedienCentrum, 87700 Memmingen

Gedruckt auf umweltfreundlichem, chlorfrei gebleichtem und alterungsbeständigem Papier

Den Verlag erreichen Sie im Internet unter:
www.winter-verlag-hd.de

# Inhalt

TEIL 2: PRAKTISCHE ÜBUNGEN



TEIL 3: LITERATURGESCHICHTLICHER ÜBERBLICK

Anhang I-VI (Hilfsmittel für Kapitel 7)

# VORWORT DER AUTOREN

zur holländischen Originalausgabe von 1989

„Latein: eine Einführung" ist für diejenigen bestimmt, die kein Latein in Schule oder Hochschule erlernt haben oder bei denen die Kenntnis des Lateinischen abgenommen hat. Diese Zielgruppe ist ziemlich groß, und eine Einführung zu schreiben, die für jeden dieser Gruppe verständlich und wichtig wäre, ist praktisch unmöglich. Bei diesem Buch sind wir davon ausgegangen, dass die Leser den allgemeinen grammatikalischen Kenntnisstand heutiger Abiturienten haben.

Der erste – beschreibende – Teil dieses Buchs ist vor allem für diejenigen bestimmt, die wissen wollen, was für eine Sprache das Lateinische war, d.h. für alle, die nicht Einzelheiten des Lateinischen, sondern die auffälligsten Merkmale kennen lernen möchten. Dieser Teil ist deshalb hoffentlich u.a. für Studenten der romanischen Sprachen hilfreich. Der zweite – praktische – Teil ist vor allem für Personen nützlich, die bei der Begegnung mit einem kurzen lateinischen Text wissen möchten, wie sie seinen Inhalt verstehen können. Dieser Teil bietet eine Suchstrategie für diejenigen, die zwar kein Latein verstehen, aber mit einem Wörterbuch umgehen können. Unter anderem denken wir dabei an Juristen, die einem lateinischen Ausdruck begegnen. Wir schließen nicht aus, dass man mit Hilfe dieses Buchs nach viel Übung gründliche Kenntnisse des Lateinischen erwirbt, aber dies ist nicht unsere eigentliche Absicht. In einem dritten Teil geben wir schließlich einen kurzen Überblick über die lateinische Literatur.

Der erste Teil ist in einer vorläufigen Fassung in Einführungskursen zum Latein für Romanistikstudenten an der Universität Amsterdam erprobt worden. Die Anmerkungen von – anonymen – Studenten, die den Text gelesen haben, wurden, soweit möglich, eingearbeitet. Der zweite Teil ist völlig neu. Wir haben aber von den Erfahrungen profitieren können, die mit einer solchen Methode in einem Kurs der Katholischen Universität Brabant (Dr. A.J. Meijers) gemacht wurden. Einige Kolleginnen und Kollegen (Machtelt Bolkestein, Daan den Hengst, Jan de Jong, Rodie Risselada, Elseline Vester) haben uns Anregungen zu einer früheren Fassung dieses Textes zukommen lassen. Hinweise und Anregungen von Leserinnen und Lesern (in Deutsch) nehmen wir gerne entgegen.

Prof. Dr. Harm Pinkster		Prof. Dr. Caroline Kroon

# VORWORT DES ÜBERSETZERS

Im deutschsprachigen Raum gibt es gewiss keinen Mangel an Lateingrammatiken, im Hochschulbereich ist vor allem die altbewährte Studiengrammatik von H. Rubenbauer, J.B. Hofmann und R. Heine (Bamberg & München $^{12}$1995) zu nennen. Aber eine Einführung ins Lateinische wie das vorliegende Buch, das erwachsene Lernende, Student(inn)en, aber auch Oberstufenschüler(inne)n, auf dem Stand der heutigen Linguistik mit dem Lateinischen vertraut macht, ist ein Desiderat. Einige ältere, z.T. weiter aufgelegte Bücher bilden keine wirkliche Alternative, weil sie eher im Plauderton ins Lateinische einführen und viele Antworten auf sprachliche und übersetzungstechnische Fragen schuldig bleiben.

Es war daher ein dringendes Anliegen, dieses Buch, das von zwei Experten verfasst wurde und im englischsprachigen Bereich die Bezeichnung *textbook* im besten Sinne verdient, auch einem deutschen Leserkreis bekannt zu machen. Trotz der großen Entfernung zu Amsterdam, Oxford und Chicago und der starken Belastung der Autoren durch Forschung, Lehre und Hochschulverwaltung klappte die Kooperation mit Caroline und Harm so gut, wie sie kaum besser hätte sein können. Dem Verlag C. Winter in Heidelberg und seinen Mitarbeitern, bes. Herrn Dr. Andreas Barth, ist für seine große Aufgeschlossenheit an dem nicht risikofreien Projekt und die exzellente Betreuung von Herzen zu danken.

Der Text ist im Kern dieselbe Version wie das niederländische Original. Neben einigen Anmerkungen wurden die Literaturhinweise aktualisiert und an ein deutschsprachiges Leserpublikum angepasst. Hinzu kamen ein Sprachen- und Autorenregister. In Kapitel 7 wurde auszugsweise ein weiterer neulateinischer Text aufgenommen, wobei dem Verlag „Libreria Editrice Vaticana", Vatikanstadt, für die freundliche Genehmigung des Abdrucks herzlich zu danken ist.

Ich widme diese Übersetzung meinen Lateinschüler(inne)n, bes. Andrea Ackermann, Benedict Baur, Nikolai Boiar, Maximilian Hake, Annegret Hamm, Nike Heinss, Dr. Sandra Kind, Lisa Kreußer, Thomas Lind, Julia Manderla, Lisa Marquardt, Johannes Müller, Joanna Mickiewicz, Joachim Ott, Melanie Ott, Luci Pawlowski, Julia Roth, Martin Senne, Minh-Truong Tran, Dr. Gerald Volkmer, Malte Wilfert und dem Fachkollegium am Gymnasium Nieder-Olm Claudia Ecker-Gebhardt, Sabine Heimann, Jochen Müller, Christiane Stephan.

Zu hoffen bleibt, dass dieses in den Niederlanden bewährte Buch auch im deutschsprachigen Raum viele Leserinnen und Leser findet. Zu hoffen bleibt ferner, dass die Übertragung in ein allgemeinverständliches, weder unpräzises noch staubtrockenes, sondern stilistisch gutes Deutsch halbwegs gelungen ist.

Mainz, im August 2006 Dr. Roland Hoffmann

# Teil 1: Beschreibung

# 1. ÜBERSICHT ZUR HISTORISCHEN ENTWICKLUNG DES LATEINS

## 1.1 Erklärung des Begriffs 'Latein'

Die lateinische Sprache (*lingua Latina*) wird nach den Latinern genannt, den Bewohnern der Landschaft Latium in Mittelitalien, der heute Lazio heißt und in dem die Stadt Rom (*Roma*) liegt. Über die früheste Geschichte von Rom in Latium besteht noch immer Ungewissheit. Für unsere Kenntnis sind wir einerseits auf die römische Überlieferung angewiesen. Nach dieser Tradition wurde Rom am 21. April 753 v. Chr. durch Romulus gegründet. Eine wichtige historische Quelle bildet das literarische Geschichtswerk *Ab urbe condita* von Titus *Livius** (* ist ein Verweis auf 8.2). Andererseits liefern Ausgrabungen in diesem Gebiet von Rom und im übrigen Italien neue Informationen, durch die uns jetzt die technologischen und kulturellen Entwicklungen deutlicher werden, die auf der italischen Halbinsel zu Beginn des ersten Jahrtausends stattgefunden haben.

Die frühesten schriftlichen Überlieferungen der lateinischen Sprache datieren aus der Zeit nach dem traditionellen Gründungsdatum 753 v. Chr. Das älteste Dokument in einem Dialekt der Sprache, die Latein oder jedenfalls damit verwandt ist (eine goldene Haarspange mit Inschrift),[1] wird auf etwa 600 v. Chr. datiert. Seine Echtheit wird übrigens angezweifelt. Die ältesten in Rom gefundenen Texte stammen aus dem 6. Jahrhundert vor Christus (ca. 500); der große Überlieferungsstrom beginnt jedoch erst im dritten Jahrhundert. Literarische Texte besitzen wir seit ca. 250 v. Chr. Die frühen Texte weichen in sprachlicher Hinsicht von dem ab, was gewöhnlich das „Klassische Latein" genannt wird, d.h. das literarische Latein, wie es von den Autoren Gaius Iulius *Caesar** und Marcus Tullius *Cicero** gebraucht wurde (1. Jahrhundert v. Chr.). Diese Abweichungen können sowohl aufgrund des großen zeitlichen Abstandes als auch aufgrund regionaler und sozialer Unterschiede erklärt werden. Die Typisierung der lateinischen Sprache, die in diesem Buch gegeben wird, ist vor allem zugespitzt auf das klassische Latein. Die Sprachgeschichte vor der klassischen Periode wird größtenteils außer Betracht bleiben. Wohl aber soll einige Aufmerksamkeit auf die Entwicklung des Lateinischen nach der klassischen Periode gerichtet werden (1.3 in Kapitel 6).

[1] Vgl. Palmer a.O. (S.12), Vorwort von J. Kramer, S.IX [Anm. des Übersetzers].

## 1.2 Ausbreitung und Entwicklung des Lateinischen

Entstanden als Sprache einer sehr kleinen Gruppe von Menschen, ist das Lateinische allmählich zur Verkehrssprache des ganzen südlichen und westlichen Europas geworden. Es bildete die Grundlage für die heutigen romanischen Sprachen. Diese Ausbreitung des Lateinischen hängt natürlich eng mit der politischen Entwicklung von Rom zusammen. Wie bereits erwähnt, fällt die Entstehung Roms ins 8. Jahrhundert. In den ersten Jahrhunderten stand Rom unter der Herrschaft, später jedenfalls auch noch unter dem Einfluss der Etrusker, eines Volkes, das besonders das Gebiet zwischen Florenz und Rom bewohnte (*Etruria*, das zu einem Teil mit der heutigen Toskana zusammenfällt), auf dem Höhepunkt seiner Macht aber auch außerhalb herrschte. Von diesem Volk haben die Römer allerlei Bräuche übernommen. Sobald die Herrschaft von Etrurien zu Ende ging, begann eine Ausbreitung Roms auf Kosten der umliegenden Völker (ungefähr seit 400 v. Chr.). Diese Expansion verlief sehr schnell. Gegen 275 v. Chr. waren ganz Mittel- und Süditalien unterworfen. In drei Kriegen gegen Karthago (das im heutigen Tunesien liegt), den sogenannten Punischen Kriegen, die mit der Verwüstung von Karthago 146 v. Chr. endeten, wurden schließlich Sizilien (241), Sardinien und Korsika (238), *Hispania* (Spanien) einschließlich *Lusitania* (Portugal – seit 197) und *Carthago Africa* (das das heutige Tunesien bezeichnet – 146) unter römische Herrschaft gebracht. Im selben Jahr 146 endeten die Kriege in Griechenland mit der Einverleibung von Griechenland als Provinz. Die Annexion Illyriens war schon im Jahre 167 vorausgegangen. Ein großer Teil der heutigen Türkei wurde 133 v. Chr. an das Reich angeschlossen (die Provinz *Asia*). 120 wurden in Südfrankreich das Rhônetal und die Languedoc (*Gallia Narbonensis*) unter römische Herrschaft gebracht. Die Entwicklung des römischen Reichs von ca. 400 bis ca. 100 v. Chr. ist den Karten auf S.5-6 zu entnehmen.

Zu diesen Expansionen kamen noch hinzu: Gallien, durch die Feldzüge von Gaius Julius Caesar 58-51, (das ganze Gebiet südlich und westlich des Rheins) und Ägypten (31 v. Chr.).

Im 1. und 2. Jahrhundert folgten noch England (bis zum Hadrianswall – benannt nach dem römischen Kaiser Hadrianus), Teile der heutigen Balkanhalbinsel (unter anderem das Gebiet, das noch heute Rumänien heißt) und große Teile des Nahen Ostens. Auch in Deutschland, dem römischen Germanien, waren die Römer im gesamten südwestlichen Gebiet bis zum Limes aktiv, einem Grenzwall von Süden nach Norden. Der maximale Umfang ist Karte 4 zu entnehmen.

Eine Anzahl von Faktoren kann genannt werden, die die enorme Expansion und die damit zusammenhängende Ausbreitung des Lateinischen ermöglichte:

I. Die Römer beschränkten sich nicht auf die Stationierung von Legionen in unterworfenen Gebieten, sondern sie errichteten auch Siedlungen von römischen Bürgern (sog. *coloniae*). Die erste (*Velitrae*, das heutige *Veletri*) datiert möglicherweise schon aus dem Jahre 494 v. Chr.

Karte 1

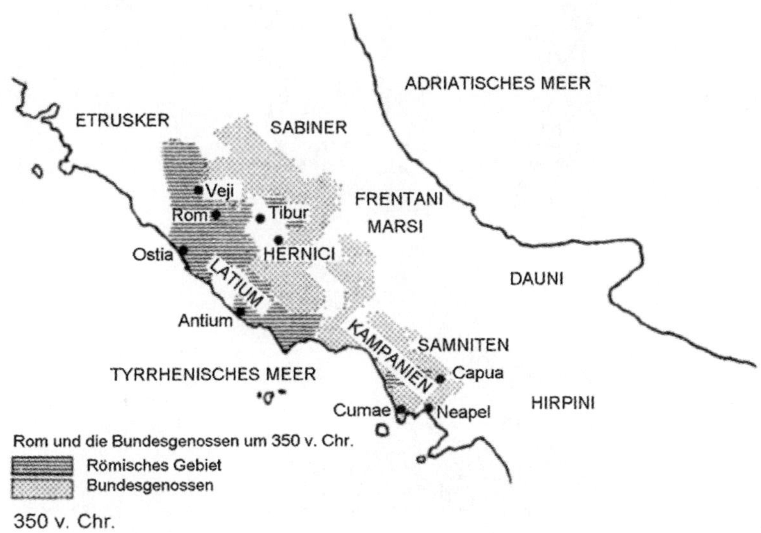


Karte 2

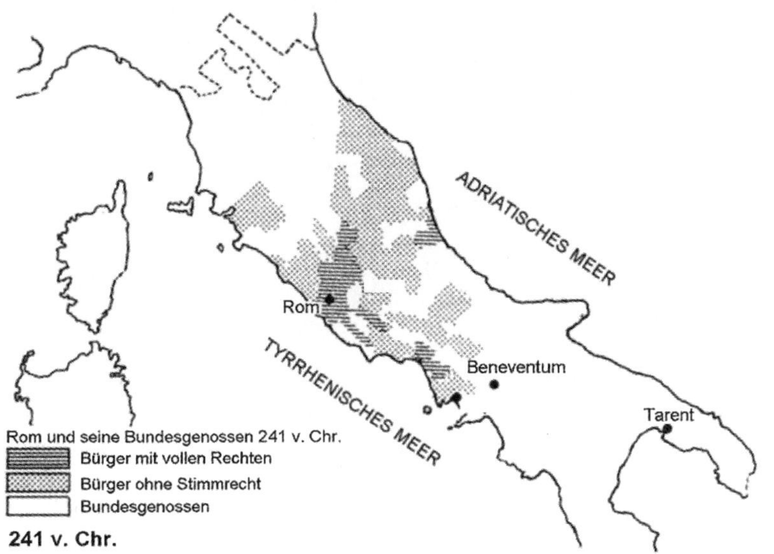


Karte 1 und 2 (mit Übersetzung der Legende) entnommen aus: Lukas de Blois, *Een Kennismaking met de oude wereld*, Muiderberg / NL 1987.

Karte 3

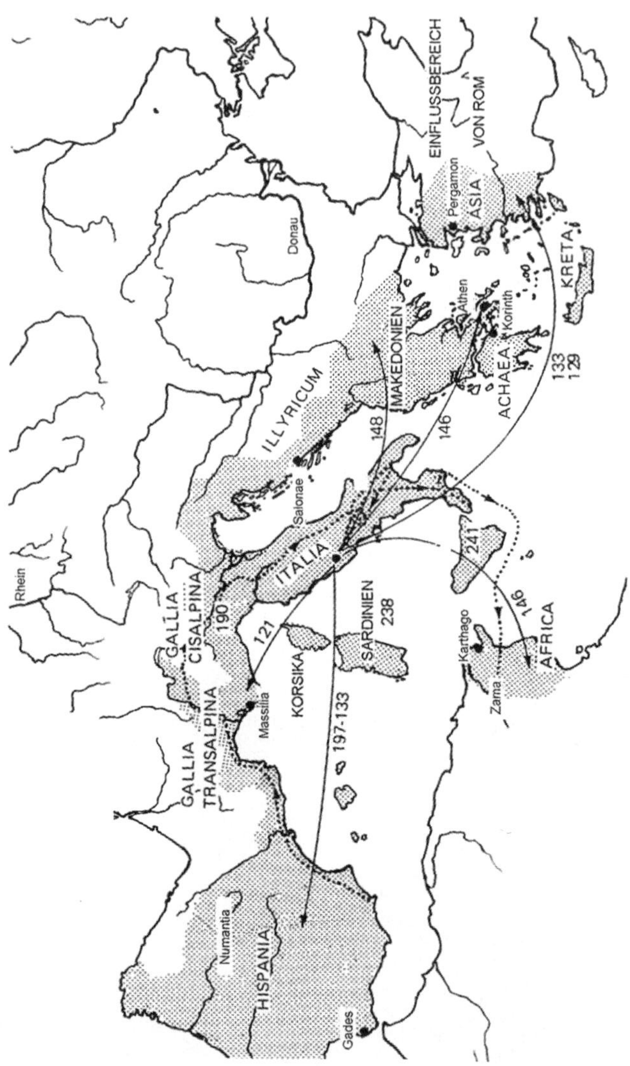


Die Ausbreitung des römischen Reichs im Zeitraum von 218 – 120 v. Chr. Die Zahlen geben das jeweilige Jahr an, in dem das römische Gebiet Provinz wurde.

Karte 3 entnommen aus: De Blois a.O. (S.5)

Karte 4

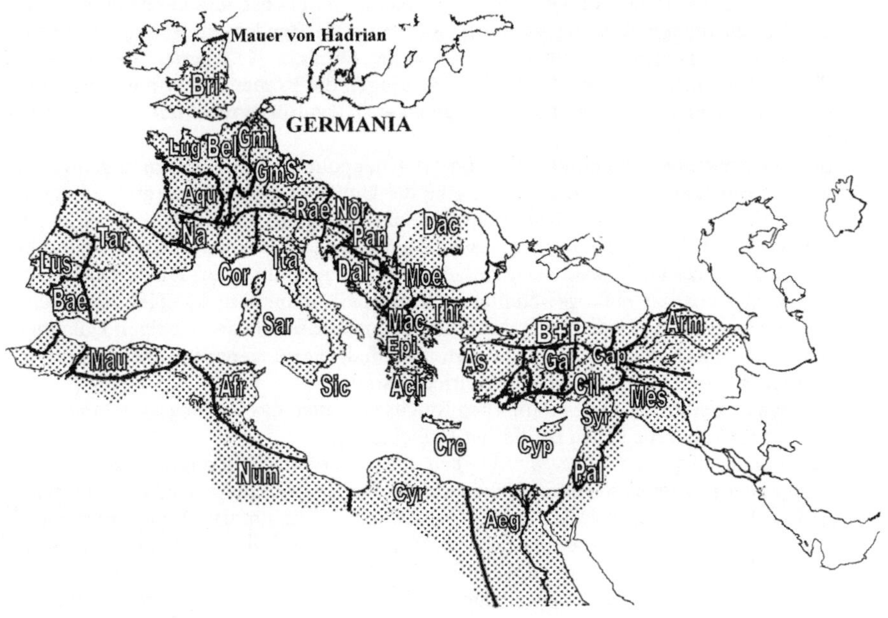


Gebräuchliche Abkürzungen:

Ita – Italia
Sar – Sardinia
Sic – Sicilia

Gallia:
Aqu – Aquitania
Bel – Belgica
Lug – Lugdunensis
Nar – Narbonensis

Bri – Britannia

GmI – Germania Inferior
GmS – Germania Superior

Hispania:
Bae – Baetica
Cor – Corsica
Lus – Lusitania
Tar – Tarraconensis

Aeg – Aegyptus
Afr – Africa
Cyr – Cyrene
Mau – Mauretania
Num – Numidia

Donauländer und Balkan:
Ach – Achaea
Cre – Creta
Dac – Dacia
Dal – Dalmatia
Epi – Epirus
Mac – Macedonia
Moe – Moesia
Nor – Noricum
Pan – Pannonia
Rae – Raetia
Thr – Thracia

Asia:
Arm Armenia
As – Asia
B+P – Bithynia et Pontus
Cap – Capadocia
Cil – Cilicia
Cyp – Cyprus
Gal – Galatia
Mes – Mesopotamia
Pal – Vasallenstaaten in Palästina, Judäa u. Jordanien
Syr – Syria

Einige Vasallenstaaten sind weiß gelassen.

Karte 4 leicht bearbeitet nach: De Blois a.O. (S.5).

II. Sie sorgten für gute Beziehungen in dem von ihnen beherrschten Gebiet, u.a. durch den Bau von Straßen. Die erste Straße war die *Via Appia* von Rom in Richtung Süden im Jahre 312 v. Chr.

III. Mit den unterworfenen Völkern gingen die Römer möglichst besondere völkerrechtliche Beziehungen ein, wobei sie die Bevölkerung als Bundesgenossen (*socii*) behandelten. Bundesgenossen stellten Soldaten an das römische Heer bereit, was wiederum die Integration förderte. Im Laufe der Zeit gingen die Römer immer mehr dazu über (übrigens unter dem Druck der Bundesgenossen), das Bürgerrecht (*civitas*) zu verleihen.

IV. Sie förderten eine bestimmte Form von Sprachenpolitik. Außer in denjenigen Gebieten, wo seit Jahr und Tag das Griechische die Umgangssprache war (grob gesagt die Region östlich von Italien) wurde das Lateinische überall als offizielle Amtssprache verwendet. Der Gebrauch der Landessprachen wurde zwar nicht verboten, aber diese waren für offizielle Anlässe nach einiger Zeit nahezu nicht mehr üblich. Dieses Bild ergibt sich aus der außergewöhnlichen Knappheit authentischer, nicht im Lateinischem ausgestellter Dokumente. Auffällig ist auch, dass von den wenigen Dokumenten in anderen Sprachen, die uns überliefert sind, die jüngeren im lateinischen und nicht im landeseigenen Alphabet geschrieben sind.

   In späteren Perioden des römischen Reichs war auch das Bildungssystem ein Faktor, der für kulturelle neben politischer Einheit sorgte.

V. Schließlich sollte nicht unerwähnt bleiben, dass die römische Expansion rund um das Mittelmeer in Gebieten stattfand, die einen hohen Entwicklungsstand erreicht hatten und in denen auch schon eine starke soziokulturelle, ökonomische und organisatorische Infrastruktur vorhanden war. Der östliche Teil des Mittelmeerraums war in der Gewalt oder jedenfalls unter dem Einfluss der Griechen, und das gilt auch für einen Großteil des westlichen Gebietes, nämlich des Gebietes, das zur Zeit der Machtübernahme durch Rom größtenteils unter karthagischer Herrschaft stand.

   Einige Beispiele: die älteste Kolonie in Italien – Cumae – wurde um ca. 750 v. Chr. gegründet. Diese Kolonie gründete ihrerseits ca. 600 Neapel (griechisch *Νεάπολις*, lateinisch *Neapolis*), das 'erst' 327 v. Chr. in römische Gewalt kam. Marseille (griech. *Μασσαλία* – lat. *Massilia*) wurde ca. 600 v. Chr. von griechischen Siedlern gegründet. Diese Stadt kam ca. 120 v. Chr. unter römische Herrschaft. Das heutige *Cádiz* (lat. *Gades*) wurde nach antiken Quellen bereits 1100 v. Chr. von Phöniziern gegründet, war aber nach archäologischen Funden in jedem Falle im 8. Jahrhundert eine phönizische Siedlung. Diese Stadt kam im Jahre 206 v. Chr. unter römische Gewalt.

## 1.3 Andere Sprachen im heutigen Italien

In Italien wurden mehrere sehr unterschiedliche Sprachen gesprochen, bevor das Lateinische allgemeine Umgangssprache wurde. Durch die oben beschriebene Expansion kamen die Römer in Kontakt mit diesen Sprachen, und es ist gut vorstellbar, dass dieser Kontakt von zweierlei Art von Einfluss auf das Lateinische gewesen ist: Einerseits nahmen die Römer Elemente der italischen Sprachen im Lateinischen auf, andererseits erlernten die Nicht-Römer das Lateinische als Zweitsprache, wobei, wie anzunehmen ist, Beeinflussung durch die Muttersprache stattfand.

Auf Karte 5 wird eine Anzahl Sprachen erwähnt, die in der Antike in Italien gesprochen wurden. Von einigen sind so wenig Reste erhalten, dass wir nicht einmal wissen, was für ein Typ von Sprache vorliegt. Die Sprachen, von denen wir die meisten Nachrichten haben, sind das Griechische, das Oskische, das Umbrische, das Venetische und das Etruskische. Die letztgenannte Sprache ist uns in einer großen Anzahl von vornehmlich kürzeren Dokumenten erhalten. Diese sind in einem von den Griechen übernommenen Alphabet geschrieben, so dass sie leicht entziffert werden können. Weil es sich aber um eine Sprache eines ganz anderen Typs als die uns bekannten indoeuropäischen Sprachen handelt, zu dem bis heute keine guten Parallelen gefunden wurden, können wir, bis auf ein paar Eigennamen, so gut wie nichts verstehen. Im lateinischen Wortschatz befinden sich etruskische Lehnwörter.

Das Griechische wurde im antiken Italien in den vielen griechischen Städten entlang der Küste von Süditalien und Sizilien gesprochen. Diese Städte hatten sicherlich am Anfang der römischen Expansion eine materielle, handwerkliche und wissenschaftliche Kultur, die viel höher war als die der späteren Herrscher. Es spricht für sich, dass der Wortschatz der Römer mit griechischen Bezeichnungen für früher nicht bekannte Sachen und Begriffe bereichert wurde. Außerdem fungierte die griechische Literatur und Literatursprache für die Römer als Vorbild. Auch der Stil und möglicherweise der Satzbau der lateinischen Autoren ist von den griechischen Vorgängern beeinflusst.

Das Oskische, Umbrische und Venetische zeigen eine relativ nahe Verwandtschaft mit dem Lateinischen. Von diesen drei Sprachen ist vom Venetischen sehr wenig bekannt, aber genug, um eine Anzahl von Übereinstimmungen mit dem Lateinischen festzustellen. Das Venetische wurde in der Nähe des heutigen Venedig gesprochen. Das Oskische wurde im ganzen Südwesten Italiens, südlich von Rom, gesprochen. Wir besitzen Dokumente von beträchtlichem Umfang in dieser Sprache, beispielsweise eine Stadtordnung, Weihetexte und Fluchinschriften. Von seiner Lautstruktur her weicht das Oskische ziemlich vom Lateinischen ab, aber in der Formenlehre gibt es große Übereinstimmungen. Ähnliches kann man vom Umbrischen behaupten, das in der Gegend von Umbrien nordöstlich von Rom gesprochen wurde. Diese Sprache kennen wir vor allem durch eine Anzahl von Bronzeplatten, auf denen ausführlich eine Gottesdienstordnung und sich darauf beziehende Anweisungen beschrieben sind. Die Platten heißen *Tabulae Iguvinae*, nach der Stadt Iguvium bei Gubbio, wo sie gefunden wurden und heute noch zu besichtigen sind. Eine Anzahl lateinischer Wörter ist aus dem Oskischen und dem Umbrischen entlehnt. Schlecht sind wir über das Maß unterrichtet, in dem alle diese Sprachen noch in der klassischen Phase des Lateinischen verwendet wurden. Der Verfasser eines rhetorischen Handbuches, Quintilian (Ende des 1. Jahrhunderts), berichtet, dass zu seiner Zeit ganz Italien dieselbe Sprache (nämlich Latein) sprach. Andererseits wissen wir, dass der römische Kaiser Claudius (Regierungszeit von 41-54 n. Chr.) sich mit dem Etruskischen beschäftigte. In Pompeji, das im Jahre 79 n. Chr. durch einen Ausbruch des Vesuvs verschüttet wurde, finden wir Graffiti in Oskisch, die zur Zeit des Ausbruchs frisch angefertigt waren. Aus diesen Angaben können wir vielleicht folgern, dass um den Beginn unserer Zeitenrechung die landeseigenen – nicht-lateinischen – Sprachen noch gesprochen wurden, im öffentlichen Leben jedoch nur eine geringe Rolle spielten.

Karte 5

Andere Sprachen im antiken Italien

## 1.4 Entwicklungen in nachklassischer Zeit

Nach der Phase der Expansion des römischen Reichs und der Stabilisierung der einverleibten Gebiete folgte im 3. Jahrhundert n. Chr. eine Periode der Unruhe entlang der Grenzen des Reichs. Danach entstand ein zunehmender Druck von germanischen und slawischen Völkern außerhalb des Reichs. Kurz nach 400 n. Chr. gaben die Römer England auf. 410 wurde Rom durch die Westgoten unter Alarich geplündert. Zur selben Zeit drangen die Wandalen bis nach Spanien und Afrika vor. 476 fiel das (west-)römische Reich. Dies bedeutet nicht, dass gleichzeitig die römische Kultur unterging. Die eingefallenen Stämme übernahmen von der überlegenen Kultur das, was sie brauchen konnten. Eine nicht unbeträchtliche Zahl heidnischer und christlicher Autoren setzten die klassische literarische Tradition fort, und auch in anderer Hinsicht ist die Rede vom Andauern des römischen Kulturerbes (beispielsweise Isidor von Sevilla in der ersten Hälfte des 7. Jahrhunderts). Das Lateinische blieb außerdem als Sprache der Kirche und der Theologie, als Sprache der Verwaltung in juristischen Dokumenten und als wissenschaftliche Umgangssprache in Gebrauch.

Wohl brachte der Zusammenbruch des römischen Reichs, einhergehend mit dem Wegfallen einer verwaltungsmäßigen Einheit und dem Zusammenbruch des Unterrichtswesens, äußerlich ein Auseinanderstreben und eine Verselbständigung der verschiedenen Teile des Reichs mit sich. Hierdurch wurden vielleicht schon früher bestehende, aber für uns nicht genau wahrnehmbare Unterschiede im Lateinischen stärker, möglicherweise auch unter dem Einfluss der eingefallenen neuen herrschenden Schicht. Im Laufe des 8. Jahrhunderts war diese Entwicklung in Gallien schon so weit fortgeschritten, dass die Bevölkerung in der Kirche das Lateinische in der offiziellen klassischen Aussprache nicht mehr verstehen konnte. Das Konzil von Tours 813 schrieb dann auch vor, künftig die Volkssprache („rusticam romanam ... linguam") zu gebrauchen. Das 'echte' Latein war inzwischen eine zweite, eine Gelehrtensprache geworden. Das erste Dokument in der französischen Sprache datiert aus dem Jahre 842 („Straßburger Eide").

Die Form des Lateinischen des frühen Mittelalters weicht mehr oder weniger vom klassischen Latein ab. Dies hing von verschiedenen Faktoren ab: vom Bildungsgrad der Autoren, dem Einfluss des amtlichen oder kirchlichen Stils und den Einflüssen der Volkssprache. In den Teilen des früheren römischen Reichs, die ganz zum römischen Sprachgebiet gehörten, war der Einfluss der Volkssprache auf das Lateinische groß. Dagegen war in den Gebieten, wohin das Lateinische niemals vorgedrungen war (beispielsweise in Irland) oder niemals ganz zur Umgangssprache geworden war (wie etwa in England) ein solcher Einfluss verständlicherweise nicht vorhanden. Gerade deshalb finden wir in den Gebieten viel weniger auffällige Abweichungen vom klassischen Latein als im sog. Merowingerlatein in Frankreich. In Reaktion darauf ist in Frankreich durch Pipin den Jüngeren und vor allem durch seinen Sohn Karl den Großen vieles unternommen worden, um das Lateinische wieder mehr an das klassische Latein anzugleichen. In den Schulen, die in Ehren wiederhergestellt worden waren, wurde Latein in einer möglichst reinen Form unterrichtet. Für die Kontinuität des Lateinischen war die sog. Karolingische Renaissance von großer Bedeutung. Durch diese Art von Aktivitäten wurde andererseits das Bewusstsein von der Verschiedenheit von Volkssprache und Latein geschärft.

Bis zur anschließenden Renaissance, die bei den Humanisten in Italien anfing und sich danach über ganz Europa ausbreitete, wurde das Lateinische von den Gelehrten als eine internationale Umgangssprache gebraucht. Das Lateinische fungierte so als eine zweite Sprache neben der Landessprache und wurde dabei an die Bedürfnisse der Kommunikation angepasst. Ferner gibt es eine umfangreiche mittelalterliche Lyrik im Lateinischen (ein Beispiel ist das Gedicht auf S.97), und es wurden philosophische – scholastische – Studien in Lateinisch verfasst. Die Humanisten entdeckten nicht nur die Bedeutung der klassischen Antike im Allgemeinen, sondern orientierten sich auch an den Normen des klassischen Lateins (wobei verschiedene Autoren gewählt werden konnten, dabei besonders aber Cicero). Grammatisch betrachtet ist das Lateinische von jemandem wie Petrarca in Italien und Erasmus in den Niederlanden deswegen viel weniger interessant als die sprachlichen Äußerungen mittelalterlicher Autoren. Diese Phase des Lateins (Humanisten- oder Neulatein) erlebte in Deutschland ihren Höhepunkt im 16. und 17. Jahrhundert. Aber auch heute noch wird das Lateinische verwendet, beispielsweise in (Gelehrten-)Dichtung und selbstverständlich in der römisch-katholischen Kirche. Es war daher nur konsequent, dass am 20. April 2005, einen Tag nach seiner Wahl, der neue Papst Benedikt XVI seine erste Ansprache in lateinischer Sprache an die aus aller Welt in Rom versammelten Kardinäle richtete.[1]

**Literaturhinweise**:

*Zur römischen Geschichte:*

Heinz Bellen, *Grundzüge der römischen Geschichte*, 2 Bde., Heidelberg $^{2}$1998.
Klaus Bringmann, *Römische Geschichte. Von den Anfängen bis zur Spätantike*, München 2000.
Karl Christ, *Die Römer. Eine Einführung in ihre Geschichte und Zivilisation*, München $^{3}$1994.

*Zu den Römern in Germanien:*

Reinhard Wolters, *Die Römer in Germanien*, München 2000.

*Zur Geschichte der lateinischen Sprache:*

Leonard R. Palmer, *The Latin Language*, Norman & London $^{2}$1987 (Aus dem Englischen übertragen unter dem Titel „Die lateinische Sprache. Grundzüge der Sprachgeschichte und der historisch-vergleichenden Grammatik“ von J. Kramer, Hamburg $^{2}$2000).
Dag Norberg, *Manuel pratique de Latin médiéval*, Paris 1968.
Peter Stotz, *Handbuch zur Sprache des lateinischen Mittelalters*, 5. Bde, München 1996 ff.

*Allgemein:*

*Einleitung in die lateinische Philologie*, hg. von Fritz Graf, Stuttgart & Leipzig 1997.

*Eine handliche Enzyklopädie des klassischen Altertums ist:*

*Der kleine Pauly*. 5 Bände. München 1964.

*Dazu gibt es eine umfangreichere Neubearbeitung:*

*Der neue Pauly. Enzyklopädie der Antike*, hg. von Hubert Cancik u. Helmuth Schneider, 12 Bände, 4 Ergänzungsbände und 3 weitere Teilbände, Stuttgart & Weimar 1996-2003.

[1] S. u. S.115 f., S.120 f.

# 2 QUELLEN FÜR DIE KENNTNIS DES LATEINISCHEN

Unsere Kenntnis des Lateinischen wird von drei Arten von Quellen bestimmt.

I. Die wichtigste Erkenntnisquelle bilden die überlieferten Texte. Diese Texte zerfallen in zwei Gruppen, direkt überlieferte und indirekt überlieferte Texte. Die *direkt* überlieferten Texte treffen wir auf *Inschriften* an (= in Stein gemeißelt, in Erz getrieben, auf Mauern und in Vasen eingeritzt) und auf *Papyri* (aus Papyrusgras hergestelltes Schreibmaterial oder auf Holztäfelchen). Inschriften haben wir in großer Fülle in allen Teilen des römischen Reichs. Hierzu gehören offizielle und dadurch meist ziemlich stereotype Mitteilungen von Steuerbehörden, Gesetzestexte, Grabinschriften, aber auch nicht-offizielle Mitteilungen, beispielsweise Schimpfwörter. In jedem Falle handelt es sich nahezu ausschließlich um nicht-literarische Texte. Die Papyri stammen beinahe allesamt aus den trockensten Gebieten des römischen Reichs, besonders aus Ägypten. Sie enthalten zumeist verschiedene Texte, unter anderem allerlei private Dokumente. Als Quelle für das Lateinische sind diese direkten Zeugnisse sehr wichtig, weil sie widerspiegeln, was zu einem bestimmten Zeitpunkt ein bestimmter Sprecher/eine bestimmte Sprecherin des Lateinischen als eine korrekte Formulierung auffasste von dem, was er oder sie zu sagen hatte. Oft ist auch ziemlich genau zu bestimmen, beispielsweise durch die Art des verwendeten Schreibmaterials, der Schrift und archäologischer Funde aus derselben Zeit, wann ein bestimmter Text abgefasst wurde.

CIL $I^2$ 1211 – gefunden in Rom, ca. 135-120 v. Chr. (CIL ist die Abkürzung für Corpus Inscriptionum Latinarum ['Sammlung lateinischer Inschriften'])

| HOSPES | QUOD | DEICO | PAVLLVM | EST |
|---|---|---|---|---|
| Fremdling | was | sage_ich | wenig | ist |

| ASTA | AC | PELLEGE |
|---|---|---|
| tritt_heran | und | lies |

| HEIC | EST | SEPULCRUM | HAV | PVLCRVM | PVLCRAE | FEMINAE |
|---|---|---|---|---|---|---|
| hier | ist | das Grab | nicht | schön | schöne | einer Frau |

| FEMINAE | NOMEN | PARENTES | NOMINARUNT | CLAVDIAM |
|---|---|---|---|---|
| einer Frau | Name | Eltern | genannt_haben_(sie) | Claudia |

| SVOM | MAREITUM | CORDE | DELEXIT | SVO. |
|---|---|---|---|---|
| Ihr | Mann | mit_Herz | hat_geliebt_(er) | ihr |

| GNATOS | DVOS | CREAVIT |
|---|---|---|
| Söhne | zwei | hat_hervorgebracht-(sie) |

| HORVNC | ALTERVM | IN | TERRA | LIQVIT, |
|---|---|---|---|---|
| von diesen | den einen | in | Erde | hat_zurückgelassen_(sie) |

| ALIVM | SVB | TERRA | LOCAT. | SERMONE | LEPIDO, |
|---|---|---|---|---|---|
| anderen | unter | Erde | legt_(sie) | mit_Unterhaltung | angenehm |

| TVM | AVTEM | INCESSV | COMMODO. | DOMUM | SERVAVIT, |
|---|---|---|---|---|---|
| ferner | aber | mit_Gang | passend | Haus | hat_geführt_(sie) |

| LANAM | FECIT. | DIXI. | ABEI. |
|---|---|---|---|
| Wolle | hat_gemacht_(sie) | hab_gesagt_(ich) | Geh weiter. |

('Fremdling, was ich sagen will, ist nicht viel. Tritt heran und lies: Hier ist das unschöne Grab einer schönen Frau. Ihre Eltern nannten sie Claudia. Sie liebte von ganzem Herzen ihren Mann. Zwei Söhne brachte sie zur Welt; von diesen ließ sie einen zurück, den andern trug sie zu Grabe. Sie war eine angenehme Gesprächspartnerin und hatte ferner eine anmutige Art zu gehen. Ihr Haus führte sie [gut], sie machte Wolle. [Soviel zu ihr.] Gehe [nun] weiter.')

N.B.: Bei der wörtlichen Übersetzung deutet ein '_' darauf hin, dass im Deutschen mehrere Wörter gebraucht werden, die im Lateinischen nicht gesondert wiederzufinden sind, aber denen im Lateinischen nur eines oder einzelne Wörter entsprechen.

CIL $I^{1}$ 887 aus Perugia, ca. 40 v. Chr.

| PERTINACIA | VOS | RADICITUS | TOLET. |
|---|---|---|---|
| Starrsinn | euch | Gründlich | wird_vernichten_(er) |

('Euer wird Starrsinn euch gänzlich zugrunde richten'.)

Die Schriften von lateinischen Autoren wie Cicero und Caesar sind uns meist durch später angefertigte Handschriften bekannt, die danach wiederum abgeschrieben wurden. In vielen Fällen verfügen wir nur über Handschriften aus der Renaissancezeit. Diese indirekt überlieferten Texte sind, anders als die früher behandelten direkt überlieferten, unter anderem gekennzeichnet durch Auslassungen, Interpretationsfehler und schon damals zu Unrecht gemachte Verschlimmbesserungen.

II. Der zweite Typ von Nachrichten, über die wir verfügen, wird durch explizite Aussprache-Hinweise in Wörterbüchern, Grammatiken und bei anderen Autoren aus der Antike gebildet (auch hier geht es um indirekt überlieferte Texte). Wir verfügen über eine ansehnliche Anzahl von Texten von Grammatikern, in denen viel Aufmerksamkeit der Phonologie und Morphologie und viel weniger der Syntax (dem Satzbau) geschenkt wird. Auch haben wir antike Kommentare zu lateinischen Dichtern, beispielsweise den Kommentar von Servius (4.-5. Jahrhundert n. Chr.) zu Publius *Vergilius** Maro, in dem sich viele grammatische Bemerkungen finden. Einige Beispiele:

a) Der Enzyklopädist Marcus Terentius *Varro*, Zeitgenosse von Cicero (1. Jahrhundert v. Chr.), erwähnt in seinem Buch *De lingua Latina* ('Über die lateinische Sprache') 5,97, dass die Menschen in Latium *hedus* (auszusprechen: [he:dus] – 'Bock') sagen anstelle von *(h)aedus* (auszusprechen: [aidus]) wie in der Stadt Rom.
b) Der spätlateinische – für die Entwicklung der Sprachwissenschaft sehr bedeutende – Grammatiker *Priscian* (6. Jahrhundert n. Chr.) erwähnt, dass das lateinische Imperfekt (beispielsweise *scribebam versum* – auszusprechen: [skri:bé:bam wersum] – 'ich schrieb einen Vers') verwendet wird, wenn man in der Vergangenheit mit dem Schreiben eines Verses begonnen hat, aber diesen nicht fertig abgeschrieben hat (*Institutiones Grammaticae* ('Einleitung in die Sprachwissenschaft') 8,52,3). Vergleiche den deutschen Ausdruck der 'unvollendeten Vergangenheit'.

N.B.: Rechteckige Klammern [...] geben die Aussprache an.

III: Die dritte Gruppe von Nachrichten ist von ganz anderer Art. Es sind weniger Informationen, die unmittelbar auf das Lateinische Bezug nehmen als vielmehr Schlussfolgerungen, die aus bestimmten anderen Nachrichten gezogen werden können. Einige Beispiele:

a) Wir können feststellen, dass in der griechischen Schrift der Name *Caesar* als [Kaisar] buchstabiert wird. Dies zeigt uns, dass das *C* von *Caesar* damals noch als 'hart' galt und dass *ae* offenbar einem [ai] gleichgesetzt wurde. Ein ähnliches Indiz ist, dass wir manchmal die lateinische Präposition (Verhältniswort) *ad* ('nach', 'zu') als *at* buchstabiert finden. Daraus können wir schließen, dass stimmhafte Mitlaute am Wortende als stimmlos empfunden wurden (vgl. dt. Lied [Li:t], Grab [Gra:p], Gesang [G$^{e}$sank])
b) Die italienische Form *Cesare* und die französische Form *César* sind historisch abzuleiten vom lateinischen *Caesar*. Daran können wir sehen, dass *ae* (ursprünglich ein Doppellaut, welcher der Aussprache [ai] entsprach) ein einfacher Laut geworden ist. Die genaue Zeit ist nicht festzustellen, aber die historische Entwicklung macht es wahrscheinlich, dass Varros obige Bemerkung über *hedus* richtig ist. Auch können wir an diesem Beispiel sehen, dass das *c* später 'weich' ausgesprochen wurde. Kurzum: spätere Entwicklungen können Informationen über vorausgehende Entwicklungen liefern.

c) Eine dritte Art von Schlussfolgerungen macht von der Tatsache Gebrauch, dass das Lateinische sprachliche Erscheinungen zeigt, die auch in anderen indoeuropäischen Sprachen vorkommen. So wie wir aus späteren Entwicklungen Rückschlüsse auf Entwicklungen innerhalb des Lateinischen ziehen können, kann uns auch unsere Kenntnis anderer indoeuropäischer Sprachen dazu verhelfen, Erscheinungen im Lateinischen zu erklären.

Zusammenfassend können wir feststellen, dass wir über eine außerordentlich große Zahl von Nachrichten verfügen, die uns ein ziemlich genaues Bild von der lateinischen Sprache geben.

**Literaturhinweise:**

Herbert Hunger u.a., *Die Textüberlieferung der antiken Literatur und der Bibel*, München ²1988.

Egert Pöhlmann, *Einführung in die Überlieferungsgeschichte und in die Textkritik der antiken Literatur*, 2 Bde. (1: *Altertum*; 2: *Mittelalter und Neuzeit*), Darmstadt 1994 u. 2003.

Leighton D. Reynolds & Nigel G. Wilson, *Scribes and Scholars. A Guide to the Transmission of Greek and Latin Literature*, Oxford ²1974.

Martin Steinmann, *Römisches Schriftwesen*, in: *Einleitung in die lateinische Philologie* a.O. (S.12), S.74-91.

# 3 DIE AUSSPRACHE DES LATEINISCHEN

## 3.1 Laute und Schrift

Das klassische Latein besitzt die folgenden Laute (‘Phoneme’):

| | | |
|---|---|---|
| I | lange Vokale | /ā/, /ē/, /ī/, /ō/, /ū/ |
| II | kurze Vokale | /a/, /e/, /i/, /o/, /u/ |
| III | Doppelvokale | /ae/, /au/, /oe/, /ui/, /eu/ |
| IV | Verschlusslaute | /p/, /b/, /t/, /d/, /k/, /g/, /$k^w$/, /m/, /n/ |
| V | ‚Liquide’ | /l/, /r/ |
| VI | Frikativlaute | /f/, /s/ |
| VII | Öffnungslaute | /j/, /w/ |

N.B. Mit Schrägstrichen / ... / werden die Phoneme angegeben. Diese Laute klingen, abhängig von vorausgehenden oder folgenden Lauten, verschieden. Abgesehen von der Länge der Vokale war ihr Lautwert etwa folgender:

a) SELBSTLAUTE (Vokale) und DOPPELVOKALE

| | | | | | |
|---|---|---|---|---|---|
| ā | wie in D | Wagen | ō | wie in D | Woge |
| ă | “ | Sache | ŏ | “ | Socke |
| ē | “ | fegen | ū | “ | Kuh |
| ĕ | “ | lecken | ŭ | “ | gucken |
| ī | “ | Bier | | | |
| ĭ | “ | bitten | | | |

*ae:* ungefähr wie in D *leise* oder *Heimat*, beispielsweise *Caesar*. Wir haben gesehen, dass zur Zeit Ciceros einige Sprecher nur ein offenes e aussprachen wie in D. *Käse*.

*au:* wie in D *blau*. Auch hier kam zur Zeit Ciceros die Aussprache eines langen o vor (ō), wie im dt. Ausruf *oh!* [beispielsweise *applaudo* (‘ich klatsche Beifall’)

*oe:* wie in D *mögen*

*ui:* wie in D *pfui!*

*eu:* meist ausgesprochen wie D *heute*, aber besser [e:u] wie ital. *Euro*.

Ob das Lateinische noch einen Laut /ü/ (ausgesprochen wie [y] in *Mythos*) kannte, ist nicht sicher.

b) MITLAUTE (Konsonanten)

| | | | | | |
|---|---|---|---|---|---|
| *p* | wie in D | *packen* | *m* | wie in D | *Magen* |
| *b* | “ | *Bier* | *n* | “ | *nein* |
| *t* | “ | *Tier* | *l* | “ | *lieben, Leib* |
| *d* | “ | *dürfen* | *r* | “ | schwingendes *r* |
| *k* | “ | *können* | | “ | kein gerolltes ‘r’ |
| *g* | “ | *geben* | *f* | “ | *Fahrrad* |
| $k^w$ | (gesprochen: | *qu*) | *s* | “ | *Saft* |
| | wie in D | *Quelle* | *j* | “ | *jeder* |
| | wie in I | *quando* | *w* | wie in E | *William* |

N.B. ***b*** und ***d*** werden genauso wie im Deutschen stimmlos am Wortende (*taub, Lied*) oder vor einem anderen stimmlosen Konsonanten ausgesprochen (also [p], [t]).

Das lateinische Alphabet wurde möglicherweise über das Etruskische aus einem der westgriechischen Alphabete entlehnt, ebenso wie die anderen Sprachen, die in der Antike in Italien gesprochen wurden. Es wird von links nach rechts geschrieben. Das Alphabet umfasst die folgenden Buchstaben:

A E I O V
B D G
⇧
P T C K Q
M N
F S H
L R
X Y Z

Die Zeichen, die in der klassischen Zeit vor allem auf offiziellen Inschriften, aber auch in Handschriften gebraucht wurden, gleichen meist unseren Großbuchstaben. Ein Unterschied zwischen Groß- und Kleinbuchstaben wurde nicht gemacht. Neben dieser Schrift wird vor allem für besondere Briefkorrespondenz, aber später auch für die Herstellung von Büchern eine ‘laufende’ (‘kursive’) Schrift entwickelt. Unsere kleinen Buchstaben sind vor allem von späteren Versionen einer laufenden Schrift abgeleitet.

Die Buchstaben entsprechen – wie meist – nicht genau den oben beschriebenen Lauten. Wir stellen die folgenden Unterschiede fest:

I Lange und kurze Vokale werden mit denselben Zeichen wiedergegeben, beispielsweise MALVS = *mālus* (‘Apfelbaum’) und *mălus* (‘schlecht’) (manchmal wird ein zusätzliches Zeichen verwendet, um die Länge anzugeben).

II Die Buchstaben I und V werden sowohl für (lange und kurze) Vokale /i/ /u/ als auch für die Halbvokale /j/ und /w/ verwendet. Dies führt zu Schreibweisen wie VVLT (*vult* 'er will') und zu Paaren wie IACIO ('werfen') und ADICIO ('hinzufügen', auszusprechen als [adjikio]. Besondere Zeichen für /j/ und /w/ stammen erst aus dem 15. Jahrhundert.

III Mit dem Buchstaben H wird im Prinzip der Laut /h/ wiedergegeben, den wir im Deutschen kennen, aber das /h/ wurde im Lateinischen nicht oder kaum ausgesprochen, wie unter anderem aus Inschriften und aus der Entwicklung in den romanischen Sprachen hervorgeht.

IV Das Zeichen X wird für die Lautverbindung /ks/ verwendet.

V Für den Laut /k/ wurden anfänglich drei verschiedene Zeichen verwendet, nämlich K, C und Q. Schließlich blieb das C übrig, bis auf einige Ausnahmen (beispielsweise KALENDAE 'Monatserster').

VI Die Schriftzeichen Y und Z wurden erst im ersten vorchristlichen Jahrhundert eingeführt und nur verwendet, um griechische Wörter umzuschreiben (Aussprache [ü] und [zd]).

## 3.2 Wortakzent

Über die *Art* des lateinischen Wortakzentes besteht noch immer Meinungsverschiedenheit unter den Sprachwissenschaftlern. Grundsätzlich gibt es drei Möglichkeiten, um eine bestimmte Silbe in einem Wort betonter auszusprechen: sei es durch längeres Anhalten der Laute der betreffenden Silbe oder durch Erhöhung der Tonhöhe der Laute oder durch das Artikulieren der Laute mit größerer Intensität. Tatsächlich werden immer alle Mittel gleichzeitig angewandt, wenn auch in der einen Sprache das eine Mittel stärker ist, in der anderen Sprache ein anderes. Die Diskussion spitzt sich im Falle des Lateinischen auf die Frage zu, ob der Wortakzent ein Akzent der Tonhöhe oder der Intensität (ein expiratorischer Akzent) war. Sicher ist, dass im 4. Jahrhundert n. Chr. der lateinische Akzent ein Intensitätsakzent war.

Anders als im Deutschen und Französischen ist der Wortakzent nicht an eine feste Silbe gebunden. In dem Wort *imperátor* ('Feldherr') ruht der Akzent auf der Silbe *rá*. In der zugehörigen Pluralform *imperatóres* auf der Silbe *tó*. An diesem Beispiel ist zugleich zu sehen, dass die Platzierung des Akzentes nicht vollkommen frei ist: entscheidend ist in beiden Fällen die vorletzte Silbe des Wortes: Die Regel für die Position des Wortakzentes lautet wie folgt:

I Bei zweisilbigen Wörtern steht der Akzent auf der ersten Silbe: *pécus* ('Vieh'), *péctus* ('Brust').

II a) Bei drei- und mehrsilbigen Wörtern steht der Akzent auf der vorletzten Silbe, wenn diese 'lang' ist: *amícus* ('Freund'), *inéptus* ('ungeschickt', 'dumm'),

b) auf der drittletzten Silbe, wenn die vorletzte 'kurz' ist: *ánimus* ('Geist'), *difficilis* ('schwierig').

Für die Bestimmung der Position des Akzentes im Lateinischen ist es natürlich wichtig zu wissen, was die 'Länge' (Quantität) der vorletzten Silbe ausmacht. Für die Quantität gelten die folgenden Regeln:

III Eine Silbe ist dann 'lang', wenn sie einen langen Vokal oder einen Diphthong enthält (*amícus*).

IV Eine Silbe ist gleichzeitig lang, wenn sie zwar einen kurzen Vokal enthält, aber wenn auf diesen Vokal ein Konsonant folgt, der die Silbe schließt (*inép-tus*).

V In dem übrig bleibenden Fall (d.h. kurzer Vokal, nicht geschlossene Silbe) ist die Silbe kurz.

N.B. Die Begriffe 'lang' und 'kurz' werden leider, was nun aber einmal so ist, sowohl für Eigenschaften von Vokalen als auch für Eigenschaften von Silben verwendet.

Um die Quantität einer Silbe zu bestimmen, sind also noch ergänzende Angaben nötig. Es ist nötig festzustellen, ob eine Silbe geschlossen oder offen ist. Sodann muss man bei einer offenen Silbe darauf achten, ob der Vokal lang oder kurz ist. Das letzte ist nur auf eine Art möglich: mit Hilfe des Wörterbuchs und/oder der Grammatik. Für das erste gelten die folgenden ergänzenden Regeln:

VI Wenn zwei Vokale (oder Diphthonge) durch einen Konsonanten getrennt werden, dann wird dieser Konsonant genauso wie im Deutschen zur folgenden Silbe gerechnet: *a-ni-mus* (die Silben *a-* und *ni-* werden nicht geschlossen und sind also offen).

VII Wenn zwei Vokale (oder Diphthonge) durch zwei oder mehr Konsonanten getrennt werden, dann werden diese über die Silben verteilt: *inep-tus* (die Silbe *ep-* ist also geschlossen, s. auch IV).

Eine Komplikation dieser Regel tritt bei Kombinationen ein der Laute /p/, /b/, /t/, /d/, /k/, /g/ mit /l/ oder /r/. Derartige Paare werden im Altlatein als ein Ganzes betrachtet und zur folgenden Silbe gezählt. Dies wissen wir aus der Metrik und aus Inschriften, in denen oft Silben durch Punkte getrennt werden. So finden wir PA.TRIBUS ('für_Väter'). In der Hexameterdichtung, beispielsweise bei Vergil, und im späteren Latein werden derartige Paare aber wie jede andere Kombination behandelt, also *patr.ibus*. Diese Verschiebung ergibt sich auch aus der Stellung des Akzentes in den romanischen Sprachen.

### 3.3 Die heutige Aussprache

Die heutige Aussprache ist ein Mischmasch. Abgesehen vom Einfluss der Muttersprache auf die Aussprache des Lateinischen in den verschiedenen Ländern lassen sich eine Reihe von Tendenzen feststellen.

I Zuallererst gibt es die italienisch-katholische Aussprache. Das auffälligste daran ist die 'weiche' Aussprache von /k/ - geschrieben -c- als [tsj] und von /g/ als [dzj], beispielsweise:

*caelum* [kailum] Aussprache: [tsjelum] ('Himmel'), vgl. ital. *cielo*, *Cesare*.
*genus* [gènus] Aussprache: [dzjènus] ('Geschlecht'), vgl. ital. *genere*.

II In der deutschen Standardaussprache des Lateinischen wird ein /k/ immer hart ausgesprochen, sowohl vor *a*, *o* und *u* als auch vor *i*, *e*, *ae* und *oe*, beispielsweise:

[*Caesar* [Kaisar], nicht: [Zäsar] wie im Deutschen, ebenso, wenn auch etwas ungewohnt: *Cicero* [Kikero], nicht: [Zizero].]

Die Doppellaute. oder Diphthonge /ae/ und /oe/ werden meist wie /ä/ und /ö/ gesprochen, beispielsweise *caelum* [kailum] Aussprache: [kälum] oder *Boeotia* [Boiotia] Aussprache: [Böotia].

III Natürlich wird manchmal auch der Versuch gemacht, die in 3.1 beschriebene wissenschaftlich rekonstruierte Aussprache zu gebrauchen, beispielsweise /ae/ als [ai] ausgesprochen. Aber dies geschieht nicht systematisch, und für die in das deutsche Kulturgut aufgenommenen Wörter und Namen macht dies eher einen befremdlichen Eindruck.

**Literaturhinweise**:

*Zur allgemeinen Terminologie:*

*Lexikon der Sprachwissenschaft*, hg. von Hadumod Bußmann, Stuttgart $^{3}$2002.

*Zur Lautlehre:*

William S. Allen, *Vox Latina. A guide to the pronunciation of classical Latin*, Cambridge 1978.
Elmar Ternes, *Einführung in die Phonologie*, Darmstadt $^{2}$1999, bes. S.241ff.
Berthold L. Ullmann, *Ancient writing and its influence*, Nachdr. Cambridge / Mass. 1969.

# 4. FORMENLEHRE (MORPHOLOGIE)

Unter Morphologie ('Formenlehre') verstehen wir die Lehre von der Art und Weise, wie in einer Sprache die Wörter zusammengesetzt werden. Morphologie bezieht sich auf die interne Struktur von Wörtern. So bildet Morphologie in gewisser Hinsicht ein Gegenüber zur Syntax ('Satzlehre'). Syntax bezieht sich dagegen auf die Art und Weise, wie Wörter zu größeren Einheiten verbunden werden, beispielsweise in Wortgruppen (*eine Rede von Cicero*) und in Sätzen (*manchmal lese ich eine Rede von Cicero gerne*). Dieses Kapitel behandelt hauptsächlich die Morphologie des Lateinischen. Wie wir aber sehen werden, hängen bestimmte Aspekte der Wortform eng mit der Rolle zusammen, die ein Wort in einem größeren Ganzen spielt.

## 4.1 Flektierbare und unflektierbare Wörter

Seit der Antike wird unterschieden zwischen flektierbaren und unflektierbaren Wörtern. Ein Beispiel eines unflektierbaren Wortes im Deutschen ist die Präposition *von* in der obengenannten Wortgruppe *eine Rede von Cicero*. In derselben Wortgruppe ist *Rede* ein Beispiel für ein flektierbares Wort. Neben der Singularform *Rede* haben wir die Pluralform *Reden*. Wir haben also zwei Wörter, zwischen denen eine bestimmte Beziehung besteht (in diesem Falle die von 'Einzahl' gegenüber 'Mehrzahl'). In diesem Buch werden wir diese Art von Zusammenhang zwischen Wörtern folgendermaßen betrachten: wir behandeln beide Wörter als Formen eines einzigen Lexems. *Rede* ist nach dieser Terminologie die Einzahl zu dem Lexem REDE, *Reden* dazu die Mehrzahl. Auf ähnliche Weise können wir die Wörter *hört* und *hörte* als zwei Formen des einzigen Lexems HÖREN beschreiben.

Im Lateinischen gibt es die Erscheinung, die wir soeben für das Deutsche an dem Formenpaar von *Rede* : *Reden* veranschaulicht haben, in viel größerem Maße. Wir werden dies an einem einfachen Beispiel verdeutlichen. In dem lateinischen Satz

(1) pater filium laudat
Vater Sohn lobt-(er)
('der Vater lobt den Sohn')

erfüllt *pater* die syntaktische Funktion Subjekt ('Satzgegenstand'). Im Lateinischen spiegelt sich diese Tatsache in zwei Erscheinungen wider. An erster Stelle ist *pater* als Wortform ein *Nominativ* (1. Fall). An zweiter Stelle ist das Prädikat (*laudat*), die Satzaussage, als 3. Person Singular gekennzeichnet. In diesem Beispiel ist ferner *filium* Objekt (= Patiens). Auch dies ist an der Form zu erkennen: *filium* ist die *Akkusativform* (4. Fall). Wird die Handlung des Lobens nicht durch den Vater, sondern durch den Sohn ausgeführt, dann wird eine andere Form benötigt, beispielsweise:

(2) patrem filius laudat
Vater$_{\text{Akk.}}$ Sohn$_{\text{Nom.}}$ lobt$_{\text{3.Sg.}}$
('der Sohn lobt den Vater')

Soll nicht die Rede von einem einzigen Vater sein, der seinen Sohn lobt, sondern von mehreren Vätern, die alle ihren Sohn loben, dann werden wiederum andere Formen benötigt. Wir finden dann auch eine andere Verbform (3. Person Plural): das Verb passt sich an sein Subjekt an. Oder anders ausgedrückt: das Prädikat *kongruiert* mit dem Subjektskonstituenten.

(3) patres filios laudant
Vater$_{\text{Nom.Pl.}}$ Sohn$_{\text{Akk.Pl.}}$ loben$_{\text{3.Pl.}}$
('die Väter loben die Söhne')

In den Wortformen ist also Information enthalten, die im Falle der Substantive mit der Funktion zu tun hat, die das Wort im Satz hat und mit der Anzahl der Personen, im Falle des Prädikates mit der Anzahl zu tun hat. Wir werden weiter sehen, dass die Sache noch komplizierter ist. Sprachen, bei denen auf diese Weise Information innerhalb des Wortes kodiert ist, nennen wir 'synthetische' Sprachen. Sie stehen den sog. 'analytischen' (oder: 'isolierenden') Sprachen gegenüber.

Auffällig ist nun, dass die Art Information, die soeben genannt wurde, nicht ohne weiteres in einem oder mehreren Bestandteilen der Wörter lokalisiert werden kann. Wir können beispielsweise nicht sagen, dass das Nominativzeichen in dem *-s* am Ende des Wortes liegt. Auch in der Form des Akkusativ Plural *filios* finden wir ein *-s*. In noch wieder anderen Formen treffen wir auch das Teilstück *-u-* und *-o-* nicht an (beispielsweise im Genitiv Singular *filii*). Kurz: dass *filius* der Nominativ Singular ist, können wir einzig und allein an dem Wort als Ganzem in Beziehung zu allen anderen Formen desselben Lexems erkennen. Eine synthetische Sprache, bei der auf diese Weise und in dem Maße, wie dies im Lateinischen der Fall ist, Information sozusagen gebündelt vorhanden und nicht einzeln und nacheinander angeordnet ist, nennen wir eine 'flektierende' Sprache. Diesen flektierenden Charakter hat das Lateinische gemeinsam mit einigen anderen indoeuropäischen Sprachen, beispielsweise dem Altgriechischen, dem Russischen und nicht zuletzt dem Deutschen.

Wir gehen nun zunächst ausführlicher auf Klassen von Lexemen ein, die flektierbar sind, und anschließend auf unflektierbare Wörter.

### 4.2 Flektierbare Wörter

Die Klasse der flektierbaren Wörter gliedert sich grob in zwei Subklassen, diejenigen der nominalen Lexeme und die der verbalen Lexeme. Von beiden haben wir in 4.1 ein Beispiel gegeben. *Pater* und *filius* sind nominale Lexeme. Die Formen dieser Lexeme enthalten u.a. Informationen in Bezug auf den Kasus. *Laudat* und *laudant* dagegen sind Verbformen. Sie enthalten u.a. Informationen in Bezug auf die handelnde Person, die diese Handlung ausführt ('ich', 'du', 'er'/'sie'/'es', 'wir', 'ihr', 'sie'). Wir besprechen nacheinander die nominalen und die verbalen Lexeme.

#### 4.2.1 Nominale Formen

Innerhalb der Gruppe der nominalen Lexeme sind sehr verschiedene Typen zu unterscheiden. Das gemeinsame Kennzeichen dieser Typen ist, dass die Wörter Informationen über die Rolle enthalten, die das Wort in einem größeren Ganzen spielt. Außerdem gibt es von nominalen Lexemen in der Regel Singular- und Pluralformen. Am Ausgang selbstständiger Nennwörter (Substantive) wie *filius* und *pater* kann man also erkennen, in welchem Numerus das Wort steht und welchen Kasus es hat. An Substantiven ist nicht immer zu erkennen, welches Geschlecht vorliegt, d.h. ob es männlich, weiblich oder sächlich ist. Bei anderen Arten nominaler Lexeme ist das meistens gut am Ausgang zu erkennen. In dem folgenden Ausdruck ist auch an den Eigenschaftswörtern (Adjektiven) zu erkennen, welches Geschlecht bei den Wörtern vorliegt, zu dem sie gehören:

(4) summum ius summa iniuria
höchstes Recht höchstes Unrecht
('Das größte Recht [ist] das größte Unrecht')

*Summum* ist Nominativ Singular Neutrum an der Seite von *ius*. Ebenso ist *summa* Nominativ Singular, aber es ist weiblich an der Seite von *iniuria*.

Das Lateinische macht, wie gesagt, innerhalb der Kategorie Zahl ('Numerus') einen Unterschied zwischen Einzahl ('Singularis') und Mehrzahl ('Pluralis'). Ebenso wie im Deutschen wird die Singularform im Allgemeinen dann gebraucht, wenn von einem Exemplar, und die Pluralform dann, wenn von mehr als einem Exemplar die Rede ist. Ausnahmen, die vergleichbar sind dem deutschen Nomen *Gewissenbisse*,[1] zu dem es keine Singularform gibt, gibt es auch im Lateinischen, beispielsweise

(5) divitiae 'Reichtum'
litterae 'Brief'

[1] Vgl. ferner *Duden. Bd.4: Die Grammatik* [der deutschen Gegenwartssprache], hg. v. Matthias Wermke u.a., Mannheim u.a. [7]2005, § 276 [Anm. des Übersetzers].

tenebrae 'Finsternis'

Ebenso wenig wie im Deutschen lassen sich hierfür Regeln angeben.

Das moderne Englisch hat fast keine Wörter, die sich voneinander im Kasus unterscheiden. Reste eines komplexeren Systems sind eigentlich nur bei den persönlichen Fürwörtern zu finden (,I'/'me'; he/him). Im klassischen Latein gab es sechs Fälle ('Kasus'), nämlich Nominativ, Vokativ, Genitiv, Dativ, Akkusativ, Ablativ – abgekürzt: Nom., Vok., Gen., Dat., Akk., Abl. Die deutsche Aussprache lautet: Nóminativ, Vókativ usw. Die wichtigsten Gebrauchsweisen dieser Fälle können aus den folgenden Beispielen abgeleitet werden:

(1) *pater*$_{\text{nom.}}$ filium$_{\text{acc.}}$ laudat$_{\text{3.Sg.}}$
Vater Sohn lobt-er
('Der Vater lobt den Sohn')

(2) *patrem* filius laudat
Vater$_{\text{Akk.}}$ Sohn$_{\text{Nom.}}$ lobt-er$_{\text{3.Sg.}}$
('Der Sohn lobt den Vater')

(6) homo homini *lupus*
Mensch$_{\text{Nom.}}$ Mensch$_{\text{Dat.}}$ Wolf$_{\text{Nom.}}$
('Der Mensch [ist] dem Menschen ein Wolf'; Sprichwort)

(7) Et tu, *Brute*
auch du Brutus$_{\text{Vok.}}$
('Auch du, Brutus?')
(nach der Überlieferung Cäsars Worte zu seinem Schützling Brutus, der zur Gruppe der Mörder gehörte)

(8) spes *patriae*
Hoffnung$_{\text{Nom.}}$ Vaterland$_{\text{Gen.}}$
('die Hoffnung des Vaterlandes')

(9) pars *militum*
Teil$_{\text{Nom.}}$ Soldaten$_{\text{Gen.}}$
('ein Teil der Soldaten')

(10) pater *filio* librum dat
Vater$_{\text{Nom.}}$ Sohn$_{\text{Dat.}}$ Buch$_{\text{Akk.}}$ gibt-er$_{\text{3. Sg.}}$
('der Vater gibt dem Sohn ein Buch')

(11) *maioribus natu* assurgunt
Ältere$_{\text{Dat.}}$ sich erheben-sie$_{\text{3.Pl.}}$
('sie erheben sich für die Älteren')

(12) *tres* *horas* dormivit
drei $_{\text{Akk. Pl. fem.}}$ Stunden $_{\text{Akk. Pl.}}$ hat-geschlafen-er $_{\text{3. Sg.}}$
('drei Stunden hat er geschlafen')

(13) *anno* domini
Jahr $_{\text{Abl.}}$ Herr $_{\text{Gen.}}$
('im Jahre des Herrn')

(14) hostem *gladio* necavit
Feind $_{\text{Akk.}}$ Schwert $_{\text{Abl.}}$ hat-getötet-er $_{\text{3. Sg.}}$
('er hat den Feind mit einem Schwert getötet')

Diese Gebrauchsweisen können in dem folgenden Schema zusammengefasst werden:

| *Kasus* | *Fungiert zur Kennzeichnung von:* | *Beispiel* |
|---|---|---|
| Nominativ | a Subjekt | 1 |
| | b Prädikatsnomen | 5 |
| Vokativ | Angeredete Person | 6 |
| Genitiv | Attribut | 7,8 |
| Dativ | a Indirektes Objekt | 9 |
| | b Nutznießer | 10 |
| Akkusativ | a Objekt | 2 |
| | b Adverbiale Bestimmung | 11 |
| Ablativ | Adverbiale Bestimmung | 12,13 |

Ferner haben nominale Wörter, die zu einer Präpositionalgruppe gehören, einen bestimmten Kasus. Bei der Präposition *de* ist beispielsweise der Ablativ obligatorisch:

(15) de dato (d.d.)
von (... an) Zeitpunkt$_{\text{abl.}}$
('von dem Zeitpunkt an')

Welcher Kasus zu welcher Präposition gehört, steht im Allgemeinen fest.

Über das Geschlecht ('Genus') können wir uns hier kurz fassen. Wie gesagt, macht das Lateinische eine dreifache Unterscheidung, nämlich in männlich ('maskulinum'), weiblich ('femininum') und sächlich ('neutrum'). Einzelheiten folgen auf S.33-35. Hier merken wir nur noch an, dass das grammatikalische 'Geschlecht' etwas Anderes als das natürliche bzw. biologische 'Geschlecht' ist, auch wenn zwischen beiden ein Zusammenhang besteht: Bei vielen Lexemen ist nicht ohne weiteres klar, warum sie ein bestimmtes Geschlecht haben.

Da es pro Kategorie Numerus, Kasus, Genus stets eine besondere Endung geben müsste, würden wir also von einem Substantiv 2 x 6 = 12 verschiedene Formen erwarten, von Adjektiven sogar 2 x 6 x 3 = 36 verschiedene Formen. In der Praxis gibt es aber pro Lexem weniger Formen. Im Plural der Substantive gibt es beispielsweise niemals mehr als vier, manchmal drei verschiedene Formen. Beim Vokativ gibt es aber bei einer Klasse von Substantiven eine besondere Form. Bei Adjektiven wird die Anzahl von 36 bei weitem nicht erreicht. Als Beispiel geben wir die Formen der Lexeme DOMINVS ('Herr') und PATER ('Vater'):

| *(Numerus)* / *(Kasus)* | *Singular* | | *Plural* | |
|---|---|---|---|---|
| *Nominativ* | domin-us | pater | domin-i | patr-es |
| *Vokativ* | domin-e | pater | domin-i | patr-es |
| *Genitiv* | domin-i | patr-is | domin-orum | patr-um |
| *Dativ* | domin-o | patr-i | domin-is | patr-ibus |
| *Akkusativ* | domin-um | patr-em | domin-os | patr-es |
| *Ablativ* | domin-o | patr-e | domin-is | patr-ibus |

Wir sehen, dass es nur in einem Falle eine besondere Form für den Vokativ gibt (*domine*). Ferner sehen wir, dass manchmal dieselbe Form für verschiedene Kasus verwendet wird: Dativ und Ablativ werden im Plural niemals unterschieden, im Singular zwar bei PATER (*patri*, *patre*), nicht aber bei DOMINVS (*domino*). Nominativ und Akkusativ Plural sind bei PATER gleich (*patres*), bei DOMINVS unterschiedlich (*domini*, *dominos*).

N.B.: Zu beachten ist, dass manchmal zwar innerhalb der Kategorien Singular und Plural bei einem Wort bestimmte Kasus dieselbe Form haben, aber stets Singular und Plural im selben Kasus voneinander verschieden sind. Das ist beinahe bei allen Klassen von Substantiven der Fall. Der Unterschied im Numerus scheint wichtiger zu sein als der im Kasus.

An der Tatsache, dass dieselben Endungen für verschiedene Kasus gebraucht werden, wird deutlich, dass der Leser eines lateinischen Textes mehr Angaben benötigt, um den Inhalt zu erfassen als allein die Information der Endung.

Aus dem Vergleich der Tabellen ('Paradigmata' oder 'Paradigmen') von *dominus* und *pater* ergibt sich, dass für denselben Kasus verschiedene Endungen verwendet werden. Tatsächlich zeigt sich, dass noch mehr Endungen vorhanden sind. Die Erscheinung, dass für in Prinzip gleiche Formen verschiedene Endungen verwendet werden, treffen wir nicht nur bei Substantiven, sondern auch bei Adjektiven, Fürwörtern (Pronomina) u.a. an.

Was die Substantive betrifft, so können wir fünf Klassen unterscheiden. Bei allen Substantiven, die zu einer jeden der Klassen gehören, werden die Endungen auf eine identische Weise gebildet. Der Fachausdruck für eine Gruppe von Substantiven, die in der Endung übereinstimmen, heißt 'Deklination' ('Beugung').

a) Der strukturelle Bau der Substantive

Das Lateinische hat, wie gesagt, fünf Deklinationen von Substantiven ('Substantiva'). Innerhalb dieser Deklinationen können manchmal wiederum noch Untergruppen unterschieden werden. Diese finden sich in Anhang VI. Kurz zusammengefasst sind die Deklinationen die folgenden:

I a-Stämme, z.B. ROSA ('Rose')
II o-Stämme, z.B. DOMINVS ('Herr')
III konsonantische Stämme und i-Stämme, z.B. PATER ('Vater') und CIVIS ('Bürger')
IV u-Stämme, z.B. CASVS ('Fall', 'Kasus')
V e-Stämme, z.B. DIES ('Tag')

Zu den Deklinationen machen wir einige allgemeine Bemerkungen.

I Innerhalb der 2., 3. und 4. Deklination kommen neben männlichem (2.) oder männlich/weiblichem Geschlecht (3. und 4.) auch sächliche Formen vor (auf die Regeln dieses Geschlechts kommen wir später zurück). Das wesentliche Merkmal von sächlichen Substantiven ist, dass es keinen formalen Unterschied zwischen Nominativ und Akkusativ gibt. Von dem Lexem TEMPLVM ('Tempel') der 2. Deklination lauten Nominativ und Akkusativ Singular beispielsweise beide *templum* und die entsprechenden Pluralformen *templa*. Außerdem gilt für alle Deklinationen, dass die Formen des Nominativs und Akkusativs Plural Neutrum auf *-a* enden:

| *Dekl.* | *Nom./Akk.Sg.* | *Nom./Akk.Pl.* | *Bedeutung* |
|---|---|---|---|
| 2. | templum | templa | (‚Tempel') |
| 3. | opus | opera | (‚Werk') |
| 4. | cornu | cornu | (‚Horn') |

II Bei der dritten Deklination der Substantive besteht ein Unterschied zwischen konsonantischen und *i*-Stämmen. Diese haben im Allgemeinen dieselben Endungen. Bei den *i*-Stämmen trifft man aber bei einer Anzahl Formen, besonders des Genitiv Plural auf *-ium*, das *i* vom Stamm an.

III In der Deklinationsübersicht haben wir den Begriff 'Stamm' gebraucht. Ein Wort wie *dominus* haben wir im Paradigma als eine Kombination aus einem Stamm (*domin-*) und einer Endung (*-us*) wiedergegeben. Der Begriff Stamm ist weniger einfach, als diese auf den ersten Blick scheint. Wir sprechen von 'o-Stämmen', aber im Paradigma kommt das *o* nicht in dem Stamm vor, wie er dort wiedergegeben ist. Wir sprechen von 'a-Stämmen', aber auch das *a* kommt nicht in allen Formen vor (beispielsweise Abl. Pl. *rosis*). Der Grund dafür, von 'o-Stamm' usw. zu sprechen, liegt an vorgeschichtlichen Entwicklungen, die hier nicht von Bedeutung sind. Im Übrigen verläuft die Analyse des Wortes *dominus* ziemlich gut. Komplizierter ist die Situation bei einer Anzahl von Wörtern der zweiten und besonders der dritten Deklination. Wir können dies an dem Paradigma von *pater* sehen, wo die Form des Nominativ Singular von *pater* in zwei Punkten von allen anderen Formen (wenn wir vom Vokativ absehen) abweicht: es gibt keine besondere Endung für den Nominativ Singular hinter *t* und *r*, und zwischen *t* und *r* befindet sich ein *e*, das im Paradigma sonst nicht vorkommt. Für die Formen (mit Ausnahme des Nominativs und Vokativs Singular) kommen wir mit dem Stamm *patr-* aus. Hierauf lassen wir zunächst einige Beispiele von abweichenden Lexemen der zweiten Deklination folgen, anschließend eine Anzahl von Beispielen der dritten Deklination:

'Abweichende' Lexeme der zweiten Deklination:

| *Nominativform* | *Stamm* | *Genitivendung* | *Genitivform* |
|---|---|---|---|
| puer ('Junge') | puer- | -i | pueri |
| ager ('Acker') | agr- | -i | agri |

'Abweichende' Lexeme der dritten Deklination:

| *Nominativform* | *Stamm* | *Genitivendung* | *Genitivform* |
|---|---|---|---|
| rex ('König') | reg- | -is | regis |
| nomen ('Name') | nomin- | -is | nominis |
| civis ('Bürger') | civ- | -is | civis |
| urbs ('Stadt') | urb- | -is | urbis |
| lapis ('Stein') | lapid- | -is | lapidis |
| mons ('Berg') | mont- | -is | montis |
| iter ('Weg') | itiner- | -is | itineris |
| pater ('Vater') | patr- | -is | patris |

Am Beispiel *iter* erkennen wir, dass es manchmal einen ziemlich großen Unterschied zwischen dem Nominativ Singular und anderen Formen dieses Lexems gibt. Das Voraussagen des Stamms aufgrund des Nominativ Singular ist unmöglich, und das Gegenteil gilt ebenso. Siehe Anhang 1 für einige Regelmäßigkeiten.

a) Der strukturelle Bau der Adjektive

Die Adjektive ('adiectiva') zerfallen in zwei große Klassen:

A) Adjektive, die sich wie Substantive der 1. (*a*-) und 2. (*o*-) Deklination verhalten;

B) Adjektive, die sich wie Substantive der 3. Deklination verhalten.

Die Einzelheiten dieser Deklinationen sind in Anhang 6 zu finden. Wir begnügen uns hier mit einigen Anmerkungen.

I Die Adjektive von Typ A machen eine Unterscheidung zwischen weiblichen, männlichen und sächlichen Formen. Das Lexem BONUS (‚gut') hat beispielsweise drei Formen für den Nominativ Singular, nämlich:

| | *mask.* | *fem.* | *neutrum* |
|---|---|---|---|
| *Nom.* | bonus | bona | bonum |

Ebenso wie bei der *o*-Deklination gibt es einige historisch erklärbare abweichende Nominativformen im männlichen Geschlecht, beispielsweise:

| *Nom.* | *Gen.* | |
|---|---|---|
| miser | miseri (vgl. puer) | (‚unglücklich') |
| liber | liberi | (‚frei') |
| pulcher | pulchri (vgl. ager) | (‚schön') |
| dexter | dextri | (‚rechter') |

Zur selben Klasse – aber mit einigen Abweichungen – gehört auch eine Reihe von quantifizierenden Lexemen wie VNVS ('ein'), SŌLVS ('allein'), NEVTER ('keiner von beiden'), ALTER ('der andere von beiden'), ALIVS ('ein anderer'). Bei diesen Lexemen gehen die Formen im Gen. und Dat. Sg. auseinander, nämlich *-ius* und *-i*, also:

| | |
|---|---|
| *Nom. Sg.* | unus |
| *Gen.* | unius |
| *Dat.* | uni |
| *Akk.* | unum |
| *Abl.* | uno |

II Die Adjektive von Typ B verhalten sich im wesentlichen wie die *i*-Stämme von Substantiven. Innerhalb dieser Gruppe unterscheiden sich dann wiederum einige Untergruppen. Bei einigen Adjektiven werden im Nominativ Sg. drei Geschlechter unterschieden, bei den meisten zwei, bei einer kleinen Gruppe gibt es im Nominativ Sg. nur eine Form. Einige Beispiele:

| *mask.* | | *fem.* | *neutr.* | |
|---|---|---|---|---|
| acer | | acris | acre | ('heftig') |
| | brevis | | breve | ('kurz') |
| | | velox | | ('schnell') |

Wir haben auf S.29 gesehen, dass bei Substantiven im Neutrum für Nominativ und Akkusativ stets dieselbe Form gebraucht wird. Dies gilt auch für Adjektive und Pronomina. Der Akkusativ Neutrum Singular von *velox* unterscheidet sich dadurch vom Akkusativ Maskulinum Singular (nämlich *velox* : *velocem*).

c) Der strukturelle Bau der Fürwörter

Für die lateinischen Fürwörter ('Pronomina') gilt dasselbe wie für Pronomina in vielen anderen Sprachen, dass sie nämlich relativ viele unterschiedliche Formen haben, die im übrigen Nominalsystem nicht (oder nicht in dem Maße oder in der Verbindung) vorkommen: sie sind in hohem Maße 'unregelmäßig'. Ein gemeinsames Kennzeichen der meisten Pronomina ist, dass sie im Genitiv und Dativ Singular die Endung *-ius* und *-i* haben (vgl. auch schon oben zu *ūnus*).

Das Lateinische hat verschiedene Arten von Pronomina. Die wichtigsten sind:

I Persönliche Fürwörter ('Pronomina personalia'):
*ego* ('ich'), *tu* ('du'), *ille* ('er')
*nos* ('wir'), *vos* ('ihr'), *illi* ('sie')
Neben den männlichen Formen *ille* und *illi* gibt es auch weibliche und sächliche Formen (s. unten)

II Rückbezügliches Fürwort ('Pronomen reflexivum'):
*se* ('sich'.)

III Hinweisende Fürwörter ('Pronomina demonstrativa'):

| | | | |
|---|---|---|---|
| *hic*$_m$ | *haec*$_f$ | *hoc*$_n$ | ('dieser') |
| *ille*$_m$ | *illa*$_f$ | *illud*$_n$ | ('der', 'jener') |
| *iste*$_m$ | *ista*$_f$ | *istud*$_n$ | ('dieser', 'der da') |

IV Bestimmungs-Fürwörter ('Pronomina determinativa'):

| | | | |
|---|---|---|---|
| *is*$_m$ | *ea*$_f$ | *id*$_n$ | ('dieser/diese/dieses') |
| *ipse*$_m$ | *ipsa*$_f$ | *ipsum*$_n$ | ('selbst') |
| *idem*$_m$ | *eadem*$_f$ | *idem*$_n$ | ('derselbe') |

V Fragefürwörter ('Pronomina interrogativa'):

| | | | |
|---|---|---|---|
| *quis*$_m$ | *quae*$_f$ | *quid*$_n$ | ('wer', 'was') |
| *qui*$_m$ | *quae*$_f$ | *quod*$_n$ | ('welcher') |
| *uter*$_m$ | *utra*$_f$ | *utrum*$_n$ | ('wer'/'welcher von beiden') |

VI Bezügliches Fürwort ('Pronomen relativum'):

| | | | |
|---|---|---|---|
| *qui*$_m$ | *quae*$_f$ | *quod*$_n$ | ('der'/die/das') |

VII Unbestimmte Fürwörter ('Pronomina indefinita'), unter anderem:

| | | | |
|---|---|---|---|
| *(ali)quis*$_{m/f}$ | *(ali)quod*$_n$ | | ('[irgend]jemand/[irgend]etwas') |
| *(ali)qui*$_m$ | *(ali)qua*$_f$ | *(ali)quod*$_n$ | ('[irgend]ein/[~]eine/[~]ein) |
| *nemo*$_{m/f}$ | | *nihil*$_n$ | ('niemand/nichts') |
| *nullus*$_m$ | *nulla*$_f$ | *nullum*$_n$ | ('kein/keine/kein') |

VIII Besitzanzeigende Fürwörter ('Pronomina possessiva'):
*meus* ('mein'), *tuus* ('dein'), *noster* ('unser'), *vester* ('euer') und das reflexive *suus* ('sein/ihr [eigener]').
Diese werden nach der ersten und zweiten Deklination gebildet.

Ein Teil dieser Pronomina ist selbstständig (beispielsweise *ego*, *nemo*), ein Teil ist attributiv (beispielsweise *qui* ['welcher'], *meus*), ein Teil wird sowohl selbstständig als auch attributiv verwendet, beispielsweise *ille* ('[d]er', 'jener') und *illa domus* ('jenes Haus'). Die attributiven oder die attributiv gebrauchten Pronomina kongruieren in Kasus, Numerus und Genus mit dem zugehörigen Substantiv, genau wie 'gewöhnliche' Adjektive.

d) Das Geschlecht der Substantive

Das grammatische Geschlecht (das, wie gesagt, deutlich vom biologischen Geschlecht unterschieden werden muss) wird im Lateinischen von drei verschiedenen Faktoren bestimmt.

I Wenn ein Substantiv von seiner Bedeutung her auf ein lebendes Wesen verweist, dann ist das grammatische Geschlecht männlich oder weiblich, abhängig vom biologischen Geschlecht des Lebewesens, auf das es verweist: so ist *mater* weiblich, *pater* männlich; bei *canis* ('Hund') hängt es davon ab, was für ein Hund bezeichnet wird, (ob 'Hund' oder 'Hündin'). Auf dieselbe Weise wird bei einem Fürwort (Pronomen) (z.B. *ille* [mask. 'dieser'], *illa* [fem. 'diese']) das Genus bestimmt durch das Geschlecht des Wesens, auf das mit dem Pronomen verwiesen wird, also:

(16) a ille fecit
er$_{\text{Nom.m.}}$ hat_getan$_{\text{3.Sg.}}$ ('er hat [es] getan')

b illa fecit
sie$_{\text{Nom.f.}}$ hat_getan$_{\text{3.Sg.}}$ ('sie hat [es] getan')

Das Neutrum müsste in Verlängerung dieser gerade genannten Regel wie ein Substantiv gebraucht werden können, das auf eine leblose Sache verweist, aber tatsächlich scheinen viele Substantive, die jetzt leblose Sachen bezeichnen, männlich oder weiblich zu sein. Wohl wird das Neutrum der Pronomina gebraucht, um auf Ereignisse, Formulierungen und dergleichen im vorausgehenden Kontext zu verweisen, beispielsweise:

(17) (Cäsar hat den Galliern mitgeteilt, auf ihr Angebot nicht einzugehen:)
Id aegre ferebant
Dies$_{\text{n}}$ unwillig ertrugen-sie$_{\text{3.Pl.}}$
('Sie nahmen [ihm] dies übel')

II Neben den unter Punkt I genannten, auf dem natürlichen Geschlecht beruhenden Regeln gibt es eine Anzahl Regeln, die mit der Bedeutungsklasse des Substantivs zusammenhängen. Die im Anschluss hieran unter III genannten bestimmten formalen Regeln treffen in diesem Falle nicht zu.

- Maskulinum sind diejenigen Substantive, die Flüsse, Winde und Monate bezeichnen, beispielsweise *Séquana* ('Seine')
- Femininum sind diejenigen Substantive, die Länder und Inseln, Städte und Bäume (darunter das Wort *arbor*, 'Baum') bezeichnen, beispielsweise *Aegyptus* ('Ägypten'), *Corinthus* ('Korinth') und *mālus* ('Apfelbaum').

III Schließlich ist der wichtigste Faktor für das Geschlecht von Substantiven der Deklinationstyp, zu dem das Substantiv gehört. Dafür gelten die folgenden Regeln:

A) Substantive der 1. Deklination sind weiblich, außer wenn Punkt I oder II zutreffen, also:

| *Fem.* | | *Ausn. (mask.)* | |
|---|---|---|---|
| rosa | ('Rose') | agricola | ('Bauer') |
| mensa | ('Tisch') | poëta | ('Dichter') |
| | | Sequana | ('Seine') |

B) Substantive der 2. Deklination auf *-um* sind Neutra. Die übrigen sind männlich, es sei denn dass Punkt I oder II gültig ist, also:

| *Neutrum.* | | *Ausn. (mask.)* | |
|---|---|---|---|
| templum | ('Tempel') | mancipium | ('Sklave') |
| bellum | ('Krieg') | | |
| vinum | ('Wein') | | |

| *Mask.* | | *Ausn. (fem.)* | |
|---|---|---|---|
| hortus | ('Garten') | mālus | ('Apfelbaum') |
| ager | ('Acker') | Aegyptus | ('Ägypten') |
| liber | ('Buch') | | |
| vesper | ('Abend') | | |

C) Bei der 3. Deklination ist es komplizierter, was mit der Tatsache zusammenhängt, dass die Zahl verschiedener Formen groß ist. Unter dem Vorbehalt, dass Punkt I und II zutreffen, gelten die folgenden Hauptregeln:

- Weiblich sind die Wörter mit einem Nominativ auf *-o* und die meisten auf *-s* (darunter auch *-x* (= [ks]), also:

| *fem.* | | |
|---|---|---|
| orātio | - Gen. orātiōn-is | ('Rede') |
| consolātio | - Gen. consolatiōn-is | ('Trost') |
| urbs | - Gen. urb-is | ('Stadt') |
| pars | - Gen. part-is | ('Teil') |

• Männlich sind die meisten Wörter auf *-er, -or, -os,* also:

| *mask.* | | |
|---|---|---|
| carcer | - Gen. carcer-is | ('Kerker') |
| dolor | - Gen. dolōr-is | ('Kummer', 'Schmerz') |
| color | - Gen. colōr-is | ('Farbe') |
| flōs | - Gen. flōr-is | ('Blume') |

• Neutrum sind die meisten anderen Formtypen, bes. diejenigen auf *-men*, beispielsweise *nomen*-Gen. *nomin-is* ('Name'), aber auch *tempus*-Gen. *tempor-is* ('Zeit'), *genus*-Gen. *gener-is*.

D) Die Wörter der vierten Deklination auf *-u* (beispielsweise *cornu*, 'Horn') sind sächlich, die auf *-us* sind regelmäßig männlich, beispielsweise:

| *mask.* | | *Ausn. (fem.)* | |
|---|---|---|---|
| fructus | ('Frucht') | domus | ('Haus') |
| usus | ('Gebrauch') | manus | ('Hand') |
| senātus | ('Senat') | | |

E) Die (wenigen) Wörter der 5. Deklination sind weiblich, beispielsweise *rēs* ('Sache'), mit Ausnahme von *diēs* ('Tag'-mask.).

Im Wörterbuch wird das Geschlecht der Substantive stets angegeben.

### 4.2.2 Verbale Formen

In ähnlicher Weise wie bei den Substantiven können wir eine Anzahl von Verbklassen unterscheiden, von denen die Formen in gleicher Weise gebildet werden. Tatsächlich gibt es im Lateinischen vier Bildungen von Verbformen (Konjugationen). Daneben besteht eine Anzahl sehr häufig gebrauchter unregelmäßiger Verben (beispielsweise das Verb ESSE ('sein')). Eine vollständige Übersicht der regelmäßigen Konjugationen ist in Anhang VI zu finden. Die vier regelmäßigen Konjugationen sind die folgenden:

| | | | | |
|---|---|---|---|---|
| 1. Konjugation der *ā*-Stämme | | z.B.: | *laudāre* | ('loben') |
| 2. Konjugation der *ē*-Stämme | | z.B.: | *delēre* | ('zerstören') |
| 3. Konjugation: | a) der konsonantischen Stämme | z.B.: | *vincere* | ('überwinden') |
| | b) der *i*-Stämme | z.B.: | *capere* | ('nehmen') |
| 4. Konjugation der *ī*-Stämme | | z.B.: | *audīre* | ('hören') |

Die (kurzvokalischen) *i*-Stämme sind im Formenbestand teilweise vergleichbar mit den konsonantischen Stämmen, teilweise mit den (langvokalischen) *ī*-Stämmen.

Die Lexeme, die zu ein und derselben Konjugation gehören, stimmen untereinander in der Weise überein, wie bestimmte Endungen gebildet werden. Außerdem zeigen die Verben, die zur selben Konjugation gehören, eine deutliche Übereinstimmung in der Weise, wie sie verschiedene zu einem Lexem gehörende 'Stämme' bilden (bei Verben der 1. und 4. Konjugation ist diese Übereinstimmung größer als bei denjenigen der 2. und 3. Konjugation). Mit Hilfe dieser Stämme können durch Hinzufügung von Endungen alle möglichen Formen von einem Verb gebildet werden. So hat das Verb der 1. Konjugation *laudare* ('loben') Formen, die auf drei Stämme zurückgehen (sog. Stammformen): *lauda-*, *laudav-* und *laudat-*. Die Stämme *lauda-* (Infektivstamm) und *laudav-* (Perfektstamm) haben jeder in großem Maße ein eigenes System von Endungen, mit denen sie kombiniert werden können. Die Formen von dem Stamm *laudat-* (Mittelwort oder Partizip) dienen unter anderem dazu, in Verbindung mit einer Form des Verbs *esse* ('sein') das Passiv im Perfekt wiederzugeben. Darauf werden wir auf S.39 zurückkommen. Wir haben es also mit einer etwas komplizierteren, aber nicht wesentlich anderen Situation zu tun wie wir sie im Deutschen bei *loben*, *lobte*, *gelobt* oder *preisen*, *pries*, *gepriesen* antreffen.
Ein lateinisches Verb enthält ebenso, wie dies im Deutschen der Fall ist, Formen, die eine Personalendung haben (beispielsweise *laudat*, 'er lobt'), sogenannte finite Formen; und Formen, die diese nicht haben, sog. infinite Formen. Zur letzten Gruppe gehören 'Partizipien' (Mittelwörter), die mehr oder minder als von Verbalstämmen abgeleitete Adjektive verstanden werden können (beispielweise *laudatus*, 'gelobt'), und die Formen des Infinitivs, die bestimmte Kennzeichen haben, in denen sie Substantiven gleichen (beispielsweise *laudare*, 'loben'). Wir gehen zunächst auf den strukturellen Bau der finiten Verbformen ein.

a) Finite Verbformen

Zur Einführung in die Arten von Informationen, die eine finite lateinische Verbform enthalten kann, beginnen wir wieder mit unserem Beispiel (1).

(1) pater filium *laudat*

Wir haben bereits gesehen, dass das Wort *laudat* formal als 3. Person Singular (in Kongruenz mit dem Substantiv *pater*) gekennzeichnet ist und sich so beispielweise von *laudant* ('sie loben') und *laudo* ('ich lobe') unterscheidet. Außer den Kategorien Person und Numerus ist die Form *laudat* auch für die Kategorie Tempus/Aspekt ('Zeit') als unvollendet gegenwärtige Zeit ('Praesens') gekennzeichnet. Als solche steht die Form in Opposition zu beispielweise *laudabat* ('er lobte', 'war dabei zu loben'). Ferner steht die Form in

Opposition zur Form *laudet* ('er möge, soll loben') als 'Modus indicativus' ('anzeigende Aussageweise') gegenüber dem 'Modus coniunctivus' ('verbindenden Aussageweise') der Kategorie Modus. Schließlich ist die Form Aktiv. Als solche steht sie *laudatur* gegenüber ('er wird gelobt'), der passiven Form (der Kategorie 'Genus [verbi]'). Schematisch sieht dies so aus:

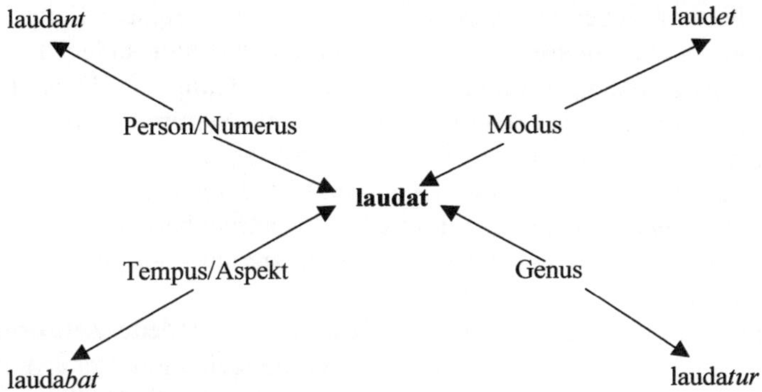


I Person und Geschlecht finiter Formen

Die Kategorien Person und Geschlecht sind bei den finiten Formen an der Wortform sowohl im Aktiv als auch im Passiv gut zu erkennen. Die Mehrzahl der finiten Verbformen wird mit den folgenden Endungen gebildet:

| | Aktiv | Passiv | |
|---|---|---|---|
| 1. Pers. Sg. | -o/-m | -r | 'ich' |
| 2. Pers. Sg. | -s | -ris | 'du', 'Sie' |
| 3. Pers. Sg. | -t | -tur | 'er', 'sie', 'es' |
| 1. Pers. Pl. | -mus | -mur | 'wir' |
| 2. Pers. Pl. | -tis | -mini | 'ihr', 'Sie' |
| 3. Pers. Pl. | -nt | -ntur | 'sie' |

Allein im Indikativ Aktiv des Perfekts wird ein teilweise abweichender Bausatz von Endungen verwendet. Sie haben folgendes Muster:

| Ind. Perf. Akt. | |
|---|---|
| laudav- | -ī |
| | -istī |
| | -it |
| | -imus |
| | -istis |
| | -ērunt |

Wir haben soeben schon gesehen, dass zur Bildung der Verbalformen verschiedene Stämme verwendet werden, beispielsweise *lauda-* und *laudav-*. Der Bedeutungsunterschied, der zwischen diesen beiden Stämmen besteht, ist ein Unterschied von Gleich- und Vorzeitigkeit. Auf dem Stamm beruhende *lauda-* Formen geben an, dass etwas zu einem bestimmten Zeitpunkt im Vergleich zu etwas Anderem gleichzeitig geschieht; oder anders ausgedrückt, dass etwas zu einem bestimmten Zeitpunkt im Gange ist. Diese Formen nennen wir 'Formen des Infectum'. Die auf dem Stamm *laudav-* beruhenden Formen (die 'Formen des Perfectum') geben an, dass eine Handlung vorzeitig gegenüber einem bestimmten Zeitpunkt ist. *Laudat* bedeutet 'er ist am Loben, er lobt'; *laudavit* 'er hat gelobt'. Im Zusammenhang mit dem Unterschied zwischen Infektiv- und Perfektivformen spricht man auch von einem Aspektunterschied.

Pro Stamm gibt es im Lateinischen etwa drei verschiedene Zeitformen (Tempora), nämlich Gegenwart ('Präsens'), Vergangenheit ('Präteritum') und Zukunft ('Futurum'). Diese Tempora situieren die Handlung, die durch das Verb ausgedrückt wird, als vorzeitig, gleichzeitig oder nachzeitig in Bezug auf den Zeitpunkt des Sprechers (oder gegenüber einem anderen Zeitpunkt, der als ein Orientierungspunkt dient, von dem aus Gegenstände beschrieben werden). Dieser Unterschied zwischen Tempus und Aspekt zeigt sich am deutlichsten an der folgenden Beschreibung der Gebrauchsweisen der Formen *laudabat* und *laudavit*. Beide Formen sagen etwas über ein bestimmtes Ereignis (loben) in der Vergangenheit aus, aber tun dies auf unterschiedliche Weise:

*laudabat* (Infectum-Stamm 'er lobte'): der Sprecher oder Schreiber drückt aus, dass jemand zu einem bestimmten Zeitpunkt in der Vergangenheit mit Loben beschäftigt war (die Handlung war damals im Gange).

*laudavit* (Perfectum-Stamm 'er hat gelobt)': der Sprecher oder Schreiber blickt vom Jetzt zurück auf die Vergangenheit (die Handlung ist nun abgeschlossen). Die deutschen Übersetzungen 'er lobte' vs. 'er hat gelobt' drücken diese Unterscheidung übrigens gut aus.

Vgl. das folgende Schema einer vollständigen Übersicht der Kategorien Tempus/Aspekt:

| | Infectum | Perfectum | |
|---|---|---|---|
| Gegenwart | laudat | laudavit | 'er lobt' / 'er hat gelobt' |
| Vergangenheit | laudabat | laudaverat | 'er lobte'/ 'er hatte gelobt' |
| Zukunft | laudabit | laudaverit | 'er wird loben' / 'er wird gelobt haben' |

Der Perfektstamm kann bei vielen Verben regelmäßig vom Präsensstamm abgeleitet werden. Ein häufig vorkommendes Kennzeichen der Perfekt-Stammformen ist ein eingeschobenes Morphem, ein sog. Infix, *-v-* (beispielsweise *laudare* ('loben') > *laudav-*; *audīre* ('hören') > *audīv-*). Ein anderes häufig vorkommendes Infix, das als Kennzeichen von Perfektstämmen dient, ist ein *-s-* (manchmal in der Verbindung *-x-*) (beispielsweise *ducere* ('führen') > *dux-*; *dicere* ('sagen') > *dix-*). Eine dritte verbreitete Art, Perfektformen abzuleiten, besteht in der Dehnung des Stammvokals (manchmal einhergehend mit Veränderung der Vokalfärbung), beispielsweise *legere* ('lesen') > *lēg-*; *capere* ('nehmen') > *cēp-*. In anderen Fällen muss dieser Stamm gelernt werden (beispielsweise *vincere* ('siegen') > *vīc-*; *ponere* ('stellen') > *posu-*). In Wörterbüchern und Grammatiken werden die Perfektsstämme in der 1. Pers. Sg. Indikativ angegeben (beispielsweise *laudāvi*, *audīvi*, *vīci*, *cēpi*, 'ich habe ...').

Die Bezeichnungen für die in diesem Schema vorkommenden Zeiten sind für das Infectum: Gegenwart (Präsens), 'unvollendete Vergangenheit' (Imperfekt), Zukunft; für das Perfectum: 'vollendete Gegenwart' (Perfekt), 'vollendete Vergangenheit' (Plusquamperfekt) und 'vollendete Zukunft' (Futurum exactum).

N.B. Der Begriff 'Perfekt' ('Perfectum') wird also für zwei verschiedene Dinge gebraucht. Wir versuchen, ihn durch Verwendung einer kürzeren und einer längeren Form zu unterscheiden: 'Perfectum' wird für eine Formklasse verwendet, während 'Perfekt' für einen Teil davon steht.

III Aktiv/Passiv ('Genus (verbi)')

Die Person/Numerus-Endungen, die unter Punkt I genannt werden, umfassen gleichzeitig Informationen über Aktiv/Passiv. Die Formen in der linken Spalte auf S.37 Mitte sind Aktiv, diejenigen in der rechten Passiv. In dem Schema auf S.39 unten werden die aktiven Formen angegeben. Die passivischen Gegenstücke hierzu sind folgende:

| | Infectum | Perfectum | |
|---|---|---|---|
| Gegenwart | laudatur | laudatus est | 'er wird gelobt' / 'er ist gelobt worden' |
| Vergangenheit | laudabatur | laudatus erat | 'er wurde gelobt'/ 'er war gelobt worden' |
| Zukunft | laudabitur | laudatus erit | 'er wird gelobt werden'/ 'er wird gelobt worden sein' |

Beachten Sie bitte, dass bei den passiven Perfektformen eine periphrastische Konstruktion verwendet wird, bestehend aus einer Form des Verbs *esse* ('sein') und einem (kongruenten) Partizip, genauso wie beispielsweise im Deutschen und in den romanischen Sprachen. Die Partizipialform *laudatus* ist bei vielen Verben regelmäßig ableitbar vom Infektivstamm; besonders bei der 2. und 3. Konjugation muss diese aus einem Wörterbuch oder einer Grammatik gelernt werden.

IV Modus

Für die Gegenwart und Vergangenheit macht das Lateinische einen Unterschied im Modus. Einander gegenüber stehen Formen für die anzeigende Aussageweise des Indikativs ('Modus indicativus') und für die verbindende Aussageweise des Konjunktivs ('Modus coniunctivus'), beispielsweise gegenüber *laudabat* ('er lobte'): *laudaret* ('er würde loben'). Die Information über Tempus und Modus ist zwischen dem Stamm (hier *lauda-*) und der Personalendung (*-t*) eingefügt. Außer den beiden erwähnten Modi hat das Lateinische auch noch eine befehlende Aussageweise (Imperativus). Zur Veranschaulichung der Systematik folgen hierauf einige Formen in der 2. Person Singular vom Lexem DELERE ('zerstören').

| | *Indikativ* | *Konjunktiv* | *Imperativ* |
|---|---|---|---|
| *Infectum* | delē-s<br>delē-bā-s<br>delē-bi-s | dele-ā-s<br>delē-rē-s | delē / delē-tō |
| *Perfectum* | delēv-isti<br>delēv-erā-s<br>delēv-eri-s | delēv-eri-s<br>delēv-issē-s | |

b) Infinite Verbformen

Oben ist bereits bemerkt worden, dass das Lateinische ebenso wie das Deutsche eine Reihe Formen von verbalen Lexemen besitzt, die keine Personalendung haben. Diese Formen können als von einem Verbalstamm abgeleitete Adjektive und Substantive verstanden werden. Wir finden darunter nominale Endungen hinter dem Verbalstamm.

Das Lateinische hat drei Mittelwörter ('Participia'), die Gleichzeitigkeit, Vorzeitigkeit oder Nachzeitigkeit ausdrücken:

| | *gleichzeitig* | *vorzeitig* | *nachzeitig* |
|---|---|---|---|
| *Aktiv* | laudans<br>'lobend' | — | laudatūrus<br>'loben werdend' |
| *Passiv* | — | laudatus<br>('gelobt') | — |

Das Lateinische hat also kein passives Partizip der Gleichzeitigkeit und Nachzeitigkeit und kein aktives vorzeitiges Partizip.

Neben diesen Verben gibt es ein Adjektiv, das anzeigt, dass etwas getan werden muss oder kann: *lauda-ndus* ('zu loben'). Der Fachsaudruck hierfür lautet 'Gerundivum'. Von den genannten Formen werden die auf *-us* nach dem Deklinationstyp A von S.31 oben gebeugt, die auf *-ns* wie die Adjektive von Typ B auf S.31 unten.

Das Lateinische hat weiterhin eine Reihe von Infinitivformen, sowohl für das Aktiv als auch für das Passiv:

| | *gleichzeitig* | *vorzeitig* | *nachzeitig* |
|---|---|---|---|
| *Aktiv* | laudāre<br>('loben') | laudāvisse<br>('gelobt haben') | laudātūrus esse<br>('loben werden') |
| *Passiv* | laudārī<br>'gelobt werden' | laudātus esse<br>('gelobt worden sein') | laudātum īrī<br>('gelobt werden werden') d.h.<br>'in Zukunft gelobt werden' |

Wir haben den Infinitiv oben als eine substantivartige Form bezeichnet. Die Gründe hierfür sind u.a. die Möglichkeit, ein Adjektiv beizufügen (genau wie im Deutschen 'das *großartige* Singen') und die Möglichkeit, ihn von einem anderen Substantiv abhängig zu machen ('die Kunst *des Singens*'). Im Lateinischen gibt es also neben dem Infinitiv *laudare* auch Genitiv-, Dativ- und Ablativformen (Beispielsweise *ars canta-nd-i* 'die Kunst des Singens'. Diese Formen nennt man 'Gerundium'. Der Infinitiv selbst ist vergleichbar mit den Nominativ- und Akkusativformen eines Substantivs.

N.B. Das Gerundivum ist also adjektivisch, das Gerundium substantivisch.

c) Unvollständige Paradigmen

In a und b ist das Verb LAUDARE verwendet worden, um die Bauweise der Verbformen zu veranschaulichen. Das Lexem LAUDARE ist geeignet, weil alle Formen tatsächlich vorkommen oder vorkommen können. Bei ziemlich vielen Verblexemen ist das nicht der Fall. Beispielsweise kommen viele Verben aufgrund ihrer Bedeutung nicht im Passiv vor (vgl. dt. *wandern*). Eine besondere Gruppe wird durch die sog. Verba deponentia gebildet, Verben mit passiven Formen, die keine passivische Bedeutung haben. Beispiele sind HORTARI ('ermuntern'), PROFICISCI ('aufbrechen'): *hortor* ('ich fordere auf') und *proficiscor* ('ich breche auf') haben die typische *-r* Endung. Von ihrer Bedeutung her sind diese Formen aber vollkommen vergleichbar mit beispielsweise *ambulo* ('ich wandere'), das eine aktive Form ist. Solche Verben haben regelmäßig auch kein aktives Perfectum. Stattdessen wird das vorzeitige Partizip mit einer Form von ESSE ('sein') verwendet: *hortatus sum* ('ich habe aufgefordert'). Auffällig ist, dass es aber ein aktives gleichzeitiges Partizip gibt (*hortans* 'auffordernd'). Im Wörterbuch werden Deponentien als solche gekennzeichnet ('DP').

### 4.3 Unflektierbare Wörter

Unflektierbare Wörter lassen sich äußerlich in drei große Gruppen einteilen: Umstands- oder Beiwörter (Adverbien); Verhältniswörter (Präpositionen / Postpositionen), Bindewörter (Konjunktionen). Unflektierbar sind auch Ausrufewörter (Interjektionen), Fragepartikeln und Verneinungspartikeln. Daneben gibt es einige Adjektive, die nicht gebeugt werden, beispielsweise *nequam* ('schlecht'). Die meisten Zahlwörter werden ebenso wenig gebeugt, beispielsweise *quot* ('wie viel'), *quattuor* ('vier'), *centum* ('hundert'). Die Adjektive und Zahlwörter bleiben hier außer Betracht.

a) Beiwörter (Adverbien)

Im Lateinischen können wir zwei Arten von Beiwörtern unterscheiden. Erstens gibt es Beiwörter, die vom selben Adjektivstamm abgeleitet sind. Wir sprechen in diesem Falle von produktiven Beiwörtern. Ein Beispiel ist *pulchrē* ('schön'). Die Regeln der Ableitung werden an ihrem Orte in 4.4.1 (Wortableitung) behandelt. Daneben gibt es unproduktive Beiwörter, deren Ableitung nicht oder nur durch sprachgeschichtliche Untersuchung festgestellt werden kann. Beispiele hierfür sind: *hīc* ('hier'), *nunc* ('nun'), *ibi* ('da'), *magis* ('mehr'), *ōlim* ('einst'), *satis* ('genug'), *ubi* ('wo').

b) Verhältniswörter

Das Lateinische hat nicht nur vorangestellte Verhältniswörter ('Präpositionen'), sondern auch nachgestellte Verhältniswörter (Postpositionen). Vorangestellte Verhältniswörter sind beispielsweise *ad* ('nach', 'zu'), *de* ('von (an)', 'über'), *sine* ('ohne'), *sub* ('unter'), *trans* ('jenseits von'). Nachgestellte Verhältniswörter sind *causa* ('wegen'), vgl. Doctor honoris causa ('Doktor ehrenhalber'), und *gratia* ('um ... willen'). Das Verhältniswort *cum* ('mit') wird in bestimmten Situationen hinter das Wort gestellt, zu dem es gehört: *cum laude* ('mit Auszeichnung'), aber [*deus*] *vobiscum* ('[Gott sei] mit Ihnen').

Präpositionen regieren einen bestimmten Kasus (ebenso wie beispielsweise im Deutschen); das bedeutet, dass die nominale Form in einem bestimmten Kasus stehen muss. Wir werden darauf noch zurückkommen.

c) Bindewörter (Konjunktionen)

'Bindewörter' sind eine Sammelbezeichnung für von ihrer Bedeutung und Funktion her unterschiedliche Arten von Wörtern. Wir unterscheiden

I Satzverbindende Bindewörter, beispielsweise *igitur* ('daher'), *ergo* ('also'), *enim* ('denn').

II Nebensatzeinleitende Bindewörter, beispielsweise *ut* ('das', 'damit', 'so dass'), *quia* ('weil').
III Satzgliedverbindende Bindewörter, beispielsweise *et* ('und'), *vel* ('oder'), *non solum ... sed etiam* ('nicht nur ... sondern auch').

d) Ausrufewörter (Interjektionen)
Beispiele sind: *heu*, *vae* ('wehe'), *heus* ('he da').

e) Fragepartikeln
Selbstständige oder abhängige Fragesätze können im Lateinischen durch Partikeln eingeleitet werden, nämlich: *num* ('es ist doch nicht so, dass ...?'), *nonne* ('es ist doch so, dass ...?') und nachgestelltes *-ne* (neutrale Frage).

f) Verneinungspartikeln
Beispiele sind: *non* ('nicht'), *neque ... neque* ('weder ... noch').

## 4.4 Wortableitung und Wortzusammensetzung

Die lateinische Sprache hat eine Reihe von Mitteln, um mit Hilfe von Vorsilben ('Präfixen') oder Nachsilben ('Suffixen') von einem Grundstamm aus neue Wörter abzuleiten. Oben wurde bereits die Gruppe produktiver Beiwörter erwähnt, die mit Hilfe von bestimmten Suffixen von Adjektivstämmen abgeleitet sind. Es ist sinnvoll, einige der bekanntesten Suffixe und Präfixe zu kennen.

### 4.4.1 Wortableitung

a) Steigerungsstufen
Das Lateinische kennt wie das Deutsche drei Stufen des Vergleichs ('Gradus positivus, comparativus, superlativus'), nämlich gegenüberstellende, vergrößernde und übertreffende Stufe (Grundstufe, Vergleichsstufe, Höchststufe). Die meistgebrauchten Suffixe sind *-ior* (komparativisch) und *-issimus* (superlativisch). Beispiele sind:

| *Positiv (Nom. Sg. m.)* | *Stamm* | *Komparativ* | *Superlativ* |
|---|---|---|---|
| iustus | iust- | iustior | iustissimus |
| pulcher | pulchr- | pulchrior | pulcherrimus |
| acer | acr- | acrior | acerrimus |
| utilis | util- | utilior | utilissimus |
| constans | constant- | constantior | constantissimus |

b) Ableitung der Beiwörter (Adverbien)

Die meistgebrauchten Endungen sind *-e* (für Adjektivstämme von Typ A (vgl. o. S.31 o.) und *-(it)er* (für Adjektive von Typ B (vgl. S.31 u.). Beispiele:

| *Adjektiv (Nom. Sg. m.)* | *Stamm* | *Adverb* |
|---|---|---|
| iustus | iust- | iustē (‘gerecht’) |
| acer | acr- | acriter (‘heftig’) |
| utilis | util- | utiliter (‘nützlich’) |
| constans | constant- | constanter (‘standhaft’) |

Die Adverbien des Komparativs und Superlativs werden regelmäßig von den entsprechenden Adjektivstämmen abgleitet, beispielsweise:

| *Adjektiv* | *Adverb* |
|---|---|
| acrior | acrius |
| acerrimus | acerrimē |

c) Ableitung selbstständiger Nomina

Es gibt produktive Suffixe zur Ableitung von Substantiven von Adjektivstämmen und von verbalen Stämmen. Beispiele sind:

| *Adjektiv* | *Stamm* | *Substantiv* |
|---|---|---|
| liber (‘frei’) | liber- | liber*tas* (‘Freiheit’) |
| utilis | util- | util-i-*tas* (‘Nützlichkeit’, ‘Nutzen’) |
| iustus | iust- | iust-i-*tia* (‘Gerechtigkeit’) |
| constans | constant- | constant*ia* (‘Standhaftigkeit’) |
| pulcher | pulchr- | pulchr-i-*tudo* (‘Schönheit’) |

| *Verb (Infinitiv Präsens)* | | *Stamm PPP* (s. S.36) | *Substantiv* |
|---|---|---|---|
| laudare | (‘loben’) | laudat- | laudat*io* (‘Lobrede’) |
| imperare | (‘befehlen’) | imperat- | imperat*or* (‘Feldherr’) |
| vincere | (‘siegen’) | vict- | vict*rix* (‘Siegerin’) |

d) Ableitung von Adjektiven

Adjektive können von Substantivstämmen und verbalen Stämmen abgeleitet werden, Beispiele sind:

| *Substantiv* | *Stamm* | *Adjektiv* |
|---|---|---|
| hostis (‘Feind’) | host- | host-i-*lis* (‘feindlich’) |
| periculum (‘Gefahr’) | pericul- | pericul*osus* (‘gefährlich’) |

| *Verb* | *Stamm* | *Adjektiv* |
|---|---|---|
| amare (‘lieben’) | ama- | ama-*bilis* (‘liebenswert’) |
| rapere (‘rauben’) | rap- | rap*ax* (‘raffgierig’) |

e) Ableitung von Verben

Die wichtigsten Ableitungen, die wir hier nennen, sind diejenigen, die mit Hilfe des Infixes *-sc-* gebildet werden und die Bildung von Verben der *a*-Stämme aufgrund des Stamms des Partizips Perfekt Passiv (PPP). Beispiele sind:

| *Grundwort* | *Stamm* | *Verb* |
|---|---|---|
| senex ('Greis') | sen- | senescere ('älter werden') |
| dormire ('schlafen') | dormi- | obdormiscere ('einschlafen') |

| *Grundwort* | *PPP- bzw. Supinstamm* | *Verb* |
|---|---|---|
| dicere ('sagen') | dict- | dictare ('vortragen') |

4.4.2 Wortzusammensetzung

Bei dem Begriff 'Wortbildung' kann man an Fälle wie 'ungerecht' denken, wo ein neues Adjektiv mit Hilfe eines Adjektivs und eines Präfixes gebildet wird, und an Beispiele wie *Haustüre* und *Hebekran/Hebebühne*, wo zwei Stämme zur Bildung eines neuen Lexems verwendet werden. Der zweite Typ ist im Lateinischen ungewöhnlich. Der erste Typ ist sehr produktiv.

a) Bildung von Adjektiven
Mit Hilfe der Verneinungsvorsilben *in-* und *dis-* können Adjektive gebildet werden, die den Mangel einer bestimmten Eigenschaft bezeichnen. Beispiele sind:

| *Basisadjektiv* | *zusammengesetztes Adjektiv* |
|---|---|
| mortalis ('sterblich') | immortalis ('unsterblich', entstanden aus: in-mortalis) |
| similis ('ähnlich') | dissimilis ('unähnlich') |

b) Bildungen von Verben
Mit Hilfe von Vorsilben können zusammengesetzte Verben gebildet werden. Die Präfixe hängen oft formal und bedeutungsmäßig mit Präpositionen zusammen, beispielsweise:

| *Verbum simplex* | *Präfix* | *Verbum compositum* |
|---|---|---|
| ponere ('stellen') | de-, vgl. *de* | deponere ('niederlegen') |
| vocare ('rufen') | con-, vgl. *cum* | convocare ('zusammenrufen') |
| ire ('gehen') | trans-, vgl. *trans* | transire ('überqueren') |

Ein oft gebrauchtes Präfix, das keine entsprechende Präposition hat, ist *re-* ('zurück', 'von neuem').

| *Verbum simplex* | *Präfix* | *Verbum compositum* |
|---|---|---|
| vocare ('rufen') | *re-* | revocare ('zurückrufen') |

Andere Präfixe sind: *dī-*, *dis-*, *ē-/ex-*, *tra-*, *circum-*, *ā-/ab-*, *abs-*, *ad-*, *pro-*, *per-*, *prae-*, *praeter-*. Manchmal gleicht sich der Schlusskonsonant des Präfixes an den Anfangskonsonanten des Verbs an, beispielsweise: *ad-pono* > *appono* ('hinzufügen').

**Literaturhinweise**:

*Zur allgemeinen Terminologie:*

*Wörterbuch der Sprachwissenschaft*, hg. von Hadumod Bußmann. Stuttgart ³2002.

*Flektion:*

Martin Haspelmath, *Understanding Morphology*, London 2002.
Peter H. Matthews, *Inflectional Morphology*, Cambridge 1972.
Peter H. Matthews, *Morphology*, Cambridge ²1993.

*Die vollständigsten Grammatiken:*

Raphael Kühner, *Ausführliche Grammatik der lateinischen Sprache. I: Formenlehre,* 2 Bde., Hannover ²1912.
Manu Leumann, *Lateinische Laut- und Formenlehre*, München 1977.
Gerhard Meiser, *Historische Laut- und Formenlehre der lateinischen Sprache*, Darmstadt 1998.
Anton Szantyr, *Lateinische Syntax und Stilistik*, München 1965.

# 5. SATZLEHRE (SYNTAX)

In diesem Kapitel gehen wir auf eine Anzahl der auffälligsten Kennzeichen der lateinischen Syntax ein, im Vergleich beispielweise zur deutschen Satzlehre. Die folgenden Themen werden behandelt:

I Das Kasussystem
II Die Funktionen einiger verbaler Kategorien
III Wortstellung
IV Partizipialkonstruktionen
V Die *accusativus-cum-infinitivo*-Konstruktion
VI Definitheit
VII Periodenstil

Vorweg besprechen wir kurz eine Anzahl Begriffe, die wir zur Beschreibung der Struktur lateinischer Sätze verwenden. Wir gehen davon aus, dass in der Struktur eines Satzes das 'Prädikat', beispielsweise ein Verb, eine zentrale Rolle einnimmt. Mit der Wahl eines bestimmten Prädikates steht beispielsweise fest, wie viele oder was für andere Konstituenten (Satzglieder) auf alle Fälle in dem Satz vorkommen müssen. Bei dem Prädikat *laudare* ('loben') ist beispielsweise ein Konstituent nötig, der auf die Person verweist, die lobt, und ein zweiter, der auf eine Person oder Sache verweist, die gelobt wird. Mit anderen Worten ist *laudare* ein zweistelliges Prädikat, bei dem zwei Konstituenten vorkommen. Für diese notwendigen Konstituenten gebrauchen wir den Begriff 'Argument'. Außer Argumenten finden wir in einem Satz meistens auch einen oder mehrere nicht vom Prädikat her erforderliche Konstituenten. Diese nennen wir 'Satelliten'. Argumente erfüllen syntaktische Funktionen wie Subjekt, Objekt, indirektes Objekt. Satelliten erfüllen die Funktionen von Adverbialangaben, beispielsweise Angaben des Zeitpunktes, der Art und Weise, des Mittels. All diese genannten Arten von Konstituenten sind Konstituenten auf 'Satzniveau'. Daneben unterscheiden wir auch Konstituenten auf 'Wortgruppenniveau'. Für diesen Paragraphen können wir uns auf Attribute beschränken, beispielsweise *Ciceronis* ('Ciceros') in (1).

(1) oratio Ciceronis
Rede$_{\text{Nom.}}$ Cicero$_{\text{Gen.}}$
('die Rede Ciceros')

Ein Satz kann selbst wieder einen satzwertigen Konstituenten enthalten, beispielsweise *Er sagt, er kann Latein*. In diesem Satz besteht *er kann Latein* selbst wieder aus einem Prädikat (*kann*) und zwei Argumenten (*er* und *Latein*). Auf vergleichbare Weise kann eine Wortgruppe eine weitere Wortgruppe bei sich haben, beispielsweise *die Rede Ciceros über die Ankunft Cäsars*. Wir können so einfache und zusammengesetzte (komplexe) Sätze und Wortgruppen unterscheiden.

## 5.1 Das Kasussystem

In Anwendung der obigen Begriffe können wir nun das Schema auf 27 in folgender Weise einigermaßen präzisieren:

| *Kasus* | *Satzniveau* | | *Wortgruppenniveau* |
|---|---|---|---|
| | *Argument* | *Satellit* | |
| | | | |
| *Nom.* | normalerweise (Subjekt oder Prädikatsnomen) | niemals | niemals (außer als Apposition) |
| *Gen.* | idiomatisch bei einigen Verben (2) | niemals | normalerweise |
| *Dat.* | a) idiomatisch bei bestimmten 2stelligen Verben (3)<br>b) sehr regulär bei 3stelligen Verben der Übertragung und der Kommunikation (indir. Obj.) (4) | sehr regelmäßig zur Bezeichnung des Nutznießers und des Betroffenen | sehr ungebräuchlich |
| *Akk.* | normalerweise (Objekt; Subjekt beim AcI, s. 5.4.2) | eine bestimmte Anzahl von Verwendungen | sehr ungebräuchlich |
| *Abl.* | a) idiomatisch bei einigen 2stelligen Verben (5)<br>b) bei 3stelligen Verben, die 'versehen mit' und '(einer Sache) berauben' bedeuten (6) | normalerweise | ungebräuchlich |

N.B.: Den Vokativ haben wir hier außer Betracht gelassen.

Beispiele für Verben mit den in diesem Schema genannten idiomatischen Gebrauchsweisen des Genitivs, Dativs und Ablativs zur Bezeichnung eines Argumentes sind:

| | | |
|---|---|---|
| (2) | *meminisse* | ('sich erinnern') |
| | *oblivisci* | ('vergessen') |
| (3) | *favere* | ('begünstigen') |
| | *nubere* | ('heiraten') |
| (4) | *dare aliquid alicui* | ('etwas jemandem geben') |
| | *respondere alicui* | ('jemandem antworten') |
| (5) | *uti* | ('gebrauchen') |
| (6) | *privare* | ('einer Sache berauben') |
| | *instruere* | ('versehen mit') |

In Inschriften und anderen nicht-literarischen Texten treffen wir bei den Verben (2), (3) und (5) nicht selten den 'normalen' Kasus – den Akkusativ – an.

Wie in dem Schema auf 27 wird in dem obigen Schema erneut deutlich (vgl. 28), dass es unmöglich ist, die Funktion eines nominalen Konstituenten eindeutig aus der Kasusform abzuleiten. Wie wir sehen werden, ist dazu ergänzende Information in Bezug auf das Prädikat und die nominalen Konstituenten notwendig. Es ist sehr auffällig, dass der Genitiv, Kennzeichen besonders auf dem Wortgruppenniveau, fast gar nicht auf Satzniveau vorkommt. Wir werden nun weiter auf die Frage eingehen, wie wichtig die Präsenz von Kasusendungen für das Verständnis eines lateinischen Satzes ist, und auf die vorhin genannte ergänzende Information.

Von den Schemata geht möglicherweise – zu Unrecht – der Eindruck aus, dass die Kasuskennzeichen als solche das wichtigste Element seien, aus dem sich der Satzzusammenhang ergibt. Beispiel (1) von 23 ist vielleicht wieder ein guter Ausgangspunkt, um zu zeigen, dass dieser Eindruck falsch ist.

(7) pater filium laudat
Vater Sohn lobt-(er)
('Der Vater lobt den Sohn')

Das Beispiel ist etwas irreführend, weil es nämlich in diesem Satz viel ausmacht, welches der beiden Substantive im Nominativ oder Akkusativ steht. Es handelt sich aber um eine besondere Art von Satz, nämlich um einen Satz, der zwei Substantive enthält, die beide auf Personen verweisen, die in Bezug auf die Handlung *laudare* sowohl als Agens ('handelnde Person') als auch als Patiens ('Person oder Sache, die die Handlung erleidet') auftreten können. Aber:

a) es gibt auch viele Substantive, die nicht wie soeben in Bezug auf ihre Rolle bei der Handlung verwechselt werden können, beispielsweise (8)

(8) pater philosophiam laudat
$\text{Vater}_{\text{Nom}}$ $\text{Philosophie}_{\text{Akk}}$ $\text{lobt}_{3.\text{Sg}}$
('Der Vater lobt die Philosophie')

'Die Philosophie lobt den Vater' ist weniger naheliegend. Die Unterscheidung Nom. : Akk., die in Beispiel (7) wesentlich war, ist hier gewissermaßen redundant, weil die Bedeutung der Substantive und des Prädikates wenig Raum für eine andere Interpretation lässt.

b) Es gibt auch viele Prädikate, bei denen überhaupt nur ein Konstituent notwendig und eine wirkliche Verwechslung daher ausgeschlossen ist, beispielsweise:

(9) pater ambulat
Vater$_{\text{Nom.}}$. geht spazieren$_{\text{3.Sg.}}$
('Der Vater geht spazieren')

Kurzum, die semantische Struktur, die durch das Prädikat und die für das Prädikat notwendigen Ergänzungen (die 'Argumente') gebildet wird, ist das Fundament des Satzes. Dieses Fundament wird von den Informationen der Kasuszeichen verstärkt und ergänzt.

An den Beispielen (2) und (12) auf 26-27 und am obigen Schema haben wir gesehen, dass die meisten Kasus außer zur Kennzeichnung von Argumenten auch zur Kennzeichnung von Konstituenten gebraucht werden können, deren Anwesenheit nicht notwendig aus der Bedeutung des Prädikates hervorgeht (die 'Satelliten'). Vor allem der Ablativ wird in dieser Weise verwendet. Wir finden diesen Kasus bei den meisten Arten von Angaben, beispielsweise:

| (10) | a | eo | anno | |
|---|---|---|---|---|
| | | dieser$_{\text{Abl.}}$ | Jahr$_{\text{Abl}}$ | ('in diesem Jahr') |
| | b | laeto | animo | |
| | | fröhlich$_{\text{Abl}}$ | Herz$_{\text{Abl}}$ | ('mit fröhlichem Herzen') |
| | c | hac | via | |
| | | dieser$_{\text{Abl}}$ | Weg$_{\text{Abl}}$ | ('auf diesem Weg') |

Offenbar ist es möglich, dass für die verschiedenen Arten von Bestimmungen ein einziger Kasus ausreicht, weil der semantische Unterschied zwischen den Belegen in (10) a-c fast ausreichend durch die Bedeutung der verwendeten Substantive deutlich wird. Weder kann *annus* als Angabe der Art 'den Weg entlang' (10c) aufgefasst werden, noch umgekehrt *via* als Angabe eines Zeitpunktes.

Probleme für die Interpretation sind dann zu erwarten, wenn ein nominaler Konstituent von seiner Bedeutung her bei einem Prädikat als Satellit und als Argument aufgefasst werden kann. In diesem Zusammenhang ist es gut, darauf zu achten, dass im Lateinischen bei der Mehrzahl der als Satelliten auftretenden nominalen Konstituenten eine Präposition üblich ist. Mehrdeutigkeiten (Ambiguitäten) wie im deutschen Beispiel (11) sind daher zwar möglich, kommen aber nicht oft vor:

(11) Karl schaffte drei Tage =
a 'Karl arbeitete drei Tage lang'
b 'Karl erreichte drei Tage'

Fazit: Kasusmarkierung ist nur eines der Mittel, mit denen die Satzstruktur deutlich gemacht wird. Manchmal ist die Information wirklich unentbehrlich, vor allem in der Dichtung, wo das Verständnis des Inhaltes u.a. durch den vielfältigen Gebrauch von Metonymien und Metaphern erschwert wird. In nichtpoetischen Texten gibt aber die Kasusmarkierung oft zusätzliche Informationen. Redundant ist die Kasusmarkierung besonders bei den meisten Präpositionalgruppen. In der lateinischen Prosa folgt die nominale Gruppe in der Regel unmittelbar auf die Präposition, und weil die Kasusendung meistens bei der Präposition feststeht (außer bei *in* und *sub*), reicht die Präposition aus, um zu verstehen, wie der Konstituent zur Satzstruktur passt. Es macht aber für die Bedeutung nicht wirklich mehr aus, ob es *ā patre* ('von dem Vater') heißt oder **ā patrem*. In Inschriften finden wir denn auch nicht selten den Akkusativ bei Präpositionen, die im 'Standardlatein' den Ablativ regieren.

### 5.2 Die verbalen Kategorien Tempus, Modus und Genus

a) Imperfekt und Perfekt

Die Bedeutung der Zeitformen ist oben (38-39) schon kurz besprochen worden. Wir geben noch einige ergänzende Informationen über den Gebrauch des Imperfekts und Perfekts in Erzähltexten. Den Unterschied zwischen *laudabat* und *laudavit* haben wir beschrieben als mehr oder weniger gleichbedeutend mit etwa dem deutschen *er schrieb* (*er war am Schreiben*) und *er hat geschrieben.* Zwischen den deutschen Formulierungen *er schrieb* und *er hat geschrieben* besteht ein Bedeutungsunterschied, der deutlich in Fragen wie (12) und (13) wird:

(12) Ist Karl schon gekommen?
(13) Kam Karl bereits?

Die zweite Frage kann nur bei einer Fortsetzung gestellt werden wie 'als Sie noch beim Essen saßen' oder als eine Art Echo-Frage nach einer vorausgehenden Mitteilung vom Typ 'Karl kam, als wir noch beim Essen saßen'. In beiden Fällen ist implizite oder explizite Information nötig, aus der hervorgeht, dass die Frage sich auf eine Situation in der Vergangenheit bezieht. Bei der ersten Frage ist das nicht der Fall. Doch auch im ersten Fall ist es strenggenommen so, dass das erwähnte Kommen in der Vergangenheit stattfand.

Ein auffälliger Unterschied zwischen dem Deutschen und dem Lateinischen besteht nun darin, dass das deutsche Perfekt regulär nicht in Erzählungen aus der Vergangenheit verwendet wird. Dafür verwenden wir das Präteritum:

(14) Ich *ging* zum Fleischer und *kaufte* ein Pfund Rindfleisch.

Im Lateinischen wird für diese Art von aufeinander folgenden Handlungen in einer Erzählung das Perfekt gebraucht, vgl. die berühmten Worte Cäsars:

(15) veni, vidi, vici
bin gekommen$_{1.Sg}$ habe gesehen$_{1.Sg}$ habe gesiegt$_{1.Sg}$
('ich kam, sah und siegte')

In der französischen Schriftsprache würde das Passé simple verwendet werden (s. auch unten). In Erzähltexten kommen beide Tempora Imperfekt und Perfekt vor. Dabei baut das Imperfekt den Hintergrund auf, wie wir das von dem deutschen Beispiel (13) sagen würden. Das Perfekt wird für aufeinander folgende Handlungen verwendet, die den Vordergrund der Erzählung bilden.

b) Modi

Das Lateinische hat drei verschiedene 'Modi', den 'Indikativ', den 'Konjunktiv' und den 'Imperativ' (vgl. 40). Hierbei geben der Indikativ und der Imperativ keinen Anlass zu Erläuterungen. Für einen Deutschen ist nur der Konjunktiv problematisch. Der Konjunktiv wird verwendet in Haupt- und in Nebensätzen. In Hauptsätzen gibt der Konjunktiv an, dass die im Satz ausgedrückte Handlung nicht als jetzt 'faktisch', sondern als jetzt 'möglich', 'notwendig' oder 'wünschenswert' betrachtet wird, beispielsweise:

(16) filium laudes
a 'du könntest den Sohn loben' (möglich)
b 'du mögest den Sohn loben' (wünschenswert)

Welche Interpretation in einem bestimmten Fall sinnvoll ist, geht meist aus dem Kontext hervor. Im Deutschen verwenden wir auch modale Hilfsverben wie 'mögen', 'können', 'sollen'.

In Nebensätzen, die mit einer Konjunktion ('Bindewort') eingeleitet werden, ist der Konjunktiv oft obligatorisch. So kommt beispielsweise in Nebensätzen mit der Konjunktion *ut* ('dass', 'damit', 'so dass') meistens der Konjunktiv vor:

(17) opto ut veniat
wünsche-ich$_{1.Sg}$ dass kommt-er$_{Kj.3.Sg}$
('ich wünsche, dass er kommt')

Weil der Konjunktiv in dieser Art von Fällen unverzichtbar ist, macht es wenig Sinn, für ihn einen bestimmten semantischen Wert anzunehmen. In Relativsätzen besteht aber eine Wahl zwischen Konjunktiv und Indikativ. Er ist also Ausdruck eines Bedeutungsunterschiedes. Von Fall zu Fall wird man also bestimmen müssen, welche von den für Hauptsätze genannten Bedeutungen für diesen Konjunktiv zutrifft.

c) Aktiv/Passiv ('Genus')

Wir haben gesehen, dass das Lateinische besondere Formen für Aktiv und Passiv hat (*laudo* 'ich lobe' vs. *laudor* 'ich werde gelobt'). Die Passivform wird im Lateinischen auch in denjenigen Fällen verwendet, wo im Deutschen das rückbezügliche Fürwort gebraucht wird:

(18) filius lavatur
Sohn$_{\text{Nom.}}$ waschen$_{\text{3.Sg.Pass.}}$
('der Sohn wäscht sich')

In der lateinischen Grammatik nennt man diesen Gebrauch 'Mediopassiv'. *Lavatur* in Beispiel (18) kann aber auch als 'gewöhnliches' Passiv aufgefasst werden. Der Satz bedeutet dann 'der Sohn wird gewaschen'.
Die Passivform wird außerdem gebraucht, wenn eine Handlung von einer unbestimmten Person verrichtet wird (vgl. deutsches 'man'):

(19) itur
geht$_{\text{3.Sg.Pass.}}$
('es wird gegangen', '*man* geht')

Schließlich haben wir auf das Vorhandensein von pseudopassivischen Formen (sog. 'Deponentien') bereits oben hingewiesen (42).

## 5.3 Wortstellung

Wir haben oben gesehen, dass die Wortstellung in einem lateinischen Satz für das Verständnis der semantischen Beziehungen nicht ausschlaggebend ist. Ohne Kontextangabe ist jede der folgenden Stellungen in Beispiel (20) möglich:

(20) a pater filium laudat
b pater laudat filium
c filium laudat pater

In Sprachen wie dem Niederländischen, Englischen und Französischen ist die Wortstellung oft entscheidend für das richtige Verständnis. In dem holländischen Satz:

(21) de vader prijst de zoon
'Der Vater lobt den Sohn'

wird bei Normalbetonung die Interpretation nahegelegt, dass der Vater derjenige ist, der die Handlung des Lobens des Sohnes ausführt. Es gibt im Niederländischen eine syntaktisch bestimmte, feste Wortstellung: S(ubjekt) V(erbum finitum) O(bjekt). Nur bei starker Betonung von *de vader* ('der Vater') könnte man in einem bestimmten Kontext *de zoon* ('der Sohn') als Agens ('handelnde Person') auffassen. Im Deutschen werden dagegen noch die Artikel flektiert, sodass eine ähnliche Ambiguität nur bei artikellosen Eigennamen vorkommt: (a) Simone lobt (den) Stephan; (b) (Den) Stéphan lobt Simone.[1] Wie gesagt, ist im klassischen Latein die Anordnung der verschiedenen Konstituenten im Satz in gewissem Sinne frei. Dies ist deswegen möglich, weil die Rolle, die nominale Konstituenten in der Satzstruktur spielen (beispielsweise Subjekt, direktes Objekt usw.) in weitem Maße an der Form der betreffenden Konstituenten ablesbar ist. Die Wortstellung kann daher im Lateinischen für andere Mitteilungsfunktionen genutzt werden: Sie fungiert im Lateinischen als eine Variable, um die relative Bedeutung eines Konstituenten im Kontext zum Ausdruck zu bringen. Auch die Bekanntheit (bzw. Unbekanntheit) eines Konstituenten aus dem Kontext kann ihren Niederschlag in der Wortstellung finden. Konstituenten, die aus dem Kontext bekannt sind, stehen meist vor einem Konstituenten, der neue oder wichtige Information enthält, ungeachtet ihrer syntaktischen Funktion. Konstituenten, die einen Gegensatz zu früher genannten Konstituenten bilden, stehen im Satz voran. Mit anderen Worten: Im Lateinischen ist die Wortstellung eine *pragmatische* bzw. *pragmatisch bestimmte* Erscheinung. Statistisch gesehen herrschen zweifellos bestimmte Stellungen vor. Solche Vorzugsstellungen sind übrigens von Autor zu Autor und von Textsorte zu Textsorte sehr unterschiedlich. In der klassischen Prosa von Cäsar steht beispielsweise die finite Verbform meistens an letzter Stelle im Satz. Das Subjekt (sofern explizit ausgedrückt) steht nahezu immer vor anderen Konstituenten wie Objekt und indirektem Objekt. Diese Folge (S[ubjekt] O[bjekt] V[erbum finitum]) wird oft als die klassische Wortstellung angesehen. In der Prosa von Cäsars Zeitgenossen Cicero gilt dies jedoch nur für 50 % der Sätze. Besonders in der Dichtung ist alles möglich. Ein anderer Faktor, der für die Wortstellung entscheidend ist, betrifft die Satzart (Möglichkeit, Frage, Befehl).

Innerhalb von Nominalgruppen ist die Stellung des Attributes variabel. Meistens steht es hinter dem Substantiv, kann aber bei Betonung auch voranstehen:

(22) a populus Romanus ('das römische Volk')
b Romanus populus ('das römische Volk' im Unterschied zu anderen Völkern)

[1] Der Akzent in (b) bezeichnet die veränderte Intonation, d.h. den steigenden Akzent auf das in markierter Anfangsstellung stehende Objekt, pragmatisch gesehen das thematische Satzglied (vgl. *Duden Bd.4. Die Grammatik*, hg. v. Matthias Wermke u.a., Mannheim u.a. [7]2005, § 164). Im Englischen werden in solchen Fällen sog. *cleft constructions* verwendet, z.B. "*It was that book with the blue cover that* Kim wrote" (zit. n. Tallerman 2005 [s.u.]: 128) [Anm. des Übersetzers].

(23) a officium consulis$_{Gen.}$ ( 'die Aufgabe des Konsuls')
b consulis officium ('die Aufgabe des Konsuls'
im Unterschied zu derjenigen anderer Personen)

Attribut und regierendes Substantiv werden in der lateinischen Prosa nicht selten, in der Poesie nahezu regelmäßig, durch andere Wörter voneinander getrennt (sog. 'Hyperbaton'). Diese Erscheinung hat im Grunde ebenso mit der Betonung eines der Konstituenten der Nominalgruppe zu tun, aber in der Dichtung gelten hierfür auch metrische und ästhetisch-literarische Erwägungen. Ein Beispiel aus der Prosa ist (24):

(24) cum *ille* in urbe *hostis* esset
als dieser$_{Nom.}$ in Stadt$_{Abl.}$ Feind$_{Nom.}$ war$_{3.Sg.}$
('als díeser Feind in der Stadt war', Cic., *Cat.* 3.17)

Für ein viel krasseres Beispiel aus der Poesie vgl. Beispiel (25):

(25) *una* dolo divum si *femina* victa duorum est
ein$_{Nom.}$ List$_{Abl.}$ Götter$_{Gen.}$ wenn Frau$_{Nom.}$ überwunden zwei$_{Gen.}$ ist$_{3.Sg.}$
('wenn eíne Frau überwunden ist durch die List von zwei Göttern', Verg., *Aen.* 4,95)

Bemerkenswert ist, dass in Beispiel (25) der Konjunktion *si* ('wenn') zwei untergeordnete Konstituenten vorangehen. Die Trennung von Attribut und regierendem Substantiv wird ermöglicht durch die Tatsache, dass an der Form der Adjektive usw., also an der Kongruenz, zu erkennen ist, zu welchem Substantiv sie gehören.

## 5.4 Einige auffällige Konstruktionen

Im Lateinischen, besonders in der klassischen Prosa, werden oft Konstruktionen verwendet, die im Deutschen nicht möglich sind oder aber nur in beschränktem Maße verwendet werden können. Wir behandeln hier zwei Partizipialkonstruktionen und eine Infinitivkonstruktion.

### 5.4.1 Partizipialkonstruktionen

Wie wir gesehen haben, werden von einem lateinischen Verb in der Regel zwei Partizipien verwendet: ein aktives vom Infektivstamm auf *-ns*, Gen. *-ntis*, das Gleichzeitigkeit ausdrückt, und ein passives vom Perfektivstamm auf *-us/a/um*, das Vorzeitigkeit ausdrückt. Beispiele sind *laudans* ('lobend') und *laudatus* ('gelobt'). Ein drittes Partizip, ein Partizip Futur Aktiv, wird viel seltener gebraucht: *laudaturus* ('einer, der loben wird'). Nach dem Vorbild ihrer griechischen Vorläufer haben die römischen Schriftsteller in großem Umfang die Möglichkeit genutzt, mit Hilfe dieser Partizipien, die mit nominalen Konstituenten im Satz formal übereinstimmen bzw. kongruieren, eingebettete Satzstrukturen zu bilden. Ein einfaches Beispiel ist (26):

| (26) | Is | [regni | cupiditate | inductus] | coniurationem |
|---|---|---|---|---|---|
| | Er$_{\text{Nom.}}$ | Herrschaft$_{\text{Gen.}}$ | Gier$_{\text{Abl.}}$ | angetrieben$_{\text{Nom.}}$ | Verschwörung$_{\text{Akk.}}$ |
| | nobilitatis | fecit | | | |
| | Adel$_{\text{Gen.}}$ | machte$_{\text{3.Sg.}}$ | | | |

(‘Er machte, von Machtgier getrieben, eine Verschwörung unter dem Adel’, Caes. *Gal.* 1,2,1)

Das Partizip Perfekt Passiv *inductus* kongruiert mit dem Subjekt *is* und wird selbst bestimmt durch *regni cupiditate*, die Quelle des Antriebs. Wir nennen diese Verwendung des Partizips ‘Participium coniunctum’, im Deutschen können wir derartige Strukturen verwenden, wenn auch in beschränkterem Umfange. Nebensätze, die von einer Konjunktion eingeleitet werden, sind im Deutschen viel gebräuchlicher.

Eine auffällige Variante der Partizipialkonstruktionen wird durch die Konstruktion des sog. ‘Ablativus absolutus’ gebildet. In älterer deutscher Schriftsprache finden sich übrigens ähnliche Belege von dieser Konstruktion, natürlich ohne Kasusbezeichnung, beispielsweise „Ich befand mich bereits am Ende des Augartens, *die Brigittenau hart vor mir liegend*“ (Grillparzer), „Hinaus in die Stadt! Und da dehnt sie sich, die Heide, nebelnd, gespenstiglich, *die Winde darüber sausend*“ (Hebbel).[1] Der lateinische Ausdruck *deo volente* (‘Gott$_{\text{Abl.}}$ wollend’$_{\text{Abl.}}$ = so Gott will) ist ein Beispiel für eine Ablativus-absolutus-Konstruktion. Andere einfache lateinische Beispiele sind (27) und (28):

| (27) | [Romanis | advenientibus] | Galli | fugērunt |
|---|---|---|---|---|
| | Römer$_{\text{Abl.}}$ | ankommend$_{\text{Abl.}}$ | Gallier$_{\text{Nom.}}$ | sind geflohen$_{\text{3.Pl.}}$ |

(‘Als die Römer eintrafen, flohen die Gallier’)

| (28) | [defuncto | Traiano] | Aelius Hadrianus | creatus | est | princeps |
|---|---|---|---|---|---|---|
| | gestorben$_{\text{Abl}}$ | Trajan$_{\text{Abl.}}$ | Aelius Hadrian$_{\text{Nom.}}$ | gewählt$_{\text{Nom}}$ | ist$_{\text{3.Sg.}}$ | Kaiser$_{\text{Nom.}}$ |

(‘Nachdem Trajan gestorben war, wurde A. Hadrian zum Kaiser gewählt’)

In (27) sehen wir eine Gruppe eines Substantivs (*Romanis*) mit einem kongruenten Partizip Präsens (*advenientibus*), die im Ablativ steht. Der Ablativ ist, wie wir gesehen haben, der gebräuchlichste Kasus für Adverbialangaben und

[1] Zit. n. M. Regula, *Kurzgefasste erklärende Satzkunde des Neuhochdeutschen*, Bern & München 1968, 59. Damit werden die Beispiele aus dem „steifen Gymnasialholländisch“ des Originals (66) ersetzt, nämlich *staande de vergadering* (‘während der Sitzung’), *niets meer aan de orde zijnde* (‘nichts mehr auf der Tagesordnung seiend’), *dit gezegd zijnde* (‘dies gesagt [worden] seiend’), *alles wel beschouwd* (‘alles wohl betrachtet’) [Hinweis im Text und Anm. des Übersetzers].

muss in diesem Falle als eine Angabe des Zeitpunktes aufgefasst werden, an dem die Gallier flohen. In (28) haben wir ein Partizip Perfekt Passiv. Im Deutschen ist meist eine Wiedergabe mit einem durch eine Konjunktion eingeleiteten Nebensatz notwendig (s. in den Übersetzungen *als* und *nachdem*).

5.4.2 Konstruktion des Accusativus cum infinitivo (AcI)

Im Lateinischen gibt es Infinitivkonstruktionen parallel zu Infinitivkonstruktionen in den folgenden deutschen Beispielsätzen (die übrigens wiederum Parallelen in den romanischen Sprachen haben).

(29) Ich sah ihn noch lange Rad fahren.

(30) Ich fordere dich auf, nach Hause zu gehen.

In diesen Sätzen sind *ihn* bzw. *dich* nicht nur als die Person aufzufassen, die gesehen bzw. jetzt aufgefordert wird, d.h. als Objekt des regierenden Verbs, sondern auch als Person, die Rad fährt bzw. die nach Hause geht. Daneben hat das Lateinische auch eine Konstruktion ohne deutsche Entsprechung, die, oberflächlich betrachtet, der soeben genannten gleicht.

(31) Dico eum Athenas profectum esse
sage$_{1.Sg.}$ ihn$_{Akk.}$ nach_Athen aufgebrochen$_{Akk.}$ zu_sein
('Ich sage, dass er nach Athen aufgebrochen ist')

*Eum* hängt hier nicht von *dico* ab (anders als *ihn* und *dich* in den deutschen Beispielen (29) und (30)): *dico eum* ist also kaum mit 'ich sage zu ihm' zu vergleichen. *Eum* ist das Subjekt von *profectum esse*. Das Auffällige ist, dass hier *eum* im Akkusativ steht, dem Kasus, der gebräuchlich für Objektskonstituenten ist (*profectum* kongruiert damit übrigens in diesem Beispiel). In 'gewöhnlichen' Hauptsätzen steht das Subjekt im Nominativ. Diese ziemlich einzigartige Konstruktion, die unter dem Namen 'Accusativus cum infinitivo' (kurz: AcI) bekannt ist, ist in den romanischen Sprachen verschwunden. Konstruktionen mit einer Konjunktion (*quod* 'dass') und einem finiten Verb, die mit der klassischen Konstruktion übereinstimmen, fangen seit dem 5. Jahrhundert n. Chr. zu überwiegen an (vgl. ital. *che* und frz. *que*).

## 5.5 Definitheit/Indefinitheit (Bestimmtheit/Unbestimmtheit)

Das Lateinische hat nicht wie das Deutsche und die modernen romanischen Sprachen einen Artikel, um anzugeben, dass vom Hörer oder Leser vorausgesetzt wird, dass er weiß, wer oder was mit einem bestimmten Substantiv oder mit einer vergleichbaren Nominalgruppe gemeint ist. Dies muss aus dem Kontext hervorgehen oder aus der Anwesenheit eines anaphorischen Pronomens (*is* 'dieser') oder eines Demonstrativpronomens (beispielsweise *ille* ('jener') und *hic* ('dieser), siehe auch oben 32). *habeo librum* (habe$_{\text{1.Sg.}}$; Buch$_{\text{Akk.}}$) kann also bedeuten 'ich habe *ein* Buch' oder 'ich habe *das* Buch'.

## 5.6 Periodischer Stil

Unter dem Einfluss von griechischen Vorläufern hat besonders Cicero stark dazu beigetragen, dass die Sätze nach Umfang und Struktur stets weiter ausgebreitet werden. Partizipial- und AcI-Konstruktionen ermöglichen es, innerhalb des Plans eines Hauptsatzes (mit einer finiten Verbform) eine Reihe zusammenhängender Ereignisse einzuordnen, die für unser Sprachgefühl besser unabhängig voneinander und nacheinander ausgedrückt werden sollten. Dieser sog. periodische Stil ist natürlich nur realisierbar in einem schriftlichen Text oder einem aufgezeichneten mündlichen Text, der vorher gut durchdacht wurde. Gleichzeitig gilt es, die Teilsätze innerhalb eines solchen Satzes in Beziehung zueinander harmonisch anzuordnen. Oft wird selbst eine bestimmte feste Aufeinanderfolge von langen und kurzen Silben am Ende des Satzes (oder der Teilsätze) realisiert (sog. *clausulae*, 'Abschlüsse'). Ein Beispiel ist Satz (32):

(32) Ein Abschnitt aus Livius' Geschichtswerk *Ab urbe condita* 8, 18, 8-9. (Der Abschnitt handelt von vermeintlichen Giftmischern; *quibus* weist darauf zurück).
*Quibus in forum delatis et ad viginti matronis, apud quas deprehensa erant, per viatorem accitis duae ex eis, Cornelia ac Sergia, patriciae utraque gentis, cum ea medicamenta salubria esse contenderent, ab confutante indice bibere iussae ut se falsum commentam arguerent, spatio ad conloquendum sumpto, cum submoto populo rem ad ceteras rettulissent, haud abnuentibus et illis bibere, epoto medicamento suamet ipsae fraude omnes interierunt.*

| a | Quibus | in | forum | delatīs |
|---|---|---|---|---|
| | Welche$_{\text{Abl.fem.}}$ | nach | Forum$_{\text{Akk.}}$ | gebracht$_{\text{Abl.fem.}}$ |

| b | et | ad | vigintī | mātrōnīs, | apud | quās |
|---|---|---|---|---|---|---|
| | und | ungefähr | zwanzig | Frauen$_{\text{Abl.}}$ | bei | denen$_{\text{Akk.fem.}}$ |

| deprehensa | erant, | per | viatorem | accitis |
|---|---|---|---|---|
| gefunden$_{\text{Nom.n.}}$ | waren$_{\text{3.pl.}}$ | durch | Gerichts-diener$_{\text{Akk.}}$ | herbeirufen$_{\text{Abl.fem.}}$ |

| c | duae | ex | eīs, | Cornelia | ac | Sergia, |
|---|---|---|---|---|---|---|
| | zwei$_{\text{Nom.}}$ | von | ihnen$_{\text{Abl.fem.}}$ | Kornelia$_{\text{Nom.}}$ | und | Sergia$_{\text{Nom.}}$ |

| | patriciae | utraque | gentis |
|---|---|---|---|
| | patrizisch $_{\text{Gen.fem.}}$ | beide $_{\text{Nom.fem.}}$ | Geschlecht $_{\text{Gen.}}$ |

| d | cum | ea | medicamenta | salubria | esse | contenderent |
|---|---|---|---|---|---|---|
| | als | diese $_{\text{Akk.n.}}$ | Mittel $_{\text{Akk.}}$ | heilsam $_{\text{Akk.}}$ | sein $_{\text{inf.}}$ | behaupten $_{\text{3.pl.Konj.}}$ |

| e | ab | confutante | indice | bibere | iussae |
|---|---|---|---|---|---|
| | durch | widerlegend $_{\text{Abl.fem.}}$ | Denunziant $_{\text{Abl.}}$ | trinken $_{\text{inf.}}$ | befohlen (sein) $_{\text{Nom.fem.}}$ |

| f | ut | se | falsum | commentam | in | conspectu | arguerent |
|---|---|---|---|---|---|---|---|
| | um | sich $_{\text{Akk}}$ | unrichtig $_{\text{Akk.}}$ | sich ausgedacht haben $_{\text{Inf.Akk.fem.}}$ | in | Anblick $_{\text{abl.}}$ | beschuldigen $_{\text{3.pl.Konj.}}$ |

| g | spatio | ad | conloquendum | sumptō, |
|---|---|---|---|---|
| | Zeit $_{\text{Abl.}}$ | zu | beraten $_{\text{Akk.}}$ | genommen sein $_{\text{Abl.n.}}$ |

| h | cum | submotō | populō | rem | ad | cēterās |
|---|---|---|---|---|---|---|
| | als | entfernt $_{\text{Abl.m.}}$ | Volk $_{\text{Abl.}}$ | Sache $_{\text{Akk.}}$ | zu | andere $_{\text{Akk.fem.}}$ |

| | rettulissent, |
|---|---|
| | hatten berichtet $_{\text{3.pl.konj.}}$ |

| i | haud | abnuentibus | et | illīs | bibere |
|---|---|---|---|---|---|
| | nicht | sich weigernd $_{\text{Abl.fem.}}$ | und | sie $_{\text{Abl.fem.}}$ | trinken $_{\text{inf.}}$ |

| j | epōtō | medicamentō |
|---|---|---|
| | leergetrunken $_{\text{Abl.n.}}$ | Mittel $_{\text{Abl.}}$ |

| k | suāmet | ipsae | fraude |
|---|---|---|---|
| | eigen $_{\text{Abl.fem.}}$ | selbst $_{\text{Nom.fem.}}$ | Betrug $_{\text{Abl.}}$ |

| | omnēs | interiērunt. |
|---|---|---|
| | alle $_{\text{Nom.fem.}}$ | sind untergegangen $_{\text{3.pl.}}$ |

'Diese [nämlich: die Giftmischerinnen] wurden auf das Forum geschafft und an die 20 Frauen, bei denen man sie entdeckt hatte, durch den Amtsboten vorgeladen. Als zwei von ihnen, Cornelia und Sergia, beide aus patrizischem Geschlecht, versicherten, diese Tränke seien heilsam, wurden sie von der Informantin, die das bestritt, aufgefordert, sie zu trinken, um nachzuweisen, daß sie eine falsche Aussage gemacht habe. Sie nahmen sich Zeit zu einer Besprechung, das Volk mußte Platz machen, und sie legten die Sachlage den anderen Frauen dar, und da auch diese sich nicht weigerten zu trinken, tranken sie vor den Augen aller den Gifttrank und gingen sämtlich durch ihre eigene Tücke zugrunde.'[1]

Für einen Deutschen sind solche für das klassische Latein typische Satzperioden ohne längere Übung schwer zu überschauen.

**Literaturhinweise:**

Christa Dürscheid, *Syntax: Grundlagen und Theorien*, Wiesbaden ³2005.

Harm Pinkster, *Latijnse syntaxis en semantiek*. Amsterdam 1984, alle weiteren fremdsprachigen Ausgaben wurden stets aktualisiert: dt. Ausg. (*Lateinische Syntax und Semantik*), Tübingen ²1988; engl. Ausg. (*Latin syntax and semantics*), London ³1990 (neuerdings auch im Internet zugänglich unter: http://cybergreek.uchicago.edu/lss/); ital. Ausgabe (*Sintassi e Semantica del latino*), Turin ⁴1991; span. Ausgabe (*Sintaxis y Semántica del Latín*), Madrid ⁵1995.

Maggie Tallerman, *Understanding Syntax*, London ²2005.

[1] Übersetzung nach Hans Jürgen Hillen, *T. Livius. Römische Geschichte. Band VII-X*, München & Zürich ²2000 (Sammlung Tusculum), S.165.

# 6. DAS LATEINISCHE UND DIE ROMANISCHEN SPRACHEN

Die lateinische Sprache ist die Vorläuferin der romanischen Sprachen, so unter anderem des Italienischen, Spanischen, Katalanischen, Portugiesischen, Provençalischen, Französischen, Rätoromanischen, Sardinischen und Rumänischen. Aufgrund dieses gemeinsamen Ursprungs haben diese Sprachen viele Eigenschaften gemeinsam. Sie unterscheiden sich aber auch untereinander nicht unbeträchtlich. In diesem Kapitel wird eine Anzahl gemeinsamer Entwicklungen der wichtigsten romanischen Sprachen behandelt. Wir konzentrieren uns zunächst auf die in der Antike bestehenden sozialen und regionalen Unterschiede innerhalb des Lateinischen, die vielleicht teilweise die Unterschiede zwischen den romanischen Sprachen bestimmt haben.

## 6.1 Sozial und regional bedingte Unterschiede im Lateinischen

In den vorausgehenden Kapiteln haben wir uns mit dem 'klassischen' Latein beschäftigt, d.h. mit dem geschriebenen, mehr oder weniger literarischen Latein der sozialen Oberschicht des römischen Reichs, das in gewissem Sinne mit der geschriebenen allgemeinen deutschen Hochsprache der sozialen Oberschicht von Deutschland zu vergleichen ist. Die klassisch-lateinischen Texte geben uns lediglich ein ausschnitthaftes Bild von der Verschiedenheit, die auch im Lateinischen bestanden hat. Selbst zwischen den überlieferten Texten der Oberschicht scheinen Unterschiede zu bestehen. Ciceros Briefe unterscheiden sich beispielsweise im Satzbau und in anderen Punkten beträchtlich von seinen Reden und philosophischen Schriften. Die Umgangssprache derselben Oberschicht hat zweifellos noch größere Unterschiede gegenüber den überlieferten klassischen Texten gehabt.

Von dem gesprochenen, 'gewöhnlichen' Latein (dem sog. 'Vulgärlatein') können wir uns nur ein beschränktes Bild machen. In Kapitel 2 werden einige Quellen genannt, die von Bedeutung sind, um ein Bild des gewöhnlichen Lateins zu rekonstruieren. Dem können wir (unter anderem) die folgenden Worte hinzufügen:

I Zuallererst gibt es literarische Quellen, die für unsere Kenntnis des Vulgärlateins von Bedeutung sind, u.a. die Bühnenwerke des T. Maccius Plautus*. Sein Sprachgebrauch ist natürlich auch literarisch, aber er versucht jedenfalls eine 'natürliche' Konversation, beispielsweise zwischen einem Sklaven und seinem Herrn, wiederzugeben. Eine zweite wichtige Quelle bildet der schon genannte sehr umfangreiche Briefwechsel Ciceros. Diese beiden

Quellen sind vor allem in Bezug auf den Wortschatz wichtig, der stark vom klassischen Latein abweicht, aber nur leicht von demjenigen der romanischen Sprachen. So gebraucht Plautus *grandis* ('groß') anstelle von *magnus*. Eine dritte literarische Quelle ist der Abenteuerroman *Satyricon* des Gaius *Petronius** Arbiter, in dem unter anderem das Milieu eines neureichen Freigelassenen geschildert wird. Die Personen in diesem Roman kommen aus verschiedenen sozialen Schichten und haben einen unterschiedlichen Sprachstil. Außerdem wäre es auch interessant, einen Vergleich zwischen den Predigten und anderen Schriften der Kirchenväter (beispielsweise bei Augustin: 354-430 n. Chr.) anzustellen, die für das gewöhnliche Volk bestimmt waren, und ihren mehr wissenschaftlichen, theologischen Schriften.

II Für die Entwicklung der Laute und der Morphologie sind vor allem die Inschriften von Bedeutung, darunter die zahlreichen von Pompeji.

III Auch die Schriften der Grammatiker bieten nützliche Informationen. Ein einziges Beispiel: *Appendix Probi* vom Ende des 3. Jahrhunderts. Dort wird angemerkt, dass das Wort für 'warm' *calida* und nicht *calda* sei (vgl. heute ital. *acqua calda*; aber auch schon bei Plautus).

IV Wir besitzen auch auf Papyrus überdauerte, nicht für die Öffentlichkeit bestimmte Texte, etwa Briefe. Diese sind besonders für die Syntax von Bedeutung.

Das Ganze liefert viel Material, das aber zeitlich sehr weit gestreut ist. Auch ist es schwierig festzustellen, was das Entwicklungsniveau und die soziale Stellung der anonymen Verfasser der Dokumente gewesen ist. Ein ähnliches Problem tut sich auf, wenn wir festzustellen versuchen, welche regionalen Unterschiede im Lateinischen bestanden haben.

Bei der Bestimmung eventueller regionaler Unterschiede im Lateinischen ist viel Mühe auf den möglichen Einfluss der Nachbarsprachen (oder anderer, auf S.8-10 genannter Sprachen) auf die Entwicklung des Lateinischen verwendet worden. Diese Untersuchung betrifft besonders den Wortschatz – bei dem der Einfluss auf andere Sprachen manchmal gut aufgezeigt werden kann –, daneben aber auch die phonologische, morphologische und syntaktische Struktur. In der lateinischen Sprachwissenschaft spricht man in diesem Zusammenhang von 'Provinzialismen'. Daneben ist auch Mühe beispielsweise auf den Einfluss des Keltischen auf das Lateinische (in der Po-Ebene wohnten Kelten) und auf die angenommenem Eigenheiten des 'afrikanischen' Lateins verwendet worden. In der Zeit von Augustinus wurde im römischen Reich in Afrika neben dem Lateinischen eine semitische Sprache gesprochen.

In Weiterführung dieser Forschungen sind Versuche unternommen worden, um die heutigen Dialektunterschiede im Italienischen auf sog. Substrateinflüsse in der frühen römischen Zeit zurückzuführen. Ein viel diskutiertes Beispiel ist die so genannte *Gorgia Toscana* (die Aussprache *la hasa* anstelle von *la casa* ('das Haus') in Florenz und Umgebung), die noch immer – aber zu Unrecht – von vielen auf etruskischen Einfluss zurückgeführt wird. Gegen Substrattheorien sind verschiedene Einwände vorzubringen. Selbstverständlich steht fest, dass die Sprache von Menschen, die eine zweite Sprache – in diesem Falle das Lateinische – erlernen, Eigenheiten zeigt, die als Einfluss durch den Kontakt der beiden Sprachen erklärt werden können. Dies kann auch bei solchen Sprachgemeinschaften vorkommen, die regelmäßig und über einen langen Zeitraum sowohl einer Fremdsprache als auch einer Muttersprache ausgesetzt sind. Kontakteinflüsse können aber bei Vorliegen eines längeren Kontaktes erst dann bewiesen werden, wenn wir vollständige Kenntnis von beiden Sprachen haben und wenn es sich nicht um Entwicklungen handelt, die autonom auch in anderen Sprachen vorkommen (können). Für viele der Annahmen, die die ursprüngliche Verschiedenheit der Varietäten des Italienischen betreffen, fehlt uns eine adäquate Kenntnis der angenommenen Muttersprache.

Das hier aufgezeigte Problem stellt sich in noch größerem Maße bei der Suche nach den Unterschieden zwischen den heutigen romanischen Sprachen. Auch hier macht man Gebrauch von allerlei Substrat- und übrigens auch sog. Superstrat-Erklärungen (für den Einfluss späterer Eroberer lateinischer Gebiete, der beispielsweise von den germanischen Stämmen in Gallien kommt). Zwei Beispiele:

I Der Laut [ü] im Französischen *laitue*, entstanden aus dem lateinischen lactūca ‘Salat’, mit [u], wird – zu Unrecht – keltischen Einflüssen zugeschrieben.

II Das spanische Wort *hablar* neben dem lateinischen *fābulāre* (‘sprechen’) wird – zu Unrecht – einem iberischen Substrat zugeschrieben.

Die Mehrzahl dieser Art von Erklärungen ist nicht mehr als reine Spekulation.

Zur Einsicht in die Entwicklung der romanischen Sprachen ist eine Kenntnis des Vulgärlateins, seiner möglichen regionalen Unterschiede und des Kontaktes zwischen den Völkern, die sich nach der römischen Vorherrschaft in den verschiedene Ländern etablieren konnten, von großer Bedeutung. Erst dann kann erklärt werden, warum Sprachen wie das Französische, Italienische und Rumänische sich so verschieden entwickelt haben. Erst dann kann aber auch festgestellt werden, wann die Entwicklung zu den – und damit die Entstehung der – romanischen Sprachen begonnen hat. Manche Forscher sind geneigt, den Beginn dieser Entwicklung sehr früh anzusetzen. So ist einmal behauptet worden, dass schon im ersten Jahrhundert n. Chr. das Lateinische wie das moderne Italienisch geklungen habe. Allgemein können wir sagen, dass die Romanisten das Bedürfnis haben, die Entwicklung zu den romanischen Sprachen sehr früh zu datieren, wohingegen die Latinisten in ihrem Sprachmaterial wenig Anhaltspunkte dafür finden.

## 6.2 Übersicht über einige wichtige Entwicklungen

Über die Datierung und die Ursachen der Romanisierung bestehen unterschiedliche Meinungen, nicht aber über die daraus resultierenden Entwicklungen.

### 6.2.1 Phonologische Entwicklungen

Auf dem Gebiete der Phonologie sind die folgenden Entwicklungen beschreibbar:

a) Entwicklungen im Lautsystem
Im Lautsystem, das auf S.17 beschrieben wurde, tritt eine Anzahl wichtiger Entwicklungen ein:

I Grundlegend ist der Wegfall der Opposition zwischen langen und kurzen Lauten (ā : ă).
N.B. In der Schrift wird diese Opposition nicht mit besonderen Zeichen wiedergegeben.
Seit dem 3. Jahrhundert n. Chr. findet die Länge der Selbstlaute die Aufmerksamkeit der Grammatiker. Schon im 5. Jahrhundert war es, gemäß dem Grammatiker Servius, mühsam zu bestimmen, ob ein Selbstlaut lang oder kurz war. Auch aus Verstößen gegen die Regeln der Metrik in der Dichtung, die auf einem regelmäßigen Wechsel von langen und kurzen Silben beruhte, können wir schließen, dass die Opposition allmählich verschwand.

II Auf S.17 haben wir die Diphthonge *ai* (geschrieben als *ae*) und *au* erwähnt. Diese werden in der Umgangssprache zu Zeiten Ciceros schon wie ē(i) und ō(i) ausgesprochen, d.h. wie lange Selbstlaute mit einem eigenen Timbre. Der Lautwert der Selbstlaute in den Diphthongen *ae* und *au* kann mit dem nachfolgenden Vokaldreieck wiedergegeben werden:

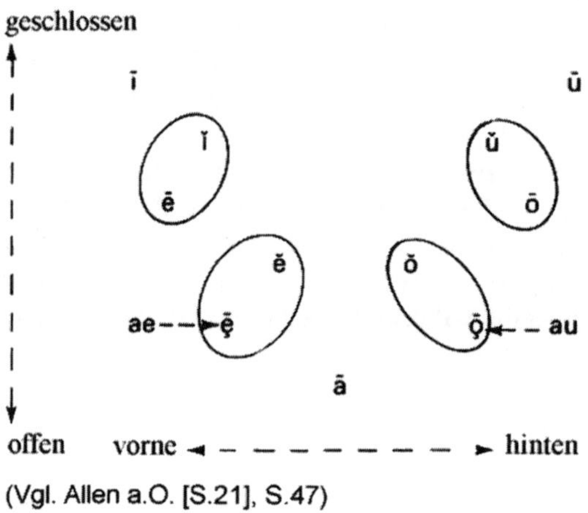

(Vgl. Allen a.O. [S.21], S.47)

Wir sehen an dieser Abbildung, dass das lange geschlossene ē und das kurze offene ĭ (vgl. nhd. *leer*, *Kinn*) von seiner Klangfarbe her dicht beieinander liegen. Dasselbe gilt für die anderen eingekreisten Paare.

Mit dem Wegfall der Opposition lang : kurz bahnt sich gleichzeitig hinsichtlich der Vokal-Paare, die in der Abbildung eingerahmt sind, eine wichtige Entwicklung an. Seit dem dritten Jahrhundert n. Chr. finden wir in Inschriften falsche Schreibweisen der folgenden Art:

anstelle von *mensis* ('Monat') – mit [ē] – finden wir *minsis*
anstelle von *número* ('Zahl') – mit [u] – finden wir *nómero*

Aus dem Wegfall des Klangunterschiedes und des Unterschiedes in der Länge können bestimmte Unterschiede in einer Anzahl von romanischen Sprachen erklärt werden:

| Latein | Italienisch | |
|---|---|---|
| pirum | pera | ('Birne') |
| vērum | vero | ('wahr') |
| mel | miele | ('Honig') |
| caelum<br>[kälum] | cielo | ('Himmel') |

b) Palatalisierung von Gaumenlauten

Die auffälligste Entwicklung bei den Konsonanten ist die Palatalisierung von /k/ (geschrieben als c) und /g/ vor den vorne im Mund ausgesprochenen Selbstlauten (/e/, /i/). Diese Entwicklung treffen wir in den meisten romanischen Sprachen an. Im Französischen finden wir diese Entwicklung auch vor /a/. Beispiele:

| Lateinisch | Italienisch | Französisch | |
|---|---|---|---|
| carnem | carne | chair | ('Fleisch)' |
| centum | cento | cent | ('hundert') |
| civitatem | città | cité | ('Staat') |
| generum | genero | gendre | ('Schwiegersohn') |
| gambam (spätlat.) | gamba | jambe | ('Kniehöhle', 'Pfote') |

Im Lateinischen war die Aussprache für beispielsweise *centum* [kentum], im Italienischen [tsjento], im Französischen [śãn], also [k] > [tsj] > [s]. Belege für diese Entwicklung haben wir seit dem 5. Jahrhundert n. Chr.

c) Der Einfluss des Wortakzentes auf die romanische Entwicklung

Für die Entwicklung der romanischen Sprachen ist die Stellung des Wortakzentes im Lateinischen (vgl. S.19f.) in zweifacher Weise von Bedeutung gewesen. In erster Linie ist es so, dass betonte Silben 'stabiler' und weniger für Lautentwicklungen anfällig sind. In nicht-betonten Silben treten dagegen leichter Veränderungen beim Selbstlaut oder Wegfall des Selbstlautes (Synkope) ein. Ein Beispiel bilden die akzentlosen Schlusssilben in mehrsilbigen Wörtern.

An zweiter Stelle ist der Akzent in den romanischen Sprachen in sehr vielen Fällen auf derjenigen Silbe geblieben, die im Lateinischen seit dem 4. Jahrhundert n. Chr. den Akzent trug. Die Akzentuierung von *città* im Italienischen und von *cité* im Französischen ist aus einer nicht-nominativischen Form zu erklären, beispielsweise der Akkusativform *civitatem* im Lateinischen (nach Wegfall der unbetonten Schlusssilbe *-tem*). Siehe auch S.20 und die folgende Übersicht der Nomina für die Zahlen von 11 bis 15 aus Serbat (a.O. [S.75], S.46).

| Latein | Französisch | Provençalisch | Katalanisch |
|---|---|---|---|
| Vndecim | Onze | Onze | Onze |
| duOdecim | dOUze | dOtze | dOtze |
| trEdecim | trEize | trEze | trEise |
| quattuOrdecim | quatOrze | catOrze | catOrze |
| quIndecim | quInze | quInze | quInze |

| Portugiesisch | Spanisch | Italienisch |
|---|---|---|
| Onze | Once | Undici |
| dOze | dOce | dOdici |
| trEze | trEce | trEdici |
| quatOrze | catOrce | quattOrdici |
| quInze | quInce | quIndici |

N.B. Großbuchstaben geben den Akzent an.

### 6.2.2 Morphologische Entwicklungen

Ebenso wie in Kapitel 4 machen wir eine Unterscheidung zwischen der Flexion von Nominal- und von Verbalformen. Über Ableitung oder Derivation können wir uns kurz fassen.

#### 6.2.2.1 Die Entwicklung der nominalen Formen

Die auffälligsten Veränderungen haben sich hinsichtlich der Kategorie Kasus gezeigt. Die Kategorie Zahl ist nahezu unverändert bewahrt geblieben. Die Kategorie Geschlecht hat eine bestimmte Anzahl von Veränderungen erfahren.

a) Zahl (Einzahl : Mehrzahl)

Die Zahl-Opposition Einzahl : Mehrzahl, bei der wir gesehen haben, dass sie auch im Lateinischen bei den Substantiven nahezu konsequent vorhanden ist, wird in den romanischen Sprachen im Allgemeinen beibehalten, beispielsweise:

| Lateinisch | Italienisch | Französisch | |
|---|---|---|---|
| amicus : amici | l'amico : gli amici | l'ami : les amis | 'der Freund' |

Im Lateinischen ist der Unterschied am Substantiv zu sehen (ein Artikel fehlt, s. oben S.57f.), im Italienischen am Substantiv und am Artikel. Im Französischen wird in der Schriftsprache eine Unterscheidung Einzahl : Mehrzahl bei den Substantiven zwar gemacht, aber in der Aussprache des Substantivs ist der Unterschied oft nicht vorhanden; der Artikel schafft dann wohl Eindeutigkeit (n.b. Natürlich gibt es auch Paare wie *cheval* : *chevaux*, ‚Pferd').

b) Geschlecht (männlich : weiblich)

Die Geschlechter-Opposition männlich : weiblich ist in den romanischen Sprachen geblieben, sicherlich auch insofern, als diese auf einer sexuellen Unterscheidung beruht. Das Neutrum ist aber verschwunden. Lexeme im Neutrum sind über die beiden anderen Kategorien verteilt. Für diesen Punkt der Entwicklung des Neutrums war besonders der ursprüngliche Deklinationstyp von Bedeutung. Zur 2. Deklination (der o-Stämme) gehörten beispielsweise im Lateinischen überwiegend männliche Lexeme auf *-us* und neutrale Lexeme auf *-um*. In den meisten Kasusformen stimmen diese männlichen und sächlichen Lexeme miteinander überein (beispielsweise Dat. Sg. *dominō* : *templō*). Verwechslungen finden wir seit Plautus. In dem Roman *Satyricon* von *Petron* finden sich Formen wie *vīnus* anstelle von *vīnum* ('Wein') (ital. *il vino*; frz. *le vin*).

Von denjenigen Ausnahmen zur Geschlechtsregel, die wir auf S.34-35 genannt haben, bleibt eine Anzahl erhalten, beispielsweise das Lexem *manus*, das zur *u*-Deklination gehörte, die überwiegend männlich war und später mit den *o*-Stämmen (*dominus*) zusammenfiel.

| Latein | Italienisch | Französisch | |
|---|---|---|---|
| manus (*fem.*) | la mano | la main | 'die Hand' |

Die Entwicklung war nicht in allen romanischen Sprachen dieselbe (im Rätoromanischen gibt es wohl *il manu*), vgl. die Entwicklung des lateinischen *dolor* ('Schmerz'):

| Latein | Italienisch | Französisch |
|---|---|---|
| dolor (*mask.*) | il dolore | la douleur |

c) Kasus

Im Gegensatz zu den beiden vorher genannten Kategorien (Zahl und Geschlecht) ist die Kasusopposition in den meisten romanischen Sprachen nahezu verschwunden. Bei den persönlichen Fürwörtern ist wohl noch eine kleine Anzahl vorhanden, während im Rumänischen die Kasusopposition auch bei Substantiven noch eine gewisse Rolle spielt. Auf die Faktoren, die für die Entwicklung einer Sprache mit Kasusopposition in Sprachen fast ohne eine derartige Opposition von Einfluss gewesen sein können, werden wir noch zurückkommen. Ein Faktor der für das allmähliche Verschwinden der Kasusunterscheidung von Bedeutung gewesen ist, sind die bereits erwähnten phonologischen und prosodischen Entwicklungen. Weil Endsilben von mehrsilbigen Wörtern im Lateinischen nie den Akzent tragen, waren infolgedessen die meisten Endungen akzentlos (mit Ausnahme der Endungen für den Gen. m./f. *-ōrum*, *-ārum* und *-ērum*). Durch das Wegfallen der Endung *-m* des Akk. Sg. und der Verlust der Unterscheidung zwischen langem *ō* und kurzem *ŭ* werden beispielsweise der Akk. und der Abl. des Lexems HORTUS einander ähnlich:

| | *klassisches Latein* | *spätere Entwicklung* |
|---|---|---|
| *Akk.* | hortum | horto |
| *Abl.* | horto | horto |

Über ein Stadium, bei dem pro Lexem nur noch zwei Formen gegenüberstanden (ein ‘nominativus’ und ein so genannter ‘obliquus’ – von der Form her mehr oder weniger gleichzusetzen mit dem früheren Akkusativ) ergab sich beinahe überall die Situation einer einzelnen Kasusform, die am ehesten als die Nachfolgerin der alten Akkusativ- und Ablativform aufzufassen ist. Die Akkusativ- und Ablativformen kamen nämlich statistisch gesehen am meisten vor. Dies haben wir bereits bei der Behandlung des Wortakzentes gesehen: ital. *città* und frz. *cité* sind wohl vom Akkusativ *civitátem* und nicht vom Nominativ *cívitas* zu verstehen.

Wir haben außerdem gesehen, dass die Kasus Informationen über die Struktur des Satzes vermitteln. Das Wegfallen der Kasus hat in den romanischen Sprachen aber nicht zur Undurchsichtigkeit der Satzstruktur geführt. Die Rolle der Kasus haben teilweise die Präpositionen übernommen, vor allem für die Kennzeichnung von Satelliten (wo auch das Lateinische bereits in großem Maße Präpositionen verwendete) und von Attributen auf Wortgruppenniveau (anstelle des Genitivs im Lateinischen, s. S.48). Außerdem ist die Freiheit der Wortstellung in den romanischen Sprachen weniger groß, im Französischen sogar sehr eingeschränkt. Wortstellung kann ebenfalls eine Markierung der Struktur des Satzes sein. Auf die Entwicklung der Wortstellung werden wir noch zurückkommen (S.71f.).

### 6.2.2 Die Entwicklung der verbalen Formen

Das Verbalsystem der romanischen Sprachen ähnelt sehr dem lateinischen System, das auf denjenigen Kategorien beruht, die auf S.37 abgebildet sind. Bei den Formen sind ebenfalls einige Veränderungen eingetreten. Die allgemeine Tendenz besteht darin, dass es mehr zusammengesetzte ('periphrastische') Verbformen als im Lateinischen gibt. Die romanischen Sprachen sind mit anderen Worten 'analytischer' als das Lateinische.

a) Person

In einigen romanischen Sprachen ist diese Kategorie notwendig, um das regierende Subjekt auszudrücken, beispielsweise durch persönliche Fürwörter. Daneben ist bei der Verbform von Kongruenz mit dem Subjekt in dem Sinne die Rede, dass die Anzahl besonderer Person- und Zahlendungen im Gegensatz zum klassischen Latein abgenommen hat.

b) Tempus/Aspekt

I Die Entwicklung des Futurs. Das klassische lateinische Futur auf *-bo* und *-am* (*-ēs* usw.) ist in den romanischen Sprachen verschwunden. Im nachklassischen Latein ist zu einem bestimmten Zeitpunkt eine periphrastische Konstruktion aufgekommen von *habēre* ('haben') plus Infinitiv:
*cantabo* > *cantare habeo* (wörtl. 'ich habe zu singen')
Durch Fixierung der Wortstellung und Verschmelzung der Wörter entstanden die Formen *cantero* (ital.), *chanterai* (frz.), wobei eine im Lateinischen fehlende Vergangenheitsform, nämlich *canterei* und *chanterai* (< **cantare habebam* = ungefähr 'es war im Zeitpunkt der Vergehens, dass ich singen werde') gebildet wurde, die heute im Französischen 'conditionnel' heißt.

II Die Entwicklung des umschriebenen aktiven Perfekts.
Wir haben gesehen, dass das passive Perfekt durch eine Form des Verbs *esse* ('sein') und das passive Partizip gebildet wird, beispielsweise *laudatus sum* ('ich bin gelobt worden'). Vorläufer eines aktiven Gegenstücks dieser Form finden wir bereits in der klassischen Phase. Bei Cicero finden wir eine Anzahl Ausdrücke dieses Typs:

aliquid compertum habeo
etwas$_{Akk.}$ erfahren$_{Akk.}$ habe$_{1.Sg.}$
('ich habe etwas erfahren', 'ich halte etwas für sicher')

Seit dem 2. Jahrhundert sind die Belege für das Vorhandensein eines aktiven Perfekts mit Hilfe des Zeitwortes *habēre* unverkennbar. Inzwischen war die klassisch lateinische Form lautgesetzlich entwickelt von *laudavi* zu *laudai* (der Grammatiker Probus macht schon Beobachtungen dazu), was die

Grundlage bildete für das 'passé simple' in den romanischen Sprachen: frz. *chantai*, ital. 'pass. remoto' *cantái*. Im gesprochenen Französisch ist diese Form übrigens beinahe verschwunden.

c) Genus verbi (Aktiv/Passiv)
Die passive Perfektform wurde mit einem Partizip und einer Form von **esse** gebildet. Die Form *laudatus est* enthält ein Element *est*, das formal ein Präsens ist. Im Spätlatein wird für diese 'Anomalie' im System Abhilfe geschaffen durch die Verwendung der Perfektform *fuit* anstelle der Präsensform *est*; *laudatus est* wird nun die neue – zusammengesetzte – Präsensform, ähnlich wie das antike *laudatur* 'er wird gelobt', vgl. frz. *il est loué*.

#### 6.2.2.3 Ableitung

Wir beschränken uns auf eine Bemerkung über die Bildung der Vergleichsstufen. Im Lateinischen geschieht dies vorwiegend mit bestimmten Suffixen (vgl. S.43). In den romanischen Sprachen ist eine periphrastische Ausdrucksweise an die Stelle der synthetischen des Lateinischen gerückt: ital. *piú forte*, frz. *plus fort*, span. *más fuerte*. Übrigens bestand im Lateinischen in beschränktem Umfang die Möglichkeit, anstelle des Komparativs einen Ausdruck mit *magis* ('mehr') zu verwenden. Seit dem 5. Jahrhundert n. Chr. finden wir den Ausdruck mit *plus* ('mehr').

### 6.2.3 Entwicklungen in der Syntax

a) Die Fortsetzung der Kasus
Weiter oben haben wir bereits die Entwicklungen im Kasussystem behandelt. Kasus sind in den meisten romanischen Sprachen nahezu verschwunden, und ihre Funktion ist von anderen Mitteln übernommen worden. Außer bei den persönlichen Fürwörtern (vgl. S.68) ist die Rolle der Kasus an einem weiteren Punkte in den romanischen Sprachen sichtbar. Wir haben gesehen (S.48f.), dass anstelle des Akkusativs ein anderer Kasus für das zweite Argument gebraucht wird, nämlich der Dativ. In der sprachgeschichtlichen Entwicklung ist ein Teil der im Kasus abweichenden Verben standardisiert worden, d.h. dass der Akkusativ dort eingeführt wurde. In vulgärlateinischen Texten sind dafür schon früh Belege zu finden. In einer Anzahl von Fällen wird aber die Abweichung in der einen oder anderen Form fortgesetzt. Vergleichen Sie die folgenden Zeitwörter im Lateinischen und im Italienischen:

| | *Lateinisch* | *Italienisch* | |
|---|---|---|---|
| *Kasus standardisiert* | faveo + *Dat.* | favorisco (+ *Objekt*) | ('ich begünstige') |
| | persuadeo + *Dat.* | persuadeo (+ *Objekt*) | ('ich überzeuge') |
| *Kasus fortgesetzt* | placeo + *Dat.* | piaccio a | ('ich gefalle') |
| | noceo + *Dat.* | nuoccio a | ('ich schade') |

Wir sehen, dass in einem Teil der Fälle der lateinische Ausdruck mit dem Kasus im Italienischen durch eine Präpositionalgruppe fortgesetzt wird. Die hier verwendete Präposition lautet *a*. Diese Präposition wird auch verwendet bei dreistelligen Zeitwörtern wie *dare* ('geben') und *dire* ('sagen'), wo das Lateinische den Dativ gebraucht (s. S.48).

b) Die Entwicklung des Artikels

Wir haben oben angemerkt (S.58), dass das Lateinische keinen Artikel besaß. Bestimmtheit und Unbestimmtheit eines Substantivs können daher oft nur aus dem Kontext erschlossen werden. Die bestimmten Artikel der romanischen Sprachen sind aus lateinischen hinweisenden Fürwörtern entwickelt. Die meistgebrauchten Formen sind Nachfolger des lateinischen *ille*, beispielsweise ital. *il*, frz. *le*, span. *el*. Vorläufer dieser Verwendung von *ille* als Artikel waren schon in Plautus-Komödien beliebt. In den ältesten Bibelübersetzungen (2. Jahrhundert n. Chr.) ist das Aufkommen von *ille* deutlich wahrzunehmen. Der unbestimmte Artikel (ital. *uno*, frz. *un*) geht auf das lateinische Zahlwort *ūnus* ('ein', s. oben S.31). Auch hierfür waren Vorläufer schon zu Plautus' Zeiten beliebt.

c) Wortstellung

Die romanischen Sprachen unterscheiden sich untereinander nicht unbeträchtlich in den Regeln für die Wortstellung. In einigen wird die pragmatisch bestimmte Wortstellung des Lateinischen mehr oder weniger fortgesetzt (vor allem im Rumänischen und Spanischen), im Französischen dagegen ist die Stellung viel mehr syntaktisch bestimmt. Im Vergleich mit der lateinischen Situation sind die folgenden Tendenzen wahrnehmbar, die in den Einzelsprachen in verschiedenem Maße vorkommen:

I Zurückdrängung des Phänomens des Hyperbatons (s. S.55);

II Fixierung der Position des Attributes (das meist dem Substantiv folgt);

III Veränderung der Stellung des Verbum finitum in Richtung auf eine Binnenposition (entstanden aus der Folge S(ubjekt) V(erbum finitum) O(bjekt) und Fixierung dieser Reihenfolge).

Vor allem die zuletzt genannte Fixierung der Wortstellung wird mit dem Verschwinden der Kasusmarkierung in Verbindung gebracht. In der lateinischen Sprachwissenschaft ist die Entwicklung der Wortstellung ein kontroverser Punkt. Einige Sprachwissenschaftler nehmen an, dass tatsächlich bereits zur Zeit von Plautus die Reihenfolge SVO gebräuchlich gewesen sei. Die Folge SOV, die wir bei Cäsar in starkem Maße vorfinden, wird dann als eine durch die Tradition bestimmte stilistische Erscheinung betrachtet. Unser Standpunkt lautet, dass bis lange nach der klassischen Periode die Wortstellung 'frei', d.h. hauptsächlich pragmatisch bestimmt war.

## 6.3 Zusammenfassung

In diesem Kapitel sind einige Entwicklungen behandelt worden, die bei dem allmählichen Übergang des Lateinischen zu den romanischen Sprachen wahrgenommen werden können. Wir haben zu zeigen versucht, dass in einer Anzahl von Fällen vulgärlateinische Quellen einen Anknüpfungspunkt für das Aufspüren und Erklären dieser Entwicklungen bieten. Auf der alleinigen Grundlage des Vulgärlateins kann aber nicht erklärt werden, warum bestimmte romanische Sprachen sich so und andere anders entwickelt haben. Die Erklärung dafür muss in den romanischen Einzelsprachen gesucht werden.

**Literaturhinweise:**

*Zum Vulgärlatein:*

József Herman, *Le latin vulgaire*, Paris [3]1975; engl. Ausg.: *Vulgar Latin*, Pennsylvania 2000.
Veikko Väänänen, *Introduction au Latin Vulgaire*, Paris 1981.

*Zur Entwicklung vom Lateinischen zu den romanischen Sprachen:*

József Herman, *Du latin aux langues romans. Études de linguistique historique*, réunis par Sándor Kiss, Tübingen 1990.
Johannes Kramer, *Geschichte der lateinischen Sprache*, in: *Einleitung in die lateinische Philologie* a.O. (S.12), S.115-162, bes. S.151 ff..
Rebecca Posner, *The Romance languages*, Cambridge 1996.
Peter Riemer, *Sprachgeschichte*, in: Peter Riemer u.a., *Einführung in das Studium der Latinistik*, München 1998, S.42-52.
Guy Serbat, *Les structures du Latin*, Paris 1975.

*Zu Substrattheorien:*

Herbert J. Izzo, *Tuscan and Etruscan. The problem of linguistic substratum influence in Central Italy*, Toronto 1972.
Herbert J. Izzo, *Pre-Latin Languages and Sound Changes in Romance: The Case of Old-Spanish /h-/*, in: *Studies in Romance Linguistics*, hg. von Michio P. Hagiwara, Rowley, Mass. 1977, S.227-253.
Reinhold Kontzi, *Substrate und Superstrate in den romanischen Sprachen*, Darmstadt 1982.
Giovan Battista Pellegrini, *Substrata*, in: *Trends in Romance Linguistics and Philology*, hg. von Rebecca Posner & John N. Green, Bd. I, Berlin & New York 1980, S.43-73.

*Zur Entwicklung der morphosyntaktischen Kategorien:*

Martin Harris, *The Evolution of French Syntax*, London 1978.

# Teil 2: Praktische Übungen

# 7. DIE ÜBERSETZUNG EINFACHER LATEINISCHER TEXTE

In diesem Kapitel beschreiben wir eine Methode, mit deren Hilfe man selbstständig zur Übersetzung eines einfachen lateinischen Textes gelangen kann. Dies geschieht erstens anhand von Wörtern (7.2), sodann auch anhand von einfachen Sätzen und zusammenhängenden Texten (7.3). Beim Durcharbeiten dieses Kapitels wird man von selbst die wichtigsten Spracherscheinungen des Lateinischen zu sehen bekommen. Regelmäßig ist Übungsstoff aufgenommen, dessen Auflösung am Ende dieses Kapitels (7.5) zu finden ist.

Beim Durcharbeiten dieses Kapitels und beim Ausführen der Übungen sind ferner folgende Hilfsmittel nötig:

1) die Appendices am Ende dieses Buchs (darunter eine Liste der verwendeten Abkürzungen).
2) Das Wörterbuch von Stowasser (Neubearbeitung von 1994); eine Anleitung für den Gebrauch dieses Wörterbuchs ist in 7.1 aufgenommen. Nötigenfalls kann auf den in Kapitel 4 und 5 behandelten Stoff zurückgegriffen werden.

## 7.1 Anleitung für den Gebrauch des Wörterbuchs

Das Wörterbuch enthält mehr Informationen als nur die Wortbedeutung. Das kann eine praktische Hilfe beim Analysieren von Wörtern und Sätzen sein. So gibt es u.a. Informationen über die Wortart des betreffenden Lemmas. Als 'Lemma' bezeichnen wir jedes Stichwort im Wörterbuch oder anders ausgedrückt: die Wörterbuchform eines Lexems.

Bei unflektierbaren Wörtern (s. S.42f.) findet man direkt hinter dem Lemma eine der folgenden Abkürzungen, die auf die Wortart hinweisen:

| | | | |
|---|---|---|---|
| 1 | *adv.* (adverbium) | = | Adverb (z.B. *diu* vixit 'er hat *lange* gelebt'). |
| 2 | *praep.* (Präposition) | = | Verhältniswort (z.B. *ad* fundum '*zu* Boden'). |
| 3 | *coniunct.* (Konjunktion) | = | Bindewort (z.B. *sed* 'aber'; *et* 'und'). |
| 4a | *adi.num.* (adiectivum numerale | = | adjektivisches Zahlwort (z.B. *primus* 'erster') |
| 4b | *adv.num.* (adverbium numerale) | = | adverbiales Zahlwort (z.B. *bīs* 'zweimal') |

5 *indecl.* (indeclinabile) = undeklinierbares Nomen (z.B. *tot* 'so viel'; *totidem* 'ebenso viele

Diese Hinweise sind – mit Ausnahme einiger zum 'adi.num.' – Informationen darüber, dass es sich um unveränderliche Wörter handelt. Nach der Angabe der Wortart folgt im Wörterbuch die Bedeutung des Wortes mit möglicherweise ergänzenden Informationen, beispielsweise, welchen Kasus die Präposition regiert, zur historischen Entwicklung des Wortes und dergleichen. Adverbien sind nicht immer unter ihrer eigenen Form im Wörterbuch zu finden: Da sie bei regelmäßiger Bildung von einem Adjektiv abgeleitet werden können, sind sie unter dem Lemma des Adjektivs aufgenommen. Siehe beispielsweise das Lemma *iustus*, ein Adjektiv, bei dem auch die Form *iustē*, das Adverb, aufgenommen worden ist. Wie Adverbien von Adjektiven abgeleitet werden, ist auf S.43f. behandelt.

Flektierbare Wörter können in nominale (I-III) und verbale Formen (IV) unterteilt werden. Zunächst behandeln wir die Art, wie nominale Lemmata im Wörterbuch aufgebaut sind.

I *Substantive* (selbstständige Nomina)

Substantive sind im Wörterbuch gewöhnlich unter der Form des Nominativs Singular aufgenommen. Unmittelbar nach dem Stichwort folgt die Form für den Genitiv Singular und ein Hinweis auf das Geschlecht des betreffenden Substantivs: *m.* für *maskulinum*, *f.* für *femininum*, *n.* für *neutrum* (s. S.27). Alle diese Informationen versetzen uns in die Lage, das Substantiv in eine der fünf Deklinationen einzuteilen, die das Lateinische kennt, und die übrigen Formen des betreffenden Paradigmas abzuleiten. Sodann wird die Bedeutung, manchmal werden zuerst noch in runden und eckigen Klammern weitere Informationen angegeben. Als Beispiel geben wir hier das vereinfachte Lemma *imperator* aus dem Wörterbuch von Stowasser, dem 'Stowasser', wieder.

**imperātor** (altl. induperator), ōris, *m.* (impero)
1) Gebieter
2) Feldherr, Oberfeldherr, Befehlshaber
3) [Ehrentitel]: a. siegreicher Feldherr; b. Kaiser.

II *Adjektive* (beigestellte Nomina)

Ein Adjektiv bekommt im Wörterbuch immer den Hinweis *adi.* Folgt dieser Hinweis *adi.* unmittelbar, ohne weitere Information zum Lemma, dann hat man es mit einem Adjektiv der 1./2. Deklination zu tun, d.h. mit einem Adjektiv, das besondere Formen für die drei Geschlechter hat: das *Maskulinum* (Endung '*-us*'), das *Femininum* ('*-a*') und das *Neutrum* ('*-um*'). Bei einigen Adjektiven der 1./2. Deklination werden die Formen für den Nom. Sg. f. und den Nom. Sg. n. doch noch besonders angegeben. Dies ist der Fall bei Adjektiven mit historisch erklärbaren abweichenden Nominativformen für das männliche Geschlecht (s. S.31) Siehe beispielsweise das Lemma *niger* im Wörterbuch.

Daneben gibt es Adjektive, die sich wie Substantive der dritten Deklination verhalten. Bei diesen Adjektiven können besondere Formen für ein, zwei oder drei verschiedene Geschlechter vorhanden sein (s. S.31f.). Sie sind im Wörterbuch folgendermaßen zu erkennen: Wenn nach dem Lemma noch eine besondere Form für das *f.* und eine für das *n.* aufgenommen worden ist (die nicht auf *-a* oder *-um* endet, weil dies die Endungen der 1./2. Deklination wären), dann handelt es sich um ein Adjektiv der dritten Deklination mit dreifacher Geschlechterunterscheidung. Ist nur noch eine Form für das *n.* aufgenommen, dann liegt ein Adjektiv vor, das nur einen Unterschied zwischen *m./f.* einerseits und *n.* andererseits macht. Es gibt auch Adjektive, die im Nom. Sg. nur eine Form haben für *m., f.* und *n.* Um dennoch das gesamte Paradigma erkennen zu können, ist bei diesem letzten Adjektivtyp die Form für den Genitiv Singular aufgenommen. Siehe beispielsweise, wie das Lemma *felix* im Wörterbuch von Stowasser behandelt wird:

**fēlīx**, īcis *adv.* iter
1 fruchtbar;
2 erfolgreich, mit Erfolg gekrönt;
3 glücklich, beglückt, glückselig;
4 [akt.] Heil bringend, Glück bringend;
5 köstlich.

Die regelmäßig abgeleiteten Adverbien sind, wie gesagt, unter dem entsprechenden Lemma des Adjektivs aufgenommen. Die unregelmäßig gebildeten Adverbien haben ein eigenes Lemma. In der Regel wird dies kaum Schwierigkeiten bereiten.

III *Pronomina* (Fürwörter)

Pronomina sind im Wörterbuch unter ihrer Form für den Nom. Sg. m. aufgenommen. Wenn es andere, nicht automatisch ableitbare Formen für das *f.* und *n.* gibt, dann sind diese unmittelbar hinter dem Lemma aufgeführt. Danach folgt eine Angabe über den Typ des Pronomens, das von der folgenden Art sein kann:

| | | |
|---|---|---|
| Pron. pers. | = | Pronomen personale (= Personalpronomen) |
| Pron. demonstr. | = | Pronomen demonstrativum (= hinweisendes Fürwort) |
| Pron. determ. | = | Pronomen determinativum (= bestimmendes Fw., z.B. *idem* 'derselbe') |
| Pron. relativ. | = | Pronomen relativum (= Bezugsfürwort) |
| Pron. interr. | = | Pronomen interrogativum (= Fragefürwort) |
| Pron. poss. | = | Pronomen possessivum (besitzanzeigendes Fw.) |
| Pron. indef. | = | Pronomen indefinitum (unbestimmtes Fw.) |

Weil das Paradigma der Pronomina beträchtlich von denjenigen anderer nominaler Formen abweicht, werden oft nach dem Wortartenhinweis die übrigen nicht-nominativischen Formen aufgeführt. Manchmal werden diese nicht-nominativischen Formen selbstständig als Lemma aufgenommen (beispielsweise im Falle des Reflexivpronomens), systematisch geschieht dies aber nicht. Daher sind diese unregelmäßigen Formen in Anhang IV ('Liste der unregelmäßigen Wortformen') aufgenommen. Ein vereinfachtes Beispiel für ein pronominales Lemma aus dem Wörterbuch ist:

**quī, quae, quod** (St. quo, vgl. gr. *πο-ῖος* [po-îos]), pronominales *adi.*
1) [*interrogativ*:] welcher? was für ein? wie beschaffen?;
2) [*rel.*:] welcher, welche, welches; der, die, das; wer, was;
3) [*indef.* (enklitisch):] qui, qua (seltener quae), quod, *n.pl.* selten quae, meist qua: irgendein.

IV *Verben* (Zeitwörter)

Anders als zum Beispiel in einem deutschen Wörterbuch sind die Verbalformen gewöhnlich aufgeführt in der aktiven Form der 1. Person Einzahl des Anzeigemodus in der Gegenwart (oder, in der Terminologie, die gebräuchlich für das Lateinische ist: 1. Person Singular Indikativ). Diese Form des Wörterbuchs (die 'Ich-Form') endet auf ein *-o*. Meist steht direkt hinter dem Lemma eine arabische Ziffer von 1 bis 4. Diese Ziffern sind ein Hinweis auf die Konjugation, zu der das betreffende Verb gehört.

1 entspricht der *a*-Konjugation (Verben mit einem Stamm auf *-a*)
2 entspricht der *e*-Konjugation (Verben mit einem Stamm auf *-e*)
3 entspricht der konsonantischen-/*ĭ*-Konjugation (Verben mit einem Stamm auf Konsonant oder *-ĭ*)
4 entspricht der *ī*-Konjugation (Verben mit einem Stamm auf *-ī*)

Werden danach keine weiteren Formen oder Stämme des Verbs angegeben, kann man davon ausgehen, dass man es mit einem regelmäßigen Verb zu tun hat. Die Stämme, die nötig sind, um alle Formen des Verbs bilden zu können, lassen sich dann regelmäßig nach dem Prinzip ableiten, das auf S.36 beschrieben wurde. In vielen Fällen (vor allem bei Verben, die zur 3. Konjugation gehören) wird man aber nach dem Lemma auch die Formen für die erste Person des Perfekts und für das Partizip Perfekt Passiv (PPP) antreffen. Dies ist ein Hinweis darauf, dass es sich um ein unregelmäßiges Verb handelt. In einigen Fällen gleichen die verschiedenen unregelmäßigen Stammformen einander nur wenig oder überhaupt nicht, beispielsweise:

aspicio – aspexī – aspectum 3 'zu Gesicht bekommen, erblicken'
fero – tulī – lātus 3 'tragen'

Begegnet man einer solchen, von einem unregelmäßigen Stamm abgeleiteten Form in einem Text, dann wird es beim Nachschlagen der Bedeutung(en) im Wörterbuch Schwierigkeiten geben, weil regelmäßig allein die 1. Pers. Sg. Ind. Präs. Akt. aufgenommen ist.[1] Um dieses Problem zu lösen, ist in Anhang IV eine alphabetische Liste der am meisten vorkommenden unregelmäßigen Stämme und Wortformen aufgenommen worden.

Übrigens wird ein Verb im Wörterbuch nicht immer unter der Form für die *erste* Pers. Sg. Ind. *Präs*. Akt. (der *o*-Form) aufgeführt: einige Verben kommen nur in der dritten Person vor (sog. unpersönliche Verben) und sind dann auch in dieser Form als Lemma aufgeführt. Auf *-or* enden Wörterbuchformen von Verben, die nur Passivformen haben. Diese bekommen den zusätzlichen Hinweis 'DP' oder '(dep. pass.)' (= deponens passivum), s. S.41f.. Abweichend ist auch die Wörterbuchform von Verben, die nur im Perfekt vorkommen und eine Präsens-Bedeutung haben. Ein Beispiel hierfür ist *memini* 'sich erinnern'.

Ferner gibt es noch eine Anzahl von Verben, die zu keiner der Konjugationen 1 bis 4 gehört, aber eine ganz unregelmäßige Formenbildung hat, nämlich die häufig verwendeten Verben mit den Bedeutungen 'sein', 'gehen', 'wollen', 'können', 'werden'. Die Formenbildung von *esse* ist vollständig in Anhang 6 aufgeführt.

Abschließend noch einige Bemerkungen. Zunächst: neben den Bedeutungen des betreffenden Verbs führt das Wörterbuch oft auch nützliche Informationen über den Konstruktionstyp auf, den das betreffende Verb zulässt, beispielsweise:

- ob es sich um ein transitives oder intransitives Verb handelt, d.h. ob das Verb ein Objekt im Akkusativ zulässt oder nicht;
- in welchem Kasus die Argumente erscheinen, die zu dem betreffenden Prädikat gehören; für die Begriffe Argumente und Prädikat s. Kap.5;
- ob das betreffende Verb eine AcI-Konstruktion zulässt;

[1] In der Neuausgabe des Wörterbuchs von Stowasser, aber nicht in unbedingt in anderen Lexika, sind auch diese Formen verzeichnet [Anm. des Übersetzers].

Ferner muss man darauf achten, ob unter einem Wörterbuch-Lemma manchmal noch andere, abgeleitete Lemmata vorkommen. Diese abgeleiteten Lemmata sind ebenso wie das Hauptlemma fettgedruckt. Siehe beispielsweise das Lemma *prudens* im Wörterbuch, wo nach dem Adjektiv *prudens*, *entis* noch das Adverb *prudenter* und das Substantiv *prudentia* (wiedergegeben als *-ntia*) aufgenommen sind. Zur Wahl der Wortbedeutung sei noch das Folgende hinzugefügt: In dem Falle, wo das Wörterbuch mehrere Bedeutungen angibt, ist es ratsam, mit der zuerst genannten Bedeutung zu beginnen und erst nach weiteren zu schauen, wenn diese erste Bedeutung unbrauchbar ist.

## 7.2 Das Analysieren von Wörtern

### 7.2.1 Anleitung für das Analysieren von Wörtern

Im Allgemeinen ist es am einfachsten, ein lateinisches Wort von links nach rechts zu analysieren. Den Vorgang, der bei der Analyse bei jedem Wort durchlaufen werden muss, werden wir aus Gründen der Bequemlichkeit stets in fünf Stufen unterteilen:

STUFE 1
Beginnen Sie mit dem Aufsuchen von einem möglichst langen Teil des betreffenden Wortes im Wörterbuch (= WB). Manchmal wird das zu analysierende Wort in genau derselben Form im WB aufgeführt sein: es handelt sich dann um ein nicht beugbares Wort oder ein beugbares Wort in seiner Wörterbuchform. In diesem Falle kann mit dem Notieren der Bedeutung fortgefahren werden, es ist keine weitere Analyse nötig. Viel öfter aber wird das zu analysierende Wort etwas von seiner WB-Form abweichen. In diesem Falle muss die Analyse mit den Stufen 2 bis 5 fortgesetzt werden. Auf denjenigen Fall, dass das Wort völlig unauffindbar ist, kommen wir später noch zurück.

STUFE 2
Versuchen Sie im WB herauszufinden, zu welchem Lexem das Wort eine gebeugte Form ist (zum Begriff Lexem s. S.23). In einigen Fällen gelingt dies einfach durch das Aufsuchen des längsten Bestandteils des Wortes. Sie finden dann ein Lemma vor, das – seiner Endung nach – sehr dem Wort gleicht, das analysiert werden muss. Notieren Sie die Bedeutung und eventuelle weitere Informationen, beispielsweise Dekl., Konj., Geschlecht. Oft werden aber mehrere Lemmata im WB Ähnlichkeiten mit dem zu analysierenden Wort zeigen. Dies ist zweifellos kein Problem, weil beim Durchlaufen von besonders Stufe 4 von selbst eine Anzahl von Lexemen ausscheiden wird.

STUFE 3
Stellen Sie anhand der Informationen im WB fest, welche Wortart vorliegt, zu dem das Wort gehört, besonders ob es sich um ein Wort der nominalen oder der verbalen Kategorie handelt. Wie gesagt, bilden die Informationen, die hinter dem Lemma im WB stehen, einen Hinweis auf die Wortart: So verweisen die Ziffern 1 bis 4 auf Zeitwörter, die Geschlechtsangaben *m.*, *f.* und *n.* auf selbstständige Nomina. Ferner verrät natürlich auch die deutsche Übersetzung oft die Wortart.

STUFE 4
Zerlegen Sie nun die Form in Stamm + Endung. Unter 'Stamm' verstehen wir in diesem Buch diejenige Form, von der durch Hinzufügung von Endungen (und eines möglichen Infixes, s. S.39) ein Paradigma abgeleitet werden kann. Oder anders ausgedrückt: der längste unveränderliche Teil eines Paradigmas, wenn bei nominalen Formen der Nominativ außer Acht gelassen wird. Es gibt verbale und nominale Stämme.

VERBALE STÄMME
Ein regelmäßiges Zeitwort hat höchstens drei unterschiedliche Stämme: den Präsens- oder Infektivstamm, den Perfektstamm und den Stamm für das Partizip Perfekt Passiv (PPP), den sog. Supinstamm (s. 4.2.2).

Der *Präsensstamm* endet – je nach der Konjugation, zu dem ein Zeitwort gehört – auf ein *-a*, *-e*, einen Konsonanten oder *-i*, also:

1 *lauda-* (*laudare*: 'loben')
2 *dele-* (*delēre*: 'zerstören')
3 *vinc-* (*vincĕre*: 'siegen')
4 *audi-* (*audire*: 'hören')

Der Perfektstamm endet in seiner regelmäßigen Form auf ein **-v-**, also:

1 *laudav-*
2 *delev-*
4 *audiv-*

Viele Zeitwörter, darunter auch die meisten Zeitwörter der konsonantischen Deklination, haben aber einen unregelmäßigen Perf.-Stamm:

3 *dūx-* (*dūcere*: 'führen')
3 *vīc-* (*vincere*: 'siegen')
4 *monu-* (*monēre*: 'ermuntern')

Um diese Stämme zu bestimmen oder bis zur WB-Form herzuleiten, benötigen Sie also die Hilfe besonders des WB.s oder von Anhang IV; das WB gibt übrigens nicht den Stamm an, sondern die Form für die 1. Sg. Ind. Perf; Akt.: *dūx-ī*, *vīc-ī*, *monu-ī*.

Der *PPP-Stamm* endet meist auf ein *-t-* und ist also leicht zu erkennen. Er kann regelmäßig oder unregelmäßig gebildet werden:

| | | | |
|---|---|---|---|
| 1 | *vocāt-* | (*vocāre*: 'rufen') | (regelmäßig) |
| 3 | *duct-* | (*dūcere*: 'führen') | (regelmäßig) |
| 2 | *monit-* | (*monēre*: 'ermuntern') | (unregelmäßig) |

Zusammenfassung zu den verbalen Stämmen

- der Präsensstamm endet auf *-a*, *-e*, einen Konsonanten oder auf *-i*
- der regelmäßige Perfektstamm = Präsensstamm + *-v-*
- der unregelmäßige Pf.-Stamm = Pf.-Stamm, den das WB angibt minus *-i-*
- der regelmäßige PPP-Stamm = Präsensstamm + *-t-*
- der unregelmäßige PPP-Stamm = PPP-Form, die das WB angibt minus *-um*

Beispiele:

Wörterbuch: portō 1. 'tragen'
Stämme: *portā-, portāv-, portāt-*
Form: regelmäßig
Wörterbuch: regō 3. rēxi, rēctus 'lenken', 'leiten'
Stämme: *reg-, rēx-, rēct-*
Form: Pf.-Stamm regelmäßig, PPP unregelmäßig
Wörterbuch: iubeō 2. iūssī, iussus 'befehlen'
Stämme: *iubē-, iūss-, iuss-*
Form: unregelmäßig

NOMINALE STÄMME

Obwohl man von *-a-*, *-o-*, konsonantischen, *-i-*, *-u-* und *-e*-Stämmen spricht, ist es nicht so, dass nominale Stämme immer auf ein *-a*, *-o*, einen Konsonanten, ein *-i*, *-u* und *-e* enden. Im Einklang mit den Definitionen von Stamm und Endung, die wir in diesem Buch verwenden (s. S.29f.), wird nämlich das *-a* bei den *a*-Stämmen zur Endung gerechnet und nicht zum Stamm; dasselbe gilt für das *-o* (im Laufe der Entwicklung des Lateinischen zu *-u* geworden), das *-i* und das *-u*. Auch das *-e* der *-e*-Stämme ziehen wir zur Bequemlichkeit zur Endung.

Dennoch lässt sich wohl eine Regel für die Aufspaltung der nominalen Formen in Stamm + Endung angeben. Beim Durchgehen des Wortes von links nach rechts muss man versuchen, eine möglichst lange bedeutungstragende Einheit loszulösen (s. Stufe 2), d.h. eine möglichst lange Lautkombination, die mit der Lautfolge des WB.s übereinstimmt. Meistens ist dies der Stamm. Dieser Stamm endet bei nominalen Formen gewöhnlich auf einen Konsonanten, beispielsweise *rōs-ās* 'Rosen' (Akk.), *patr-e* 'Vater' (Abl.). Ausnahmen hierzu sind z.B. *di-ēs* 'Tag' und *nunti-us* 'Bericht', 'Bote'. Der restliche Teil dieses Wortes ist dann die Endung. Eine nominale Endung beginnt *immer* mit einem Selbstlaut.

Man kann, um die Richtigkeit einer Aufspaltung in Stamm und Endung auf einen Blick zu kontrollieren, überprüfen, ob die Endung in der alphabetischen Liste der Endungen in Anhang III vorkommt. Die betreffende Endung muss in jedem Falle den Code (N) in der Endungsliste haben. (N) bedeutet: Diese Endung schließt sich an eine nominale Form an. Beispiele:

*regibus* Dat./Abl. Pl. zu *rex* 'König'. Der Stamm ist in der Form des Nom. Sg. oft nicht mehr zu erkennen, vor allem bei Substantiven der 3. Deklination. So ist die Nom.-Form *rex* beispielsweise aus *reg* + *s* entstanden. In Anhang I ist ausführlicher beschrieben, wie Substantive der 3. Deklination im WB aufgefunden werden können.

*hort-i* Gen. Sg./Nom. Pl. zu *hortus* 'Garten'

*pulchr-os* Akk. Pl. m. zu *pulcher* 'schön'.

*poet-arum* Gen. Pl. zu *poeta* 'Dichter'; Aufspaltung in *poetar-um* ist unmöglich: *poetar-* ist kein bedeutungstragendes Element, es gibt nämlich kein einziges Wort im WB, das mit den Buchstaben *poetar-* beginnt.

STUFE 5

Oft wird eine Aufspaltung in Stamm und Endung, wie oben beschrieben, möglich sein. In solchen Fällen muss nur noch anhand der Endung festgestellt werden, um welche Form des Lexems es sich handelt. Diese Bestimmung der Bedeutung der Endung verläuft folgendermaßen:

- Notieren Sie die Informationen, die hinter der betreffenden Endungsliste von Anhang III stehen. Oft wird sich ergeben, dass eine Endung mehr als eine Funktion hat. Nur die Betrachtung der Wortart (Nomen/Verb) in dem Kontext, wo das zu untersuchende Wort vorkommt, kann dann ergeben, um welche Funktion es sich handelt.
- Kontrollieren Sie gegebenenfalls anhand der Übersicht der Formentabellen in Anhang VI, ob die Analyse richtig ist.

Ist es von der Endungsliste her möglich, beim Analyse-Vorgang Stufen zu überspringen und unmittelbar die Formenübersichten zu konsultieren? Zur Durchsicht der zusammengesetzten Wörter ist dies sogar eine schnellere Methode. Doch empfiehlt sich Folgendes: Konsultieren Sie zuerst die Endungsliste. Die Informationen, die darin aufgenommen sind, verhindern nämlich bei den komplizierteren Formen eine falsche Analyse. In 7.2.2 (bei *amatur*) werden wir sehen, dass es einen weiteren Grund gibt, zuerst die Endungsliste zu konsultieren.

Zusammenfassung der fünf Stufen im Analyse-Vorgang für flektierbare Wörter:

1 Suchen Sie im WB nach einem Lemma, das mit einem möglichst langen Bestandteil des zu analysierenden Wortes übereinstimmt.
2 Notieren Sie Bedeutungen und eventuelle weitere Informationen (beispielsweise Deklination, Konjugation, Geschlecht) des zugehörigen Lexems.
3 Stellen Sie die Wortart fest.
4 Zerlegen Sie die Form in Stamm + Endung.
5 Bestimmen Sie die Bedeutung der Endung.
Überprüfen Sie die Analyse eventuell anhand der Übersicht der Formentabellen in Anhang VI.

### 7.2.2 Anwendung des Analysemodells auf einige Beispiele

In diesem Abschnitt analysieren wir nun beispielhaft vier gebeugte lateinische Wörter nach der in 7.2.1 beschriebenen Methode. Es empfiehlt sich, die Stufen 1 bis 5 stets tatsächlich durchzuführen und wo nötig mehr im WB zu blättern. S. Anhang V für eine Erklärung der verwendeten Abkürzungen.

*arboribus*

| | | |
|---|---|---|
| 1 | WB-Lemma | *arbor, oris* |
| 2 | Informationen des WB | 'Baum' *f.* |
| 3 | Wortart | Substantiv (s. die Angabe *f.* (= femininum) hinter dem WB-Lemma); Nominalform: bekommt also Endung mit dem Code (N) |
| 4 | Stamm + Endung | *arbor-ibus* |
| 5 | Bedeutung der Endung | *-ibus*: (N) Dat./Abl. Pl. 3. und 4. Deklination |
| Endgültige Analyse | | *arboribus* ist der Dat. oder Abl. Pl. der Mehrzahl zu dem Lexem ARBOR; Übersetzung: '(die) Bäume' (Dat. oder Abl.) |

Anmerkungen:

I Das Lateinische kennt keinen Artikel. Ob wir bei der Übersetzung von einem bestimmten oder unbestimmten Artikel Gebrauch machen müssen, hängt vom Kontext ab.

II Die Aufspaltung von *arboribus* in *arborib-us* führt zu nichts: *-us* kann nach der Endungsliste nur eine Endung zu Nominalformen der *o*- oder *u*-Deklination sein. In beiden Fällen wird man es mit einem nicht existenten WB-Lemma **arboribus* zu tun haben (s. die Formentabellen in Anhang VI).

*discipulos*

| | | |
|---|---|---|
| 1 | WB-Lemma | zwei Lemmata kommen in Betracht: 1) *discipula, ae* und 2) *discipulus, i* |
| 2 | Informationen des WB | 1) 'Schülerin' f.; 2) 'Schüler' *m.* |
| 3 | Wortart | Substantiv: Nominalform: bekommt also Endung mit dem Code (N) |

| | | |
|---|---|---|
| 4 | Stamm + Endung | *discipul-os* |
| 5 | Bedeutung der Endung | *-os*: (N) Akk. Pl. 2. Deklination m. |
| Endgültige Analyse | | *discipulos* ist der Akk. der Mehrzahl zu dem Lexem DISCIPULUS; Übersetzung: '(die) Schüler'; die Endung *-os* kommt nur bei Nomina des männlichen Geschlechtes vor (s. den Hinweis '*m.*'), also ist *discipulos* eine Form, die zu dem Lemma *discipulus* gehört, *m.* und nicht zu *discipula*, *f.* Dies ergibt sich aus einer Kontrolle an den Formenübersichten. |

*ovorum*

| | | |
|---|---|---|
| 1 | WB-Lemma | Drei Lemmata kommen in Betracht: 1) *ovis*, *is*; 2) *ovo*; 3) *ovum*, *i*. Wir gehen nun zuerst der Frage nach, ob *ovo* das zu *ovorum* gehörende WB-Lemma sein kann. |
| 2 | Informationen des WB | I 'jubeln', 'frohlocken' |
| 3 | Wortart | Zeitwort ('Verb'); bekommt also eine Endung mit dem Code (V) |
| 4 | Stamm + Endung | *ov-orum* (*ovor-um* liegt nicht auf der Hand, weil wir im WB keine Buchstabenkombination *ovor-* finden. |
| 5 | Bedeutung der Endung | *-orum*: (N) Gen. Pl. 2. Dekl. m./n.; aus der Information (N) ergibt sich, dass der Stamm *ov-* nominal ist. Das verbale Lemma *ovo* 'jubeln' scheidet also aus. |

Wir beginnen den Analyse-Vorgang nun von neuem und untersuchen, ob *ovis* das zu *ovorum* gehörende WB-Lemma sein kann.

| | | |
|---|---|---|
| 2 | Informationen des WB | 'Schaf' *f.* |
| 3 | Wortart | Substantiv; Nominalform: bekommt also Endung mit dem Code (N) |
| 4 | Stamm + Endung | *ov-orum* (s.o.) |
| 5 | Bedeutung der Endung | *-orum*: (N) Gen. Pl. 2. Dekl. m./n.; aus der Information (bes. dem Zusatz m./n.) ergibt sich, dass *ovorum* keine Form zu dem Lemma *ovis* f. ist.<br>Gegenprobe: Kommt in der Formenübersicht, die *ovis*, Gen. *ovis* entspricht, ein Gen. Pl. vor, der der Form *ovorum* entspricht? Dies ist nicht der Fall: In der Formentabelle von *civis*, Gen. *civis* in Anhang VI kommt kein Gen. Pl. **civorum* vor. Schlussfolgerung: Der Gen. Pl. *ovorum* gehört nicht zu dem WB-Lemma *ovis*. Es muss also von neuem nach einem anderen WB-Lemma gesucht werden. In Frage kommt das Lemma *ovum*, *i*: 'Ei' *n.* (vgl. zur Kontrolle das Paradigma von *templum*, Gen. *templi* 'Tempel' in Anhang VI) |
| Endgültige Analyse | | *ovorum*: Gen. Pl. zu OVUM; Übersetzung: 'der Eier' |

Die Formen *discipulos* und *ovorum* verdeutlichen also, dass nicht immer unmittelbar festzustellen ist, was für eine bestimmte Wortart das zugehörige WB-Lemma ist. Bei *discipulos* und *ovorum* war dieses Problem noch einfach zu lösen Oft wird aber eine Anzahl von Lemmata Ähnlichkeit mit der zu analysierenden Wortform aufweisen. In solchen Fällen ist es ergiebiger, die Wortform nicht von vorne nach hinten, sondern von hinten nach vorne zu analysieren. Für den Analyse-Vorgang bedeutet dies, dass die verschiedenen Stufen dann in einer etwas anderen Reihenfolge durchlaufen werden müssen. Wir veranschaulichen dies an dem folgenden Beispiel:

*amatur*

| | | |
|---|---|---|
| 1 | WB-Lemma | Es ergeben sich viele Wörter, die mit *ama-* oder *amat-* beginnen. Es ist also besser, zuerst das Wortende der Form *amatur* zu betrachten. |
| 4 | Stamm + Endung | Auf der Grundlage der Liste der Endungen gibt es grundsätzlich zwei Möglichkeiten:<br>1) *amatu-r*; 2) *ama-tur* |
| 5 | Bedeutung der Endung | 1) *-r* = (V) 1. Sg. Pass.<br>2) *–tur* = (V) 3. Sg. Pass. |
| 3 | Wortart | Aus dem Code (V) ergibt sich, dass wir es in jedem Falle mit einer Verbform zu tun haben. Es sei denn, es ist anders in der Liste der Endungen angegeben, geht diesen Endungen ein Präsensstamm voraus. Es ist also die Frage, ob es sich um einen Präsensstamm *amatu-* handelt oder um einen Präsensstamm *ama-*. Die zweite Möglichkeit ist die richtige. Es gibt nämlich kein WB-Lemma **amatuo*. |
| 4 | Stamm + Endung | muss also lauten: *ama-tur* |
| 1 | WB-Lemma | Zeitwörter stehen gewöhnlich bei der WB-Angabe unter der Form für die 1. Sg. Ind. Präs. Akt. (Form auf *-o*). Das zu *amatur* gehörige Lemma lautet also *amo*.<br>N.B.: Bei der ersten Konjug. fällt das *a* des Stamms in der *o*-Form weg: **amao* > *amo*. |
| 2 | Informationen des WB | 'lieben' 1 |
| Endgültige Analyse | | *amatur*: 3. Sg. Ind. Präs. Pass. zu *amo*.<br>Übersetzung: 'er/sie/es wird geliebt' |

Übungsstoff:
Als Übungen können anhand der Stufen 1 bis 5 die folgenden Wörter analysiert werden. Die Auflösung ist auf S.117 zu finden.

1 *Romae*
2 *prudentiam*
3 *canibus*

### 7.2.3 Mögliche Probleme beim Analysevorgang

Die meisten, aber sicherlich nicht alle lateinischen Wortformen können mit Hilfe der oben beschriebenen Methode analysiert werden. Die größten Probleme ergeben sich vor allem bei den *unregelmäßigen Wortformen* und bei Wörtern, bei denen zwischen Stamm und Endung noch ein sog. *Infix* auftritt.

*Unregelmäßige Wortformen*
Bei Stufe 1 dieses Prozesses (dem Feststellen des WB-Lemmas) wird sich manchmal das folgende Problem ergeben: Es gibt kein einziges Lemma im WB, das vom Buchstabenbestand her Ähnlichkeit mit dem zu analysierenden Wort zeigt. So wird man beispielsweise in vielen Wörterbüchern vergebens nach einer Wortform *sustuli* suchen.[1] Meistens handelt es sich dabei um eine unregelmäßige Form. Um dieses Problem aufzufangen, ist in Anhang IV eine ausgewählte alphabetische Liste mit unregelmäßigen Wortformen aufgenommen. Gehen Sie diese Liste durch, bis die gewünschte Form gefunden ist oder eine Form, die ihr sehr gleicht. Mit den Informationen, die dort aufgeführt sind, ist es nun unter anderem möglich, im WB unter dem richtigen Lemma die Bedeutung zu suchen. Manchmal liefert die Liste der unregelmäßigen Wortformen auch schon Informationen über die spezifische Form des Wortes. Wo nötig, kann hierauf wieder ab Stufe 2 der restliche Analyse-Vorgang vorgenommen werden.

Test: Versuchen Sie, dasjenige WB-Lemma aufzuspüren, das zu der Form *fuimus* gehört.

*Infixe*
Probleme können auch bei Stufe 4 auftreten: Das Wort lässt sich nicht ordentlich in einen Stamm und eine Endung aufspalten, enthält aber ein oder mehrere Zusatzelemente ('Infixe') zwischen Stamm und Endung. Diese Infixe können verschiedene Funktionen haben. Sie können beispielsweise an einem Zeitwort eine bestimmte Bedeutung innerhalb des Tempus- und Modussystems angeben. Kann innerhalb einer Form ein derartiges Infix isoliert werden, dann ist die Bedeutung dieses Infixes aufzusuchen in der Liste der Infixe in Anhang II. Ein Beispiel: Die Form *beatiorem* besteht aus einem Stamm *beat-* (Adj. 'glücklich'), einem Infix *-ior-* (bildet von Adjektiven eine Vergleichsstufe) und einer Endung *-em* (Akk. Sg. m./f.). Nach dieser Zerlegung in Stamm + Infix + Endung und der Feststellung der Bedeutung des Infixes kann der Analyse-Vorgang mit Stufe 5 abgeschlossen werden.

Zusammengefasst lautet die Empfehlung bei Problemen des Analysevorgangs:

Wenn Stufe 1 des Analyse-Vorgangs nicht unmittelbar ein passendes WB-Lemma liefert, suchen Sie die zu analysierende Form zuerst in der Liste der unregelmäßigen Wortformen. Führt auch das zu nichts, versuchen Sie dann die Form in Stamm + Infix + Endung aufzuspalten. Aller Wahrscheinlichkeit nach wird sich dann wohl ein (dem Stamm gleichendes) WB-Lemma finden.

[1] Anders jedoch in der Neubearbeitung des Stowassers [Anm. des Übersetzers].

### 7.2.4 Anwendung des Analysemodells auf problematische Wörter

*iecimus*

| | | |
|---|---|---|
| 1 | WB-Lemma | Es gibt kein Lemma *iecimus*. Das einzige Lemma im WB, das Ähnlichkeit mit dieser Form hat, ist das Substantiv *iecur*, *oris*. Eine Analyse der Endung oder Durchsicht von Anhang VI (Formenübersichten der Substantive) zeigt aber, dass das Lemma *iecur* niemals die Form *iecimus* als solche liefern kann. In diesem Falle ist es vernünftig, zuerst die alphabetische Liste von unregelmäßigen Wortformen in Anhang IV durchzugehen. |
| 2 | Informationen des WB | Tatsächlich ist in der Liste ein Stamm *iec-* aufgenommen, der die Stammzeit für das Perfekt bildet zu dem Zeitwort *iacio* 'werfen'. Die restliche Analyse ist nun unproblematisch. |
| 3 | Wortart | Verb (= Zeitwort) |
| 4 | Stamm + Endung | *iec-imus* |
| 5 | Bedeutung der Endung | *-imus*: (V) 1. Pl. Ind. Perf; Akt.<br>(V) 1. Pl. Präs. Akt. zu Konj. III |
| Endgültige Analyse | | *iec-* ist ein Perf.-Stamm, also *iecimus* ist hier 1. Pl. Ind. Perf. Akt.: 'Wir haben geworfen' |

*pulcherrimum*

| | | |
|---|---|---|
| 1 | WB-Lemma | Das entsprechende WB-Lemma kann einzig und allein *pulcher* sein. |
| 2 | Informationen des WB | 'schön' |
| 3 | Wortart | Adjektiv; Nominalform (N). Aus den Endungen *-chra* und *-chrum* geht hervor, dass es sich um ein Adjektiv der 2. Deklination handelt (s. S.76f.). |
| 4 | Stamm + Endung | Bei Stufe 4 entstehen Probleme: Aufspaltung der Form *pulcherrimum* in beispielsweise *pulcher-rimum* oder *pulch-errimum* ist unmöglich, denn aus der Liste der Endungen geht hervor, dass es derartige Endungen von Adjektiven nicht gibt. Es wird sich also wohl um ein Infix zwischen Stamm und Endung handeln: *pulcher-rim-um*, denn *-um* ist eine mögliche Endung bei Adjektiven der 2. Deklination. Die Bedeutung von diesem Infix *-rim-* kann in der Liste der nominalen Infixe (Anhang II) nachgeschlagen werden. Diese Liste liefert die Information, dass das Infix *-rim-* vom Stamm eines Adjektivs eine Superlativ-Form (Form der Höchststufe) bildet. |
| 5 | Bedeutung der Endung | *-um*: kann im Prinzip zu vier nominalen Endungen gehören (s. Liste der Endungen). Superlative werden aber stets nach der 1./2. Dekl. gebeugt, also kann *pulcherrimum* sein: Akk. Sg. m. oder Nom/[Vok.]/Akk. Sg. n. |

Anmerkung:
Im Deutschen gibt die Höchststufe, wie der Name schon sagt, den höchsten Grad an.[1] Der lateinische Superlativ kann hingegen nicht nur den höchsten, sondern oft auch einen sehr hohen Grad bezeichnen. Die Übersetzung von *pulcherrimum* kann also lauten:

- 'schönster' (Akk. Sg. m. oder Nom./Akk. Sg. n.)
- 'sehr schön' (Akk. Sg. m. oder Nom./Akk. Sg. n.)

*monuissetis*

| | | |
|---|---|---|
| 1 | WB-Lemma | Es gibt im WB kein einziges Lemma, das Ähnlichkeit mit diesem Wort zeigt (wer es mit *monumentum* versucht, wird schon bald merken, dass dies nichts bringt). In der Liste der unregelmäßigen Wortformen kommt dagegen ein Stamm *monu-* vor (Perf.-Stamm zu dem Zeitwort *moneo* 'ermahnen'). Aus den Stufen 3 bis 5 wird sich ergeben, dass *moneo* tatsächlich das zu *monuissetis* gehörende WB-Lemma ist. |
| 3 | Wortart | Verb (Zeitwort), Konjug. II |
| 4 | Stamm + Endung | Die Analyse *monu-issetis* ist unmöglich: *-issetis* kommt nicht in der Liste der Endungen vor, *-issetis* muss also wahrscheinlich aufgespalten werden in ein (verbales) Infix + Endung. Endung: *-tis* (s. Liste der Endungen). Der übriggebliebene Teil *-isse-* kommt tatsächlich in der Liste verbaler Infixe vor: Er bildet aus einem Perf.-Stamm die Form für den Konjunktiv des Plusquamperfekts. Die Analyse verläuft nun wie folgt:<br>*monu-*    *-isse-*    *-tis*<br>Pf.-Stamm    Konj. Plqpf.    2. Pl. Akt. |
| 5 | Bedeutung der Endung | *-tis* ist die Endung für die 2. Pl. Akt. Die Übersetzung lautet: 'ihr hattet ermahnt' (Konj.) |

Anmerkungen:

- Der Gebrauch des Konjunktivs wird in 7.3.4 ausführlich behandelt werden. Vorläufig werden wir die Bedeutung des Konjunktivs unübersetzt lassen. S. zum Konjunktiv auch 5.2.
- Dass Analysen wie *monu-isseti-s* oder *monu-isset-is* unrichtig sind, geht aus der Liste der Infixe hervor: *-isseti-* oder *-isset-* kommen darin nicht vor.

## Übungen:

Die Auflösung der folgenden Formen ist auf S.117 f. zu finden.

1 *stetisti*
2 *amabiliora*

[1] Es gibt allerdings auch Ausnahmen, vgl. M. Wermke u.a. (Hgg.). *Duden. Bd.4: Die Grammatik.* Mannheim u.a. $^{7}$2005, § 506: z.B. „in bester Gesundheit", „mit den herzlichsten Grüßen" [Anm. des Übersetzers].

### 7.2.5 Mehrdeutige Wortformen

Ein und dasselbe lateinische Wort kann manchmal zu mehr als einer Kategorie gehören und mehr als eine Bedeutung haben. Eine vergleichbare Erscheinung gibt es im Deutschen, wenn wir, wie in gesprochener Sprache üblich, von der Klein- und Großschreibung absehen, die ja, wie wir gesehen haben, im Lateinischen überhaupt keine Rolle spielte (s.o. S.18): Das Wort FLIEGEN kann sowohl ein Zeitwort als auch ein selbstständiges Nomen sein. Ein derartiger Unterscheid in der Kategorie der Bedeutung geht mit einem Unterschied in der Wortanalyse einher. Ein lateinisches Beispiel für eine mehrdeutige Wortform ist *vocem*:

*vocem*

| | | |
|---|---|---|
| 1 | WB-Lemma | *voco* |
| 2 | Information des WB | Konjug. I: Bedeutung 'rufen', 'nennen'<br>N.B.: Es gibt noch ein Lemma *voco*, hinter dem die Information steht: '= *vaco* (s.d.) Pl.'. Wofür diese Abkürzungen stehen, kann man im WB nachschlagen. Das zweite Lemma *voco* ist für die Analyse von *vocem* nicht von Bedeutung. |
| 3 | Wortart | Verb |
| 4 | Stamm + Endung | *voco* gehört zur Konjug. I und ist also ein *a*-Stamm (s. S.36). Die Form *vocem* kann daher nicht in einen Stamm *voce-* + eine Endung aufgespalten werden (nur Verben der 2. Konjug. haben einen Stamm auf *-e*). Eine andere Möglichkeit wird eine Aufspaltung in *voc-em* sein: der Stammvokal *-a* kann nämlich vor einem anderen Vokal ausfallen, wie es z.B. der Fall ist bei der 1. Sg. Ind. Präs. Akt.: das ursprüngl. **voca-o* ist zu *voco* geworden. Eine derartige Analyse führt aber sicher zu Stufe 5. |
| 5 | Bedeutung der Endung | In der Liste der Endungen (Anhang III) kommt keine Endung *-em* vor, wohl aber eine verbale Endung *-m* (1. Sg. Akt.). *vocem* wird also in *voc-e-m* aufgespalten werden müssen. *-e-* kann gemäß der Liste der Infixe zwei Funktionen haben:<br>1 bildet aus einem verbalen Stamm der III. und IV. Konjug. eine Futurform.<br>2 bildet aus einem verbalen Stamm der I. Konjug. minus *-a-* einen Konj. Präsens. |
| | Analyse | VOCO gehört zur I. Konjug. (s. Stufe 2), also ist *vocem* = 1. Sg. Konj. Präs. Akt. Übersetzung: 'ich rufe' (Konj.). Für die Gebrauchsweisen des Konjunktivs s. S. 52f. |

Die Mehrdeutigkeit besteht nun in Folgendem: Die Form *vocem* wird man auch wohl gut in einem Sätzchen wie *vocem mutat* antreffen können (*mutat* bedeutet: 'er verändert, verwandelt'). In diesem Sätzchen ist die Interpretation von *vocem* als Verbform (1. Sg. Konj. Präs. Akt.) schwerlich möglich: Bei einem Prädikat wie 'verändern' erwartet man neben einem Subjekt noch ein Substantiv in der Funktion Objekt. Es ist also möglich, dass *vocem* auch die gebeugte Form eines Substantivs ist. Wir setzen den Analyse-Vorgang wiederum in Gang:

*vocem*

| | | |
|---|---|---|
| 1 | WB-Lemma | Wie sich ergibt, führt das Suchen im WB nur zu dem hier unbrauchbaren verbalen Lexem VOCO. In 7.2.3 und 7.2.4 ist schon dargelegt worden, dass es, wenn eine weitere Stufe etwas Untaugliches liefert, ratsam ist, die Liste der regelmäßigen Wortformen durchzugehen (Anhang IV). In dieser Liste stößt man auf den Stamm *voc-* des Lexems VOX 'Stimme'. |
| 3 | Wortart | Substantiv, 3. Dekl. (konsonant. Stamm, vgl. das Lexem DUX in Anhang VI) |
| 4 | Stamm + Endung | *voc-em* |
| 5 | Bedeutung der Endung | *-em*: (N) Akk. Sg. 2. u. 5. Dekl. |
| Analyse | | *vocem* 'Stimme' |

Anmerkung:
In diesem Falle scheint auch das WB-Lemma auf das Lemma *vox* zu weisen: siehe die Information, die hinter dem Lemma *voco* I gegeben wird. Dies ist aber rein zufällig und hat den Sinn, anzugeben, dass beide Lexeme auf ein und denselben Stamm zurückgehen.

Eine andere Form von Mehrdeutigkeit tritt innerhalb der Klasse der Nomina auf und ist Folge der Tatsache, dass ein und dieselbe Endung zu mehreren Kasus gehören kann (s. S.28). Ein Beispiel einer solchen mehrdeutigen Form ist:

*hasta*

| | | |
|---|---|---|
| 1 | WB-Lemma | *hasta, ae* |
| 2 | Information des WB | 'Stab', 'Lanze' |
| Analyse | | Substantive sind in dem WB unter der Form des Nom. Sg. aufgenommen, also *hasta* = Nom. Sg. |

Hier tut sich ein Problem auf: Man wird der Form *hasta* nämlich in einem Sätzchen wie *hasta pugnamus* begegnen können (*pugnamus* bedeutet 'wir kämpfen'), wo *hasta* unmöglich Subjekt sein kann. In diesem Falle ist ausgeschlossen, dass *hasta* ein Nominativ ist. Um zu erkennen, welchen Kasus *hasta* hat, wird, soweit nötig, der restliche Analyse-Prozess durchlaufen:

| | | |
|---|---|---|
| 3 | Wortart | Substantiv |
| 4 | Stamm + Endung | *hast-a* |
| 5 | Bedeutung der Endung | (N) Nom./[Vok.]/Abl. Sg. 1. Dekl.<br>(N) Nom./[Vok.]/Akk. Pl. 2. Dekl. N. |
| Analyse | | *hasta* hat das Geschlecht f., also kann *-a* hier nur stehen für: (N) Nom./[Vok.]/Abl. Sg. |

Anmerkung:
Aus diesem Beispiel ergibt sich, dass es dann, wenn die zu analysierende Form mit dem WB-Lexem übereinstimmt, bei den beugbaren Wörtern manchmal doch noch nötig ist, den ganzen Analyseprozess zu durchlaufen. Stattdessen kann man auch die Übersicht der Paradigmen in Anhang VI studieren.

Übungen:
Zur Einübung des in 7.2.1-7.2.5 Behandelten folgen nun 12 Wortformen. Die Auflösung dieser Wörter ist auf S.118 zu finden.

1 *militis*
2 *passus ero*
3 *fraude*
4 *vult*
5 *iuris*
6 *consules* (mehrdeutig)
7 *requiem*
8 *hortemini*
9 *capi*
10 *defendor*
11 *fiat*
10 *cani* (mehrdeutig)

### 7.2.6 Wortgruppen

Sätze können meistens nicht nur aus Wörtern, sondern auch aus Wortgruppen gebildet werden. Wir geben drei Beispiele für Wortgruppen:

1 *corpus delicti*

*corpus*

| | |
|---|---|
| 1 WB-Lemma | *corpus, oris* |
| 2 Information des WB | 'Körper' |
| Analyse | *corpus* kann sowohl Nom. als auch Akk. der Einzahl sein (bei Substantiven des sächlichen Geschlechtes ist der Akk. immer gleich dem Nom, s. S.29). |

*delicti*

| | |
|---|---|
| 1 WB-Lemma | *delictum, i* |
| 2 Information des WB | 'Verbrechen', n. |
| 3 Wortart | Substantiv (siehe nämlich die Angabe im WB) |
| 4 Stamm + Endung | *delict-i* |
| 5 Bedeutung der Endung | Die Endung *-i* kann im Falle eines Wortes im Neutrum der *o*-Dekl. (Wörter auf *-um*) nur zum Gen. Sg. gehören |
| Endgültige Analyse | Die Gebrauchsweisen des Genitivs finden sich auf S.48. |

Übersetzung der Wortgruppe *corpus delicti* wörtlich 'der Körper des Verbrechens', d.h. der Gegenstand, mit dem ein Verbrechen ausgeführt wurde.

## 2 *ante meridiem (a.m.)*

### *ante*

| | | |
|---|---|---|
| 1 | WB-Lemma | Es gibt ein Lemma *ante*, also kann man sich mit Stufe 1 des Analyse-Prozesses begnügen.<br>Für *ante* ergibt sich ein zweifacher Gebrauch: als Adv. ('vorher') und als Präp. ('vor'). Im zweiten Falle bildet *ante* eine Wortgruppe mit einem Nomen im Kasus Akk. (s. Hinweis im WB '*praep. beim acc.*'. Dies steht für 'Präposition beim accusativus', übersetzt 'Verhältniswort mit Akk.' Es ist empfehlenswert, diese Information im Hinterkopf zu behalten: Die Möglichkeit ist also groß, dass ein Nomen im Akk. folgt. |

### *meridiem*

| | | |
|---|---|---|
| 1 | WB-Lemma | *meridies, ei* |
| 2 | Information des WB | 'Mittag' *m.* |
| 3 | Wortart | Substantiv (s. Zusatz m. (= masculinum) hinter dem WB-Lemma |
| 4 | Stamm + Endung | *meridi-em* (s. Anhang VI), Formenübersicht des Lexems DIES |
| 5 | Bedeutung der Endung | *-em*: (N) Akk. Sg. 3. und 5. Dekl. (*meridies* gehört zu der 5. Dekl., vgl. *dies*). |
| Endgültige Analyse | | Aufgrund der Analyse von *meridiem* (Nominalform im Akk.) ist es wahrscheinlicher, dass *ante* hier kein Adv., sondern eine Präp. ist. |

Übersetzung der Wortgruppe *ante meridiem* 'vor dem Mittag'.

## 3 *mea culpa*

### *mea*

| | | |
|---|---|---|
| 1 | WB-Lemma | *meus* |
| 2 | Information des WB | 'mein', 'von mir' |
| 3 | Wortart | Possessivpron. (besitzanzeigendes Fw.), verhält sich wie ein Adjektiv der 1./2. Dekl. |
| 4 | Stamm + Endung | *me-a* |
| 5 | Bedeutung der Endung | (N) Nom./[Vok.]/Abl. Sg. 1. Dekl.<br>(N) Nom./[Vok.]/Akk. Pl. 2. u. 3. Dekl. n. |

Anmerkung:
Wenn ein Wort in einem Text auf *-a* endet (oder *-ae*, *-am*, *-arum*, *-as*) und wenn ihm kein Lemma auf *-a* im WB entspricht, dann ist es sehr wahrscheinlich, dass das zugehörige WB-Lemma auf *-us* oder *-um* endet.

### *culpa*

| | | |
|---|---|---|
| 1 | WB-Lemma | *culpa* |
| 2 | Information des WB | 'Schuld' *f.* |
| 3 | Wortart | Substantiv |
| 4 | Stamm + Endung | *culp-a* |

5 Bedeutung der Endung (N) Nom./[Vok.]/Abl. Sg. 1. Dekl.
(N) Nom./[Vok.]/Akk. Pl. 2. u. 3. Dekl. n.

Endgültige Analyse *culpa* (*a*-Stamm) gehört zur 1. Dekl., ist also Nom. oder Abl. Sg.; *mea* wird auch Nom. oder Abl. Sg. sein.

Übersetzung der Wortgruppe *mea culpa* 'meine Schuld' (Nom.) oder 'durch meine Schuld' (Abl.).

*Übungen:*
Die Analyse der folgenden Wortgruppen ist auf S.118 zu finden.

1 *pro deo*
2 *cum laude*
3 *rigor mortis*
4 *ne bis in idem*
5 *anno domini*
6 *vice versa*
7 *modus vivendi*
8 *bona fide*

## 7.3. Das Analysieren von Sätzen

Von nun an wird die Wortanalyse weniger ausführlich beschrieben werden, und wir werden nur noch auf Probleme oder Besonderheiten hinweisen. In diesem Paragraphen richtet sich unser Interesse vor allem auf die Art und Weise, wie Wörter und Wortgruppen zu Sätzen kombiniert werden.

### 7.3.1 Regelmäßigkeiten in der Morphologie

Um das Analysieren von Sätzen zügiger durchzuführen, ist es ratsam, beim Analysieren auffälliger Wörter auf die folgenden morphologischen Regelmäßigkeiten zu achten:

Bei *nominalen* Formen:

I Die Form des Dat. Sg. endet oft auf ein *-i* (beispielsweise *mensae* – ausgesprochen: [*mensai*] –, *duci*, *manui*, *diei*).

II Außer bei bestimmten Substantiven im Neutrum endet der Akk. Sg. auf ein *-m* (beispielsweise *mensam*, *dominum*, *ducem*, *manum*, *diem*).

III Die Form des Gen. Pl. endet entweder auf *-rum* (beispielsweise *mensarum*, *dominorum*, *dierum*) oder auf *-um* (z.B. *ducum*, *civium*, *manuum*).

IV Die Form des Dat./Abl. Pl. endet sowohl auf *-is* (beispielsweise *mensis*, *dominis*) oder auf *-bus* (beispielsweise *ducibus*, *civibus*, *manibus*, *diebus*).

V Die Form des Akk. Pl. endet mit Ausnahme des Falls der Substantive des Neutrum auf *-s* (beispielsweise *mensas*, *dominos*, *duces*, *manus*, *dies*).

VI Im Neutrum stimmen die Formen für den Akk. immer mit denen des Nominativs überein.
VII Die Pluralformen des Neutrums enden im Nom. und Akk. immer auf *-a* (oder *-ia*).
VIII Pronomina haben in der Regel die Formen *-ius* und *-i* für den Gen. bzw. Dat. Sg. in allen drei Geschlechtern.

Bei *verbalen* Formen:
I Ein *-v-* zwischen Stamm und Endung deutet praktisch immer auf eine Form, die vom Perfektstamm abgeleitet ist.
II Ein *-b-* zwischen Stamm und Endung deutet praktisch immer auf ein Futur, *-ba-* auf ein Imperfekt.
III Eine auf *-t-* endende Form ist eine finite Verbform in der 3. Sg. Ind./Konj., eine auf *-nt* eine 3. Pl. (es sei denn, das Wörterbuch macht andere Angaben).

### 7.3.2 Anleitung zum Analysieren von Sätzen

Um aus einzelnen Wörtern einen sinnvollen Satz zu bilden, ist mehr als die bloße Aneinanderreihung analysierter Wörter nötig. So ist im Vorausgehenden schon davon die Rede gewesen, dass im Lateinischen ein Kasus in der Regel mehrere Funktionen hat (s. S.48f.). Allein diese Tatsache macht schon deutlich, dass die Bedeutung eines Satzes erst durch die Betrachtung des Satzes als eines Ganzen festgestellt werden kann. In den Abschnitten 7.3.2-7.3.5 wird die Analyse von einfachen Sätzen an die Reihe kommen, von Sätzen also, die nur ein Prädikat haben. Im Prinzip gibt es zwei Arten, solche Sätze zu analysieren und zu interpretieren.

Die einfachste Methode ist, mit dem Satzanfang zu beginnen und den Satz Wort für Wort von links nach rechts zu analysieren. In dem Maße, wie die Analyse fortschreitet, können die Entscheidungen hinsichtlich der Analyse der Einzelwörter schneller getroffen werden: Der Leser baut eine feste Erwartungshaltung auf. Auf die *Wort-für-Wort-Analyse* folgt dann eine Interpretation des Satzes als eines Ganzen. Vor allem am Beginn der Einführung in das Lateinische wird man von dieser Methode Gebrauch machen müssen.

In einem späteren Stadium, wenn längere Sätze übersetzt werden müssen, ist es ökonomischer, einen Satz zielgerichtet zu analysieren. Dieser zielgerichtete Zugriff entspricht mehr der Theorie von Kapitel 5, in dem die Begriffe Prädikat und Argument eingeführt worden sind. Bei dieser Methode verläuft der Analyseprozess folgendermaßen:

1 Suchen Sie das Prädikat und analysieren Sie es. Meistens wird das Prädikat eine Verbform sein, aber auch Adjektive können, in Verbindung mit dem Tätigkeitswort *esse* (‘sein’), als Prädikate fungieren.

2 Bestimmen Sie, wie viele und welche Argumente sich an das Prädikat anschließen können und begeben Sie sich auf die Suche nach diesen Argumenten. Halten Sie hierbei gut die Kategorien Zahl (Numerus) und Fall (Kasus) im Auge und die Tatsache, dass im Lateinischen das Subjekt-Argument unausgedrückt bleiben kann. Vergessen Sie nicht, dass Argumente selbst wiederum aus mehreren Wörtern bestehen können. Wie derartige Wortgruppen aufgebaut sein können, ist in 7.2.6 beschrieben.

3 Meist hat ein Satz neben einem Prädikat und einem, zwei oder drei Argumenten auch noch einen oder mehrere Satelliten. Satelliten sind Wörter oder Wortgruppen, die nicht vom Prädikat her erforderlich sind. Die Funktionen dieser Satelliten gehen weit auseinander. Eine Übersicht ist in 5.1 und 5.2 zu finden. Die Bestimmung eines Satelliten wird größtenteils von der Bedeutung des betreffenden Wortes (oder der Wortgruppe) und von dem Satz als Ganzem abhängen. Wir rufen hier nur noch in Erinnerung, dass Satelliten vornehmlich im Kasus des Ablativs stehen oder Präpositionalgruppen sind.

Zusammenfassung des Analysevorgangs bei Sätzen:

1 Suchen Sie das Prädikat.
2 Suchen Sie Argumente (oder, im Falle eines einstelligen Prädikates: suchen Sie das Subjekt-Argument). Prädikat und Argument(e) bilden zusammen den Kern des Satzes.
3 Bestimmen Sie die Funktion der übrigen Satzglieder (u.a. der Satelliten).

### 7.3.3 Anwendung auf einige Beispielsätze I: im Indikativ

Bei der Beschreibung der folgenden Sätze verwenden wir die Analyse-Methode, die in dem vorigen Abschnitt dargelegt wurde. Man kann, wo nötig, selbst eine ungefähre Analyse der einzelnen Formen im Satz vornehmen.

*In herba anguis latet*

| | |
|---|---|
| Prädikat | *latet* ist hinsichtlich der Wortart (Verb) Prädikat. Form: 3. Sg. Ind. Präs. Akt. Bedeutung: ‘verborgen sein’, ‘sich versteckt halten’ (an dem Schlusskonsonanten *-t* ist unmittelbar zu erkennen, dass im WB nach einem Tätigkeitswort gesucht werden muss; s. 7.3.1: Liste der morphologischen Regelmäßigkeiten, verbale Formen (III)). |
| Argument | Das Prädikat erfordert nur ein Argument: das *Subjekt*. Mit anderen Worten haben wir es mit einem einstelligen Prädikat zu tun. Hinsichtlich des Numerus des Prädikates *latet* müssen wir nach einem Argument im Singular suchen und wohl in demjenigen Fall, der für das Subjekt gebräuchlich ist: im Nomi- |

nativ. Zwei Wörter kommen in Betracht: *herba* 'Gras' und *anguis* 'Schlange', die beide u.a. Nom. Sg. sein können. Dem Wort *herba* geht die Präposition *in* 'in' voraus, so dass *herba* wahrscheinlich kein Nom., sondern ein Abl. ist. Das Subjekt muss also *anguis* sein. Damit haben wir den Satzkern bestimmt: *anguis latet*. Natürlich wird in diesem Sätzchen aufgrund der Wortbedeutungen schon unmittelbar deutlich, dass nicht *herba*, sondern nur *anguis* Subjekt ist.

Satellit — Die Wortgruppe *in herba* bleibt übrig und ist ein Satellit, hier in der Funktion Ortsangabe. Die Übersetzung des ganzen Satzes ergibt eine bekannte Redensart. Wörtlich: 'die/eine Schlange hält sich im Gras versteckt' = 'es versteckt sich eine Otter im Grase'.

Anmerkung
Wie man im WB sieht, kommt die Präposition *in* sowohl mit Akk. Als auch mit Abl. vor. Dies geht mit einem Bedeutungsunterschied einher:
*in* + Abl. = Ortsangabe (Ruhe).
*in* + Akk. = Richtung (Bewegung).

*natura artis magistra*

Prädikat — Es ist kein ausdrückliches verbales Prädikat vorhanden, aber ein nominales Prädikat, wobei eine Form des Hilfszeitwortes *esse* 'sein' ausgefallen ist. Die Auslassung einer Form von *esse* kommt im Lateinischen ziemlich häufig vor.

Argument — Sowohl *natura* 'Natur' als auch *magistra* 'Lehrerin' (s. im WB unter *magister*) sind Nominative und können also die Funktion Subjekt oder Prädikatsnomen übernehmen (im Prinzip können beide in einem anderen Kontext auch Abl. Sg. sein). Aufgrund der Wortbedeutungen ist es am wahrscheinlichsten, dass *natura* Subjekt ist und *magistra* Prädikatsnomen, *artis* ist Gen. Sg. zu ARS (s. Liste der unregelmäßigen Wortformen) und bildet mit *magistra* eine Wortgruppe.
Übersetzung: 'die Natur ist die Lehrerin der Kunst'.

*floret silva nobililis* (1)
*floribus et foliis.*
*ubi est antiquus* (2)
*meus amicus?*
*hinc equitavit,* (3)
*eia, quis me amabit.* (4)

Dieses kleine Gedicht bildet einen Teil aus den *Carmina Burana*, einer Sammlung von Gedichten aus dem 12. und 13. Jahrhundert n. Chr., die von herumreisenden Studenten geschrieben wurden. Stets wiederkehrende Themen in dieser Vagantenpoesie sind das Trinken, die Liebe und das Schicksal. Die Handschrift dieser Sammlung von Gedichten (die z.T. auch in Mittelhochdeutsch und Altfranzösisch geschrieben wurden) wurde im Jahre 1803 im Kloster des süddeutschen Benediktbeuern entdeckt. 1937 wurden die Carmina Burana von Carl Orff musikalisch vertont. Die Sätze sind im Hinblick auf die Besprechung von (1) bis (4) durchnummeriert.

1 *Floret silva nobilis floribus et foliis.*

| | |
|---|---|
| Prädikat | *Floret* ist das verbale Prädikat, das zu dem WB-Lemma *floreo* 'blühen' gehört. Form: 3. Sg. Ind. Präs. Akt. |
| Argument | Das Prädikat erfordert ein Argument, nämlich das Subjekt im Nominativ: *silva* 'Wald'. Im Prinzip könnte *silva* auch ein Ablativ sein ('in dem Walde'), doch der Satz würde dann keinen Kandidaten mehr für das Subjekt haben. Das Adjektiv *nobilis* 'prächtig' kann sich nur an *silva* anschließen. Kern des Satzes: *floret silva nobilis.* |
| Satellit | Die Wörter *floribus et foliis* bleiben übrig und sind Satelliten. Form: Abl. Pl. Ein Dativ wäre grundsätzlich auch möglich, ergäbe aber in diesem Satz keine sinnvolle Interpretation. *Floribus* gehört zu dem Lemma *flos* und ist über die Liste unregelmäßiger Formen zu bestimmen. Das WB-Lemma bei *foliis* lautet *folium.* Es ist schwierig, die Funktion Ablativ exakt zu bestimmen. Hier kommt am ehesten die Bestimmung von Mittel oder Beziehung in Betracht. |
| | Übersetzung von Satz 1: 'Der prächtige Wald steht in Blüte mit Blumen und Blättern.' |

2 *ubi est antiquus meus amicus?*

| | |
|---|---|
| Prädikat | Verbales Prädikat: *est*, 3. Sg. Ind. Präs. zu dem Lemma *sum* 'sein', 'sich befinden' (siehe die Liste der unregelmäßigen Formen in Anhang IV und Anhang V). |
| Argument | Subjekt im Nominativ: *antiquus meus amicus* 'mein früherer Freund'. |
| | *ubi*: Frageadv. 'wo?' |
| | Übersetzung von Satz 2: 'Wo ist mein Freund von früher?' |

3 *hinc equitavit.*

| | |
|---|---|
| Prädikat | Verbales Prädikat: *equitavit*, 3. Sg. Ind. Perf; 'er ist geritten'. |
| Argument | Das einzige Argument zu *equitavit* ist aus dem Vorausgehendem bekannt und in der Zeitwortform enthalten: [*meus amicus*]. Im Lateinischen braucht das Subjekt nämlich nicht explizit ausgedrückt zu werden (z.B. in Form eines Pronomens), es sei denn, dass es sich um neue Information handelt oder diese besonders betont wird. |
| Satellit | *hinc* 'von hier' |
| | Übersetzung von Satz (3): 'er ist von hier auf seinem Pferde geritten'. |

4 *Eia, quis me amabit?*

| | |
|---|---|
| | *eia*: Ausruf des Schmerzes: 'ach', steht losgelöst von der Satzkonstruktion. |
| Prädikat | Verbales Prädikat: *amabit*, 3. Sg. Ind. Fut. Akt. 'er/sie/es wird lieben'. S. S.86 für das Auffinden des mit *amabit* übereinstimmenden Lemmas. |
| Argument | Das Prädikat *amabit* erfordert zwei Argumente: ein Subjekt im Nom. und ein Objekt im Akkusativ. *Quis* ist Nom. Sg. f./m. des Fragepronomens 'wer?', *me* Akk. Sg. zum Pers.pron. *ego* (s. die Liste unregelmäßiger Wortformen). Es gibt keinen Satelliten. |
| | Übersetzung von Satz 4: 'Ach, wer wird mich lieben'. |

## Übersetzung des ganzen Gedichtes:

Der prächtige Wald steht in Blüte
Mit Blumen und Blättern.
Wo ist der, der vorher
Mein Freund war?
Fort von hier ist er geritten.
Ach, wer wird nun mein Liebhaber sein?

*Est hoc monimentum Marci Vergilii Eurysacis*
*Pistoris redemptoris. Apparet.*

Der obenstehende Text ist die Inschrift auf einem weiter unten abgebildeten Grabmal des Römers *Erysaces*. Dieses Grabmal stammt aus der Zeit von ungefähr 50 vor Christus und befindet sich in Rom bei der Porta Maggiore.

| | |
|---|---|
| Prädikat | *est monimentum*; *est*: Hilfsverb, 3. Sg. Ind. Präs. von dem Zeitwort *esse* 'sein'; das zugehörige WB-Lemma lautet *sum* (s. Liste unregelmäßiger Wortformen in Anhang VI). *Monimentum* ist Prädikatsnomen (der nominale Teil der Satzaussage); das Prädikatsnomen kongruiert im Lateinischen in Kasus und oft auch in Geschlecht und in Zahl mit dem Subjekt. |
| Argument | Das Prädikat *est monimentum* erfordert nur ein Subjektsargument, das im Lateinischen im Falle des Nominativs steht. Nur *hoc* kann in diesem Satz Nominativ sein, s. Anhang IV. Das könnte zu einem Problem werden: Die Suche im WB unter dem Lemma *hoc* liefert ein Adv. mit der Bedeutung 'hierher'. Ein derartiges Adv. passt jedoch überhaupt nicht in diesen Satz. Über die Liste unregelmäßiger nominaler Formen kann aber das Lemma *hic* 'dieser', 'der' gefunden werden. *hoc* ist die Form für den Nom./Akk. n. und den Abl. Sg. m./n. Es besteht, wie gesagt, im Lateinischen Kongruenz zwischen Subjekt und Prädikatsnomen; *monimentum* und *hoc* sind daher beide Nom. Sg. n.<br>Die Wörter *Marci Vergilii Eurysacis redemptoris* bilden Attribute zu *monimentum* (d.h. sie formen mit *monimentum* eine Wortgruppe), gehören also noch zum Satzkern. Sie stehen in demjenigen Fall, der gebräuchlich für Attribute ist, dem Genitiv (*Eurysacis* ist Gen. zu dem Eigennamen *Eurysaces*). Was der Zusatz *apparet* (3. Sg. Ind. Präs. Akt. zu *appareo*) bedeuten muss, ist unklar. Meist wird man ihn auffassen als: 'er ist im Staatsdienst' (s. WB *appareo* 3). |

Anmerkung:
Ein römischer Name besteht aus einem Vornamen (*praenomen*, hier 'Marcus'), einem Geschlechtsnamen (*nomen gentile*, hier 'Vergilius') und eventuell einem oder mehreren Beinamen (*cognomen*, hier 'Eurysaces'). Manche berühmten Römer kennen wir unter ihrem Beinamen, z.B. Gaius Iulius *Caesar*, andere unter ihrem Geschlechtsnamen, beispielsweise Publius *Vergilius* Maro.

## Übersetzung des ganzen Satzes

'Dies ist das Grabmal von Marcus Vergilius Eurysaces, dem Bäcker und Lieferanten.'

Dieses aus dem Jahre 50 v. Chr. stammende Grabmal des Großbäckers Eurysaces steht direkt hinter der Porta Maggiore südöstlich des Bahnhofs Termini in Rom.

Auch die Grabinschrift von Eurysaces' Frau Atistia ist erhalten geblieben. Der marmorne Grabstein dieser Bäckersfrau hat die Form eines Brotkorbes. Er enthält den folgenden Text:

(1) *Fuit Atistia uxor mihi.* (2) *Femina optima vixit.*
(3) *Cuius corporis reliquiae ... sunt in hoc panario.*

N.B. „[...]" bedeuten, dass an dieser Stelle auf dem Stein einige schwer zu erklärende Wörter stehen. Für die Konstruktion und die Bedeutung des Satzes sind sie nicht von Bedeutung.

1 *Fuit Atistia uxor mihi*

Prädikat — *fuit uxor*; *fuit* (s. Liste unregelmäßiger Wortformen): Hilfsverb, 3. Sg. Ind. Perf; zum WB-Lemma *sum* 'sein'; *uxor*: 'Gattin': Prädikatsnomen, s. S.48. Neben der Kennzeichnung des Subjekts kann der Nom. auch Markierung für das Prädikatsnomen sein.

Argument — *Atistia* ist ein Argument im Nominativ mit der Funktion Subjekt. Es ist schwierig zu bestimmen, ob *mihi* (s. Liste unregelmäßiger Wortformen, Anhang IV) Satellit oder Argument ist. Man wird wohl behaupten können, dass 'Ehegatte(in) sein' immer einschließt 'Ehegatte(-in) von jemandem sein' (oder, wie die Römer sagen, Ehegatte(-in) für jemanden zu sein) und dass es sich also um ein zweistelliges Prädikat handelt. Für die Übersetzung macht dies keinen Unterschied: 'Atistia war meine Ehegattin'.

2 *Femina optuma vixit*

Prädikat — Verbales Prädikat: *vixit*, 3. Sg. Ind. Perf; zu *vivo* 'leben'. Die Form ist nur über die Liste unregelmäßiger Formen zu bestimmen, s. Anhang IV.

Argument — *vixit* erfordert ein Argument. Die Wortgruppe *femina optuma* 'eine/die sehr gute Frau' kommt hierfür in Betracht.

Der Informationsgehalt des Satzes 'die außerordentliche Frau hat gelebt' ist aber nicht besonders groß. Ebenso ist es aber möglich, *femina optuma* als Abl. aufzufassen. Um die Funktion dieser Wortgruppe festzustellen, muss man sich vergegenwärtigen, dass das Lateinische die Möglichkeit hat, ein Subjekt, dass aus dem Kontext bekannt ist, unausgedrückt zu lassen, s. die Bemerkung hierzu auf S.96. *Vixit* kann in diesem Satz übersetzt werden mit 'sie (Atistia) hat gelebt'. *Femina optuma* ist dann eine prädikative Bestimmung bzw. ein Prädikativum zu *vixit*. Es gibt ferner keinen Satelliten, also lautet die Übersetzung: 'sie lebte als eine sehr gute Frau', 'zeit ihres Lebens war sie eine vortreffliche Frau'.

3 *Cuius corporis reliquiae [...] sunt in hoc panario*

Prädikat — *sunt*: 3. Pl. Ind. Präs. zum Lemma *sum* 'sein'. In diesem Satz sind kein Subjekt und kein Prädikatsnomen zu finden (die miteinander im Fall, oft auch in Zahl und Geschlecht kongruieren müssten), *sunt* muss also existenziell aufgefasst werden: 'da sein', 'sich befinden'.

Argumente — *sunt* erfordert in jedem Falle ein Subjekt: *reliquiae*, Nom. Pl. f. (das Wort kennt keinen Sg.) 'Überbleibsel', 'Überreste'. In der Bedeutung 'sich befinden' kann das Prädikat *esse* ein zweites Argument mit der Funktion Ortsbestimmung haben: *in hoc panario* 'in diesem Brotkorb', Abl. Sg. n. Für *hoc* s. oben, S.99. *Cuius corporis* bildet ein Attribut im Genitiv zu *reliquiae*. Zu *corporis* s. die Liste der unregelmäßigen Nominalformen. *Cuius* (Gen. zu *qui/quis*) ist schwierig. Nach dem WB kann das Wort zwei Funktionen haben: Frage- und Relativpronomen. Ein Fragepronomen ist hier natürlich ausgeschlossen (es handelt sich um keine Frage). Das Relativpronomen leitet gewöhnlich einen Relativ- oder Bezugsnebensatz ein. Im Lateinischen wird das bezügliche Fürwort aber auch gebraucht, um Sätze zu verbinden, wofür im Deutschen selbstständige Sätze gebraucht werden. In diesem Falle spricht man von 'relativem Anschluss' *Cuius* kann sowohl selbstständig als auch attributiv gebraucht werden. Im Falle eines Relativsatzes wird die Übersetzung von *cuius corporis reliquiae* lauten: 'dessen körperliche Überreste'. Hier ist jedoch ein relativer Anschluss gewählt, daher leitet *cuius corporis reliquiae* einen Hauptsatz ein: 'die Überreste seines Körpers befinden sich in diesem Brotkorb.'

## Übersetzung der ganzen Inschrift

'Atistia war meine Ehegattin. In ihrem Leben war sie eine vortreffliche Frau. Was aber von ihrem Körper übriggeblieben ist, befindet sich in diesem Brotkorb.'

### 7.3.4 Anwendung auf einige Beispielsätze II: im Imperativ und im Konjunktiv

In 7.3.3 sind einige Sätze mit einer Verbform in dem meist neutralen Modus aufgenommen worden: dem Modus Indikativ ('anzeigende Aussageweise'). In diesem Paragraphen kommen zwei andere Modi, die das Lateinische kennt, an die Reihe: der Modus Imperativ und der Modus Konjunktiv. Allgemeine Informationen über Modi sind in 5.2 zu finden.

*Imperativ*

In den folgenden bekannten Ausdrücken kommt der Modus imperativus (befehlende Aussageweise) vor:

| | |
|---|---|
| *nota bene* | 'pass gut auf' |
| *cave canem* | 'hüte dich vor dem Hunde' |
| *carpe diem* | 'pflücke den Tag' |
| *festina lente* | 'eile mit Weile' |
| *ora et labora* | 'bete und arbeite' |
| *divide et impera* | 'verteile und herrsche' |

Bis auf *carpe* und *divide* wird der Imperativ der Einzahl also durch den Stamm ohne weitere Anfügungen gebildet (die Ø-Endung aus der Endungsliste). Der Imperativ der Mehrzahl bekommt die Endung *-(i)te*. Um einen Imperativ zu verneinen, wird meist die Partikel *ne* verwendet.

*equo ne credite, Teucri!*

| | |
|---|---|
| Prädikat | Verbales Prädikat: *credite*, Imper. 2. Pl. zu *credo* 'glauben' |
| Argumente | Das Prädikat erfordert außer dem (hier nicht ausgedrückten) Subjekt-Argument ein zweites Argument im Dativ (s. WB): *equo* von *equus* 'Pferd'. *Teucri* ist der Nom./Vok. Pl. zu *Teucer* 'Trojaner' (Die Anredeform ist im Lateinischen meist gleich dem Nominativ).<br>Übersetzung: 'Vertraut dem Pferde nicht, Trojaner'. |

Dieser berühmte Teilvers spielt auf das hölzerne Pferd an, in dem die griechischen Krieger mit der Absicht verborgen hockten, durch einen Überraschungsangriff Troja zu erobern. Der Satz stammt aus dem Epos 'Äneis' des Dichters Vergil. Es handelt von den Irrfahrten des trojanischen Helden Äneas nach Trojas Fall.

*Konjunktiv*

Befehle und Verbote können auch im Modus coniunctivus ausgedrückt werden.

| | |
|---|---|
| *respondeat* | 'Er soll antworten'; sog. coniunctivus adhortativus (der Aufforderung) |
| *ne dormiveris*<br>*ne dormias* } | 'du sollst dich nicht schlafen legen': sog. con. prohibitivus (des Verbotes). *dormiveris* ist ein Konjunktiv Perfekt. Die ursprüngliche Bedeutung des Perfekts ist hier aber verloren gegangen und kommt in der Übersetzung nicht zum Ausdruck. |

Eine Übersicht anderer Gebrauchsweisen des Konjunktivs ist in 5.2 zu finden. Wir geben hier noch einige Beispiele:

I Konjunktiv in Wunschsätzen

*vivat regina* '[Hoch] lebe die Königin'

Prädikat *Vivat*: WB-Lemma ist *vivo* III 'leben' (konsonant. Stamm). *Vivat* muss also aufgespalten werden in *viv-a-t*; das Infix *-a-* gibt an, dass es sich hier um einen Konj. Präs. handelt (s. Übersicht der Infixe, Anhang II)

Argumente *regina*: Subjekt.

*requiescat in pace* 'er möge in Frieden ruhen'

Prädikat *requiescat* (III. Konjug.) wird in gleicher Weise wie oben *vivat* analysiert.

Satellit *in pace*: *in*: Präp.; *pace*: Abl. Sg. zu dem Lemma *pax*

II Der Konjunktiv in einem Hauptsatz, der eine Möglichkeit ausdrückt

*talia verba non impune dicas* 'Solche Worte kannst du wohl nicht ungestraft sagen'

III Der Konjunktiv in Nebensätzen (s. S.52f.)

*Do ut des* 'ich gebe, damit du gibst'; 'ich gebe, um zu empfangen'

Prädikat 1 *do* 'ich gebe', 1. Konjug.

Prädikat 2 *des*; Analyse: d-e-s Konj. Präs. 2. Sg. Akt. zu *do* 1

Anmerkung:
*do ut des* ist eine Formel aus dem römischen Recht, die aus den Reden Bismarcks bekannt geworden ist; vgl. den Fachausdruck einer *do-ut-des*-Politik.

### 7.3.5 Übungsmaterial

Die Übersetzung der folgenden Sätze ist auf S.119 zu finden:

1 *regis voluntas suprema lex est*

2 *exceptio probat regulam*

3 *Balnea, vina, venus corrumpunt corpora nostra.*
*Sed vitam faciunt balnea, vina, venus.*
(Graffito auf einer Mauer in Pompeji)

4 *Aeterna domus haec est*
*Pausum laboris hic est*
*Aliquid memoriae hoc est*
(Grabstein eines Fonteius, gefunden in Numidien [Algerien/Tunesien])

Erläuterungen:
*hic* (Nom. Sg. m.) müsste wegen *pausum* (n) eigentlich *hoc* lauten; *pausum* = *pausa.*

5 (1) *Calvus et quidam pilis defectus.*
*Invenit calvus forte in trivio pectinem.*
*Accessit alter aeque defectus pilis.*
*„Heia!" inquit „in commune quodcumque est lucri!"*
(5) *Ostendit ille praedam et adiecit simul:*
*„Superum voluntas favit; sed fato invido*
*Carbonem, ut aiunt, pro thesauro invenimus".*
(8) *Quem spes delusit, huic querela convenit.*
(aus: Fabeln des Phädrus, 1. Jahrhundert n. Chr.)

Erläuterungen:

(1) ● *defectus*: siehe im WB (2) *defectus*; an *defectus* schließt sich ein Substantiv im Abl. an; ● *pilis*: siehe WB (1) *pilus*;
(2) ● *invenit*: kann sowohl Praes. als auch Perf; sein; wegen *accessit* ist ein Perf; wahrscheinlicher; ● *forte*: Adv.; s. im WB unter *fors*;
(3) ● *accedo*, Perf.-Stamm *access-*: 'sich nähern', 'erscheinen';
(4) ● *inquit*: s. WB *inquam*; ● *in commune*: wörtl. 'zu gemeinschaftlichem Gebrauch' ⇨ 'ehrlich teilen'; ● *quodcumque*: Neutrum zu *quicumque*: 'was auch immer'; ● *lucri*: die Funktion des Genitivs ist die Wiedergabe einer Teil-Ganzes-Relation. Übersetzung von *quodcumque est lucri*: 'was es auch immer an Gewinn gibt';
(6) ● *superum*: unregelmäßige Gen.-Pl.-Form zu *superi* (Nom. Pl.) 'Götter'; ● *fato* (s. WB *fatum* 2.); ● *invido*: Abl., der eine Ursache angibt;
(7) ● *ut aiunt*: diese Parenthese hat keinen Einfluss auf die Konstruktion des Satzes; Übersetzung: 'wie die Leute sagen', 'wie man behauptet'; ● *pro*: Präp. + Abl.: 'anstelle von';
(8) ● *quem*: Akk. von *qui(s)*; Objekt zu *delusit*: 'wen die Hoffnung betrogen hat'; ● *huic*: zur Form s. Anhang IV; ● *convenit*: *convenio* + Dativ: passen (zu).

6 Die folgenden beiden Rezepte stammen aus einem römischen Kochbuch, das unter dem Namen eines gewissen Apicius (erstes Jahrhundert n. Chr.) überliefert wird.

(1) FARCIMINA:
*Ova et cerebella teres, nucleos pineos, piper, liquamen, laser modicum, et his intestinum implebis. elixas, postea assas et inferes.*
(Apicius, *de re coquinaria* 2.5.2)
ANSEREM ELIXUM CALIDUM EX IURE FRIGIDO APICIANO:
(5) *Teres piper, ligusticum, coriandri semen, mentam, rutam, refundis li-*

*liquamen et oleum modice, temperas. anserem elixum ferventem sabano*
(7) *mundo exsiccabis, ius perfundis et inferes.*
(Apicius, *de re coquinaria* 6.7.3)

Erläuterungen:

(1) ● *farcimen, inis*, n.: 'Würstchen';

(2) ● *tero* III: 'klein reiben', 'zerkleinern'; die 2. Sg. Ind. des Fut. kann für höfliche Aufforderungen verwendet werden; *teres* 'reiben Sie bitte klein', 'zerkleinern Sie bitte'. Neben dem Indik. Fut. gebraucht Apicius für lebhafte Aufforderungen auch den Ind. Präs. (s. z.B. *elixas*) oder den Konj. Präs.; ● *pineus*: Adj. 'Pinien-', 'von der/einer Pinie'; ● *liquamen, inis*, n.: 'Fleischbrühe', 'Bouillon'; ● *laser*: Saft der Laserpflanze (die auch Sylphium genannt wird), einer ausgestorbenen Pflanzenart;

(3) ● *his*: Abl. Pl. zum Nom. Sg. *hic* (s. Anhang IV), hier selbstständig verwendet; ● *intestinum, i* n.: 'Eingeweide', 'Innereien'; ● *implebis*: s. Anm. zu *teres*; ● *elixo* 1: '(ein)kochen'; *elixas*: Ind. Präs., s. Anm. zu *teres*; ● *asso* 1: 'braten', 'rösten': Ind. Präs., s. Anm. zu *teres*; ● *infero* III: 'hineinbringen', auch Fachausdruck für 'servieren'; *inferes* ist Ind. Fut.;

(4) ● *ius*: das lateinische Wort ist ein Homonym: 1 *ius, iuris*, n.: 'Recht', 2 *ius, iuris* n.: 'Soße'; ● *Apicianus*: Adj. zu *Apicius* 'apicianisch', 'à la Apicius';

(5) *ligusticum*: 'Leber'; *refundo* III: 'darüber gießen';

(6) ● *tempero* I: 'vermengen', 'vermischen'; ● *fervens*: Ptzp. Präs. zu *ferveo* 2; ● *sabanum, i*, n.: '(Hand)Tuch';

(7) ● *mundus*: s. im WB unter (1) *mundus*; ● *exsicco* I: 'gut trocknen'; ● *perfundo* 3 = *refundo* (s. oben).

## 7.4 Zusammengesetzte Sätze

### 7.4.1 Das Analysieren zusammengesetzter Sätze

Zusammengesetzte Sätze sind Sätze, in denen ein Hauptsatz und ein oder mehrere untergeordnete (oder: eingebettete) Prädikationen stehen.

Unter Prädikationen verstehen wir das Ganze aus einem Prädikat einschließlich der zugehörigen Argumente und Satelliten. Eingebettete Prädikationen können wiederum als Argument oder Satellit innerhalb des übergeordneten Hauptsatzes auftreten. Sie können verschiedene Formen annehmen, u.a. folgende Syntagmen sein:

- ein Nebensatz, der eingeleitet wird durch das eine oder andere untergeordnete Bindewort (Konjunktion) oder durch ein bezügliches Fürwort (Relativpronomen)
- ein Infinitiv
- eine AcI-Konstruktion (s. 5.4.2)
- eine Partizipialkonstruktion (s. 5.4.1)
- ein Gerundium/Gerundivum (s. 4.2.2).

Im Lateinischen wird viel Gebrauch von Satzeinbettung gemacht. Es gibt eine große Anzahl von Mitteln, um eine Prädikation hierarchisch anzuordnen, wobei vergleichsweise tiefe Einbettungen vorkommen können, d.h. Einbettungen von

Einbettungen von Einbettungen usw. Auf diese Erklärung lassen wir einige Beispiele zusammengesetzter Sätze folgen.

7.4.2 Zum Beispiel Textfragmente

M T C S P D Terentiae suae
Brundisi, A U C 707 (Juni 47 v. Chr.)

Si vales, bene est; valeo. Da operam ut convalescas; quod opus erit, ut res tempusque postulat, provideas atque administres, et ad me de omnibus rebus quam saepissime litteras mittas. Vale.
(Cicero, *Ad familiares* 14,21)

M T C S P D TERENTIAE SUAE
Brundisi, A U C 707 (1. September 47 v. Chr.)

Si vales, bene est; valeo. Nos cottidie tabellarios nostros exspectamus; qui si venerint, fortasse erimus certiores quid nobis faciendum sit faciemusque te statim certiorem. Valetudinem tuam cura diligenter. Vale. Kalendis Septemb.
(Cicero, *Ad familiares* 14,22)

Es gibt eine große Anzahl überlieferter Briefe von und an Cicero. Der historische Hintergrund, vor dem die obenstehenden Briefe gesehen werden müssen, ist folgender: Es ist eine unruhige Zeit der Republik. Cäsar und Pompejus kämpfen um die Macht: Cicero schließt sich dem Pompejus an und befindet sich einige Zeit mit dessen Heer in Griechenland, als dieser gezwungen ist, vor Cäsar zu fliehen. Im Jahre 48 v. Chr. wird das Lager von Pompejus geschlagen, und Cicero kehrt aus Griechenland zur Hafenstadt Brindisi in Süditalien zurück. Dort wartet er, was weiter mit ihm jetzt geschehen wird, wo Cäsar die Macht hat. Während dieses Aufenthaltes in Brindisi schreibt er u. a. verschiedene Briefe an seine Frau Terentia, die von einer Krankheit genesen ist.
M T C S P D ist die Abkürzung für *Marcus Tullius Cicero Salutem Plurimam Dicit*. *Terentiae suae* ist dabei Dativ mit der Funktion Empfänger bzw. Adressat. *Salus* bedeutet 'Gesundheit', 'Heil', aber auch 'Gruß/Grüße'.
A U C 707 steht für *anno urbis conditae* 707: 'im 707. Jahre seit Gründung der Stadt' = 'im 707. Jahre seit Gründung der Stadt'. Umgekehrt handelt es sich hier um das Jahr 47 v. Chr.

## Kommentierung des ersten Briefes:

*Si* leitet einen Konditional- (= Bedingungs-)Satz ein. ● *Si* bis *valeo* ist eine ziemlich stehende Formel, um einen Brief zu beginnen, wie auch aus dem Anfang des zweiten Briefs zu ersehen ist. ● *Da*: Der Imp. wird durch den Stamm eines Verbs ohne weitere Hinzufügungen gebildet. S. auch *vale* am Ende des Briefes. ● *Ut* steht am Anfang eines finalen Nebensatzes (d.h. eines Nebensatzes, der eine Absicht einleitet) oder eines Konsekutivsatzes (eines Nebensatzes also, der eine Folge ausdrückt). Das verbale Prädikat des Nebensatzes hat dann den Modus Konjunktiv: *convalescas*. Es gibt übrigens auch *ut*-Sätze mit einem Prädikat im Indikativ, wie aus *ut ... postulat* hervorgeht. In diesem Falle hat *ut* die Bedeutung 'wie' oder 'sobald'. Das Hauptprädikat des zusammengesetzten Satzes *Quod ... administres* wird durch die Wörter *quod opus erit* (Objekt) *provideas et administres* (verbales Prädikat) gebildet. Die Konjunktive in diesem Satz haben die Bedeutung eines Befehls (s. S.102): 'sorge dafür und regele'. Das Objekt-Argument hat hierbei die Form eines Relativsatzes: 'was nötig sein wird'. ● *Et* fügt hier zwei selbstständige Sätze aneinander, das verbale Prädikat der beiden selbstständigen Sätze lautet *mittas* 'sende'. Das Objekt-Argument dazu ist *litteras.* ● *De omnibus rebus* ist ein Satellit. *Ad me* hat die Funktion Adressat. ● *Quam* (s. WB unter *quam* 1.) verstärkt die adverbiale Superlativ-Form *saepissime*: 'möglichst oft'.

## Übersetzung des ersten Briefes:

„Marcus Tullius Cicero grüßt seine Frau Terentia von Herzen. Brindisi, im Jahre 707 seit der Gründung der Stadt.

Wenn es dir gut geht, tut mir das gut. Mir [jedenfalls] geht es gut. Tue dein Bestes, um wieder zu Kräften zu kommen. Sorge für das Nötige und regele [es so], wie es die Situation und die Zeit erfordern und sende mir über alle Angelegenheiten, so oft es geht, einen Brief. [Herzliche] Grüße."

## Kommentierung des zweiten Briefes:

● *Tabellarios* 'Postboten': Objekt; ● *nos*: im Lateinischen wird die Mehrzahl *nos* 'wir' gebraucht anstelle der Einzahl *ego* 'ich'. Dasselbe gilt für das besitzanzeigende Fürwort *noster* 'unser' (anstelle von *meus* 'mein'). ● *Qui si venerint* ist ein relativischer Anschluss (s. S.101). Weil das Relativpronomen meist am Satzanfang steht, rückt *si* an die zweite Stelle. *Venerint* ist ein Fut. ex. (= vollendete Zukunft): 'wenn sie gekommen sein werden'. Das Prädikat des Hauptsatzes lautet: *erimus certiores* 'wir werden sicherer sein', 'wir werden größere Gewissheit haben'. ● *Certus sum* 'ich bin sicher über etw.', 'ich habe Gewissheit von etw.' erfordert ein zweites Argument, das hier die Form eines Nebensatzes hat: *quid nobis faciendum sit.* Dieser Nebensatz enthält ein Gerundivum. Das Gerundivum ist ein von einem Verb abgeleitetes Adjektiv (s. auch S.41). Gebildet wird es durch Verb, Infix *-(e)nd* + nominale Endung. Es gibt eine Handlung an, die ausgeführt werden *muss* oder *kann*, bzw. (bei Verneinung) die *nicht* ausgeführt werden *darf.* ● *Quid* ist Subjekt im Nominativ: 'was getan werden muss'. Die handelnde Person wird bei einem Gerundivum im Dativ ausgedrückt (hier: *nobis*) und nicht, wie gewöhnlich bei normalen Passivkonstruktionen, d.h. mit der Präposition *a(b)* ('durch') + Abl. ● *Sit* steht im Modus Konjunktiv, weil *quid nobis faciendum sit* eine indirekte Frage ist: Im Lateinischen gibt es nämlich, genau wir im Deutschen, zwei Arten, um Wörter oder Gedanken einer Person wiederzugeben:

- durch ein wörtliches Zitat der Worte oder Gedanken, z.B.: Er fragt: „Gibt es noch Kaffee?" (direkte Rede);
- durch die Einbettung von Wörtern oder Gedanken in einen Hauptsatz: Er fragt, ob es noch Kaffee gebe (indirekte Rede).

Im Falle der indirekten Rede gilt für das Lateinische u.a. die Regel, dass das Prädikat eines indirekten Fragesatzes den Modus Konjunktiv annimmt. Dass es sich im oben stehenden Textauszug um eine indirekte Frage handelt, geht aus der folgenden Paraphrase der Wörter *fortasse ... faciendum* hervor: 'Vielleicht werden wir mehr Sicherheit haben in der Frage: „Was müssen wir tun?"

● *-que* ‘und’ verbindet hier zwei selbstständige Sätze. ● *Certiorem facere* ‘jemanden von etw. in Kenntnis setzen’, s. WB unter *certus.* ● *Kalendis Septembribus: Kalendis* = Abl. Pl. zu dem Adj. *September, -bris*. Die Wortgruppe im Ablativ hat hier die Funktion einer Zeitbestimmung. Tage eines Monates werden bei den Römern nicht von 1 bis 30/31 durchnumeriert, sondern man greift auf einen der folgenden bekannten Tage zurück: *Kalendae*: 1. Tag jedes Monates; *Idus*: 13. Tag, aber im März, Mai, Juli und Oktober der 15. Tag. Die Iden des März sind als Cäsars Todestag berühmt geworden. *Nonae*: 9. Tag vor den Iden. Die Nonen fallen zwischen den 5. und 7. Tag eines Monates.

Übersetzung des zweiten Briefes:

„Wenn es dir gut geht, tut mir das gut. Mir [jedenfalls] geht es gut. Ich halte täglich nach meinem Briefboten Ausschau. Wenn er eingetroffen ist, werde ich wohl mehr Gewissheit darüber haben, was ich tun muss, und ich werde wohl direkt Bescheid wissen. Halte sorgfältig deine Gesundheit im Auge. [Herzliche] Grüße (geschrieben am ersten Tag des Septembers).“

Catullus, *Carmen* 5: ein Liebesgedicht, gerichtet an Lesbia

(1) *Vivamus, mea Lesbia, atque amemus,*
(2) *Rumoresque senum severiorum*
*Omnes unius aestimemus assis.*
(3) *Soles occidere et redire possunt:*
(4) *Nobis, cum semel occidit brevis lux,*
*Nox est perpetua una dormienda.*
(5) *Da mi basia mille, deinde centum,*
*Dein mille altera, dein secunda centum,*
*Deinde usque altera mille, deinde centum.*
(6) *Dein, cum milia multa fecerimus,*
*Conturbabimus illa, ne sciamus,*
*Aut nequis malus invidere possit,*
*Cum tantum sciat esse basiorum.*

Das Gedicht besteht aus Versen von je elf Silben (ein sog. Hendekasyllabus; *héndeka* [ἕνδεκα] ist das griechische Wort für ‘elf’) mit einer bestimmten Abfolge langer und kurzer Silben. Es ist außerordentlich oft übersetzt und nachgebildet worden.

(1) ● *Vivamus* steht betont als Ankündigung des Themas voran: Das Leben ist für den Geliebten, aber es ist sehr kurz. Die Konjunktive *vivamus* und *amemus* haben die Funktion Aufforderung.

(2) ● *Rumores* ‘Gerede’ steht von seiner Bedeutung her nahe dem Englischen *rumours*; ● *senum severiorum* bildet ein Attribut im Genitiv zu *rumores*. Der Komparativ (*severior* ‘strenger’, hier Gen. Pl.) wird hier wahrscheinlich aus metrischen Gründen (d.h. in Verbindung mit dem Versmaß) anstelle der Grundstufe gebraucht: *senum severiorum*: ‘strenger alter Männer’; ● *unius assis* ist der seltene Fall eines Argumentes im Gen.; ● *aestimare* ‘taxieren’ regiert neben einem Subjekt im Nom. und einem Objekt im Akk. (*rumores senum severiorum omnes*) noch ein drittes Argument im Gen.. Das As

ist eine Münze von geringem Wert, vergleichbar dem früheren deutschen Pfennig oder dem heutigen europäischen Cent.

(3) ● *soles*: Nom./Akk. Pl. zu *sol* 'Sonne'; die Mehrzahl lässt sich aufgrund der Tatsache erklären, dass es sich hier um Sonnenbahnen (nämlich die Tage) handelt; ● *redire*: s. WB unter *redeo*; ● *occidere*: s. WB unter (1.) *occido*.

(4) ● Satz 4 besteht aus einem Hauptsatz *nobis nox est perpetua una dormienda* und einem durch *cum* eingeleiteten Nebensatz. *Perpetua* und *una* sind attributive Adjektive zu *nox*. Zum Gerundivum und dem Dat. *nobis* s.o., S.107. Mit *lux* wird hier das 'Lebenslicht' bezeichnet; ● *cum* 'wenn', 'sobald'; ● *occidit* ist hier Perf., auch wenn dies an der Form nicht zu erkennen ist.

(5) ● *Mi* ist eine Kurzform für *mihi*; ● *mille* ist hier ein undeklinierbares Adjektiv; ● *mille altera*, nl. *basia*; ● *secunda* kongruiert als Form mit dem unausgedrückten *basia*.

(6) ● *Milia* ist ein Substantiv, N. Pl. 'Tausende'; ● *fecerimus*: Fut. ex. Das Zeitwort *conturbare* 'verwirren' ist der Fachausdruck für 'mit Zahlen betrügen'; ● *illa* = *basia*; ● *ne* ist die negative Entsprechung des finalen *ut* (s. S.106) und erfordert auch den Modus Konjunktiv: *ne sciamus* 'damit wir keine Ahnung davon haben'; ● *quis* = *aliquis*; *quis* gehört zu *malus*: 'die eine oder andere schlechte Person'; ● das zweite Argument, das *invidēre* erfordert, ist nicht ausgedrückt: [*tanta basia*]; ● der *cum*-Nebensatz kann außer einem Prädikat im Indikativ (s. Satz 4) auch ein Prädikat im Konjunktiv haben, ohne nachweisbaren Bedeutungsunterschied; ● das Objekt-Argument zu *sciat* hat die Form eines AcIs; der Akk., der als Subjekt auftritt, ist *tantum basiorum*, wörtl. 'soviel der Küsse' ⇨ 'soviel Küsse'; ● die Funktion der Genitiv-Form *basiorum* ist die Wiedergabe einer Teil-Ganzes-Beziehung: 'soviel [von der ganzen Sammlung von] Küssen'.

Übersetzung des Gedichtes:

„Lass uns leben, meine Lesbia, und uns lieb haben,
und das ganze Gerede der nörgelnden Greise
nicht für mehr als einen Cent wert halten!
Die Sonne kann untergehen, aber auch wiederkommen:
Uns aber bleibt, sobald das kurze Lebenslicht erloschen ist,
eine einzige lange Nacht zu schlafen.
Gib mir tausend Küsse, dann noch hundert,
ein weiteres tausend und weitere hundert
dann wieder tausend und dann wieder hundert.
Wenn wir die Zahl dann auf viele Tausende gebracht haben,
werden wir diese Zahl durcheinander bringen,
um dem zuvor zu kommen, dass wir selbst die Zahl wissen,
damit kein schlechter Mensch uns scheel ansieht,
wenn er weiß, dass es so viele Küsse waren.“

Caesar, *De Bello Gallico* 1, 13

*Hoc proelio facto reliquas copias Helvetiorum ut consequi posset, pontem in Arare faciendum curat atque ita exercitum traducit.*

Dieser komplexe Satz stammt aus dem Bericht, den Cäsar über seine Feldzüge in Gallien (dem heutigen Frankreich) in den Jahren 58-51 v. Chr. geschrieben hat.
Der Satz besteht aus zwei durch *atque* verbundene Hauptprädikationen. Im ersten Hauptsatz lautet die Kernkonstruktion *pontem ... faciendum curat*. Wir begnügen uns hier mit der Bemerkung, dass dieser Gebrauch des Gerundivums (*faciendum*) ziemlich idiomatisch ist und wenig vorkommt. Die Übersetzung des Ganzen muss in jedem Falle lauten: 'er (Cäsar) lässt eine Brücke über den Arar bauen'. *Arare*: Abl.; bei dieser Kernkonstruktion tritt ein Satellit mit der Funktion Zielangabe auf: *reliquas copias Helvetiorum ut consequi posset*. *Ut* steht ausnahmsweise nicht in dem Nebensatz voran, wahrscheinlich weil die Wortgruppe *reliquias copias* für die Struktur der Erzählung so wichtig ist, dass sie eine auffällige Position in dem Satz einnimmt: Im Vorausgehenden ist die Rede von einem Teil des Lagers, nun berichtet Cäsar, wie der Rest untergegangen ist. *Hoc proelio facto* ist eine Abl.-Abs.-Konstruktion zur Kernprädikation. Wörtl. Übersetzung: 'diese Schlacht geschlagen habend'. Der Abl. abs. wird im Deutschen meistens durch einen temporalen, kausalen oder konzessiven Nebensatz wiedergegeben. Im oben stehenden Satz dient der Abl. abs. dazu, die verschiedenen Ereignisse im Ganzen zeitlich zu ordnen: 'nachdem diese Schlacht geschlagen war', 'nach dieser Schlacht'.

Übersetzung des Satzes:

„Nach dieser Schlacht ließ Cäsar, um die übrigen Truppen der Helvetier einzuholen, eine Brücke über den Arar bauen und brachte auf diese Weise das Lager auf die andere Seite."

### 7.4.3 Übungsmaterial

Die Übersetzung der folgenden fünf Textauszüge ist zu finden auf S.119.

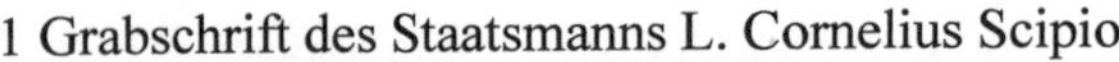

1 Grabschrift des Staatsmanns L. Cornelius Scipio

Scipionen-Sarkophag mit Grabschrift. Rom, Vatikan. CIL $1^2$.6-7.

Dieser Sarkophag des Staatsmanns L. Cornelius Scipio, des Sohns von Gnaeus, der heute in den Vatikanmuseen steht, stammt vermutlich von Anfang des 2. Jahrhunderts v. Chr.[1]

Seitwärts befindet sich eine im altlateinischen Versmaß des Saturniers abgefasste Inschrift:

! ! ! ! ! ! ! ! ! ! ! ! ! ! ! ! ! ! ! ! ! ! ! ! ! ! ! ! ! ! ! ! ! ! ! ! ! ! ! ! ! ! ! ! ! ! ! !<br>
! ! ! ! ! ! ! ! ! ! ! ! ! ! ! CORNELIVS·LVCIVS·SCIPIO·BARBATVS·GNAIVOD·PATRE<br>
PROGNATVS·FORTIS·VIR·SAPIENSQVE—QVOIVS·FORMA·VIRTVTEI·PARISVMA<br>
FVIT—CONSOL·CENSOR·AIDILIS·QVEI·FVIT·APVD·VOS—TAVRASIA·CISAVNA<br>
SAMNIO·CEPIT—SVBIGIT·OMNE·LOVCANAM·OPSIDESQVE·ABDOVCIT

Die Schreibweise weicht beträchtlich von der in der klassischen Periode gebräuchlichen Orthographie ab:

*Cornelius Lucius Scipio Barbatus*
*Gnaeo patre prognatus, fortis vir sapiensque,*
*cuius forma virtuti parissima fuit.*
*Consul censor aedilis qui fuit apud vos,*
*Taurasiam Cisaunam Samnio cepit,*
*subigit omnem Lucanam obsidesque abducit.*

Erläuterungen (zur klassischen Schreibweise):

(2) ● *Gnaeo patre*: Abl. mit der Funktion Ursprung oder Herkunft;
(3) ● *parissima*: Superl. zu *par*: ähnlich; *par* regiert einen Dativ;

[1] Vgl. hierzu und besonders zu Fragen der Datierung ausführlich Arthur E. Gordon, *Illustrated introduction to Latin Epigraphy*, Berkeley 1983, S.80 ff.

(4) ● *consul*: höchstes öffentliches Amt in Rom. Das Amt wurde stets von zwei Menschen besetzt, grundsätzlich für die Dauer eines Jahres. L. Cornelius Scipio war Konsul 298 v. Chr.; ● *censor*: höchster Magistratsbeamter, der vor allem für Steuerangelegenheiten und für die Wahrung der öffentlichen Moral zuständig war. Scipio war Zensor im Jahre 290; ● *aedilis*: unterer Verwaltungsbeamter, dessen Aufgaben ungefähr mit denen unserer heutigen Stadträte übereinstimmten; ● *qui*: das Relativpronomen steht hier ausnahmsweise nicht am Anfang des Nebensatzes;

(5) ● *Taurasiam*; *Cisaunam*; *omnem*: Das schwach ausgesprochene *-m* bleibt in den frühen Inschriften fast unausgedrückt. Auch in späteren Inschriften kommt dies vor; ● *Samnio*: Abl. mit der Funktion Ortsangabe: ‘in Samnium’ (Landstrich in Italien);

(6) ● *subigit, abducit*: Präsens anstelle von Perfekt; ● *Lucanam*: Adj.: ‘lukanisch’; hierzu muss [*terram*] ergänzt werden: das lukanische Land. Lukanien ist eine Landschaft in Süditalien.

## 2 Catull, *Carmen* 85

*Odi et amo. quare id faciam, fortasse requiris.*
*nescio, sed fieri sentio et excrucior.*

Erläuterungen:
*odi*: Perf.-Form mit präsentischer Bedeutung; zugleich WB-Form.
*faciam*: in einer abhängigen Frage erscheint das Prädikat im Modus Konjunktiv.

## 3 Petron, *Satyricon*, caput (‚Kapitel’) 49

In der Tradition des griechischen Romans schrieb Petron (gestorben 66 n. Chr.: Dies ist nach den 2003 veröffentlichten Ausführungen von Pierre Flobert [s.u. S.130, Anm.1] jetzt umstritten. Er hat gezeigt, dass der in 66 gestorbene Konsul Petronius Niger nicht identisch mit dem unter Hadrian anzusetzenden Freigelassen Petronius Arbiter ist: die Identität ist also umstritten, entweder lebte er in Neronischer oder Hadrianischer Zeit) den Schelmenroman *Satyricon*. Der längste zusammenhängende Abschnitt, der überliefert ist, wurde bekannt als „Das Festmahl des Trimalchio“. Enkolpios (der Erzähler) und sein Freund Giton sind eingeladen zu einem Festessen bei dem Parvenü Trimalchio. Auf amüsante Weise wird von den Ereignissen vor, während und nach dem Essen erzählt. Das Ganze ist eine Persiflage auf den übertriebenen Luxus, mit dem sich einige Emporkömmlinge in der Kaiserzeit umgaben. Fellini gründete seinen Film *Satyricon* auf Petrons Roman.
Der folgende Auszug bildet einen Ausschnitt aus der Mahlszene:

*nondum efflaverat omnia, cum repositorium cum sue ingenti mensam occupavit. Mirari nos celeritatem coepimus et iurare, ne gallum quidem gallinaceum tam cito percoqui potuisse, tanto quidem magis, quod longe maior nobis porcus videbatur esse quam paulo ante apparuerat. deinde magis magisque Trimalchio intuens eum ‘quid? quid?’ inquit ‘porcus hic non est exinteratus? non mehercules est. voca, voca cocum in medio’. cum constitisset ad mensam cocus tristis et diceret se oblitum esse exinterare, ‘quid? oblitus?’ Trimalchio exclamat ‘putes illum piper et cuminum non coniecisse. despolia’. non fit mora, despoliatur cocus atque inter duos tortores maestus consistit. deprecari tamen omnes coeperunt et dicere: ‘solet fieri; rogamus, mittas; postea si fecerit, nemo nostrum pro illo rogabit’.*

Erläuterungen:

1 ● *efflo*: 'ausblasen', muss hier soviel bedeuten wie 'eine schwülstige Sprache reden', 'aufschneiden'; Subjekt (unausgedrückt) ist Trimalchio, der vorher am reden war; ● *cum* ... *cum*: das erste *cum* ist ein Bindewort, das zweite *cum* ein Verhältniswort;

2 ● *celeritatem*: nämlich des Kochs; ● *mirari*: s. WB *miror* 1 (DP) 'sich (ver)wundern (über)'; ● *coepimus*: Pf.-Form, aber mit Präsens-Bedeutung; ● *ne* ... *quidem*: nicht einmal; ● *ne* ... *potuisse*: AcI, abhängig von (*coepimus*) *iurare*; ● *gallus gallinaceus*: 'Hahn' (hier Subjekts.-Akk.);

3 ● *tanto magis*: 'umso mehr'; der Abl. *tanto* gibt hier das Maß des Unterschiedes an; ● *quod*: kein Relativpron., sondern Konjunktion 'weil', s. WB [II.1] *quod*; ● *longe* + Komparativ: 'bei weitem', 'weitaus';

4 ● *mihi porcus videtur esse*: 'das Schwein scheint mir zu sein ...'; ● *paulo*: für die Funktion s.o. *tanto*;

5 ● *magis*: Adv., das *intuens* näher bestimmt; ● *eum*: verweist auf das Schwein; ● *inquit*: 'er sagt', 'er sagte': folgt oft auf ein Zitat oder steht mitten darin;

6 ● *mehercules*: Kraftausdruck, der aus der Konstruktion fällt: 'Bei Herkules!';

7 ● *in medio*: Abl. anstelle einem erwarteten Akk. (der Richtung); wörtl.: 'in unserer Mitte' ⇨ 'in unsere Mitte'; ● *tristis*: prädikative Angabe (s. S.101); ● *et* [*cum*] *diceret* (+ AcI); ● *oblitus*: PPP beim Deponens *obliviscor* 'vergessen'; PPP: 'vergessen habend';

8 ● *exclamat*: s. Bemerkung zu *inquit*; der Gebrauch des Präsens trägt hier zur Lebendigkeit des Augenzeugenberichtes des Erzählers Enkolpios bei; ● *putes*: der Konj. drückt eine Möglichkeit aus: 'du/man könntest/-te glauben', s. S.103; *putes* regiert hier einen AcI, wobei der Akk. *illum* als Subjekt auftritt;

9 ● *fio*: 'geschehen', 'sein'; ● *maestus*: s. Bemerkung zu *tristis*; ● *despolio*: 'ausziehen';

10 ● *et* [*coeperunt*] *dicere*;

11 ● *fieri*: Inf. Präs. zu *fio* 'geschehen'; ● *mittas*: Konj.; *rogamus mittas*: 'wir bitten dich, ihn gehen zu lassen'; ● *postea* 'später noch einmal'; ● *rogo* (1) *pro* ...: 'ein gutes Wort für ihn einlegen ...'.

## 4 Livius, *Ab Urbe Condita* 1,4,3.5f.

Der römische Geschichtsschreiber Livius hat die Geschichte Roms seit der Gründung Roms durch Romulus und Remus bis ungefähr zu seiner eigenen Zeit (Beginn des 1. Jahrhunderts n. Chr.) aufgezeichnet. Im ersten Teil seines umfangreichen Werkes erzählt er u.a., wie der Herrscher Amulius ohne Erfolg die Säuglinge Romulus und Remus, die rechtmäßigen Thronfolger, aus dem Wege zu räumen versucht.

*sacerdos vincta in custodiam datur, pueros in profluentem aquam mitti iubet. [...] ita in proxima alluvie [...], ubi nunc ficus Ruminalis est – Romularem vocatam ferunt – pueros exponunt. Vastae tum in his locis solitudines erant. Tenet fama cum fluitantem alveum, quo (iam) expositi erant pueri, tenuis in sicco aqua destituisset, lupam sitientem ex montibus qui circa sunt ad puerilem vagitum cursum flexisse: eam submissas infantibus adeo mitem praebuisse mammas ut lingua lambentem pueros magister regii pecoris invenerit. Faustulo fuisse nomen ferunt.*

Erläuterungen:

1 ● *sacerdos*: Rhea Silvia, die Mutter von Romulus und Remus, wurde von Amulius gezwungen, als vestalische Jungfrau (d.h. als Priesterin der Göttin Vesta) zu leben, um zu verhindern, dass sie Nachkommen bekommen würde. Amulius hatte aber mit dieser Absicht keinen Erfolg; ● *in custodiam dare*: 'in Haft nehmen';

2 ● *iubet*: Subjekt: Amulius; ● *ficus Ruminalis* (Adj.): Feigenbaum, welcher der Rumina, der Geburtsgöttin geweiht war;

3 ● *ferunt*: 'die Leute sagen', 'man sagt'; ● *vocatam* [*esse*]: 'dass er vorher genannt wurde', 'dass er vorher hieß'; ● *expono* (3): Fachausdruck für 'zum Findelkind machen'; als Subjekt ist zu ergänzen: 'die Diener des Königs';

4 ● *tenet fama*: 'es geht das hartnäckige Gerücht' + AcI (s. 5.4.2): lupam cursum flexisse ad ...; ● *alveus*: 'Trog', 'Futterkrippe', hier: das Körbchen, in dem die Kinder lagen; ● *quo pueri*: Ortsangabe ohne die Präposition *in*, bezüglicher Nebensatz zu *alveum*;

5 ● *tenuis aqua*: 'das seichte Wasser' (Subjekt); ● *in sicco*: 'auf dem Trockenen'; ● *ex montibus qui circa sunt*: nähere Bestimmung zu *lupam*; ● *ex*: 'abstammend von';

6 ● *cursum flecto* (3) *ad*: 'seinen Lauf richten auf'; ● *eam*: näml. *lupam*: noch immer Subj. im Akk.; Konstruktion: *eam praebuisse submissas mammas infantibus*: 'dass sie ihre Brüste nach unten brachte und den Kindern anbot';

7 ● *adeo mitem ... ut ...*: 'so sanft, dass ...'; ● *mitem* (Akk. Sg. von *mitis*) schließt sich an *eam* an; *ut ... invenerit*: 'so dass er antraf'; ● *ut* in der Bedeutung 'damit' oder 'so dass' regiert einen Konj. s. S.106; ausgelassenes Objekt-Argument [*eam*]: die Wölfin; ●

8 *lambentem*: Participium coniunctum (s. S.56), das sich an das unausgedrückte [*eam*] anschließt: 'während sie leckte'; ● *magister regis pecoris*: 'der Hüter der königlichen Herde'; ● *ferunt*: s.o., Zeile 3; [*ei*] *Faustulo fuisse nomen*: 'dass er Faustulus hieß'; wörtl.: 'dass ihm der Name Faustulus war'.

## 5 *Acta Synodalia* II, 4, 1 c.79

Der folgende Textauszug ist Teil einer Ansprache, die am 2. Dezember 1965 während des Zweiten Vatikanischen Konzils gehalten wurde. Thema der Rede sind die Kriegsbedrohung und der Rüstungswettlauf:

*De cursu ad arma apparanda et de bello vitando*

*Quamvis recentia bella nostro mundo gravissima damna cum materialia tum moralia intulerint, adhuc cotidie in aliqua terrarum parte bellum suas vastationes persequitur. Immo, dum arma scientifica cuiuslibet generis in bello adhibentur, saeva eius indoles proeliantes ad barbariem adducere minatur quae illam anteactorum temporum longe superet. Porro condicionis hodiernae complexitas ac relationum inter nationes intricatio permittunt ut novis methodis, insidiosis et subversivis, bella larvata protrahantur. In pluribus nationibus usus methodorum terrorismi tanquam nova ratio bellandi habetur.*

Erläuterungen:
Allgemein: Im Text kommen ziemlich viele neugebildete lateinische Wörter vor wie *scientificus*, *complexitas*, *intricatio*, *subversivus*, *terrorismus*. Die Bedeutung dieser Wörter liegt auf der Hand.

0 ● *de* + Abl. 'über', 'hinsichtlich'; *ad* + Akk. 'um'; ● *apparo* 1: 'vorbereiten', 'bereit machen'; ● *cursus ad arma apparanda*: Lateinische Umschreibung, die dem deutschen Begriff 'Rüstungswettlauf' entspricht; ● *ad arma apparanda*: spezieller Gebrauch des Gerundivum, der gut mit dem Ausdruck Gerundiv-Konstruktion bezeichnet wird. Wörtliche Übersetzung von *cursus ad arma apparanda*: 'der Wettlauf, um Waffen bereit zu machen'; ● *vitando*: s. im WB *vito* II; ● *de bello vitando*: Gerundiv-Konstruktion: 'über die Vermeidung von Krieg';

1 ● *quamvis*: s. im WB *quamvis* 2 (mit Konj.); ● *materialia*: s. WB *materialis*;

2 ● *moralia*: s. WB *moralis*; .); ● *intulerint*: Kj. Pf. Akt. zu *infero* 4 'zufügen', 'antun'; dieses Verb erfordert sowohl ein Argument im Akk. (*damna*) als auch im Dat. (*nostro mundo*); ● *cum ... tum*: 'sowohl ... als auch ...'; die Adjektive *materialia* und *moralia* schließen sich an *damna* an; ● *terrarum*: Gen. Pl. zu *terra* 'Erde'; auch die Mehrzahl kommt in der Bedeutung 'Erde' vor; ● *suas*: s. WB *suus*;

3 ● *persequor* III (DP): 'durchführen'; ● *immo*: verstärkende Partikel: 'ja sogar'; ● *scientifica*: vgl. das englische 'scientific'; ● *cuiuslibet*: Gen. Sg. zu *quilibet* 'jeder beliebige', 'wer auch immer'; ● *generis*: Gen. Sg. zu *genus*;

4 ● *adhibeo* 2: 'anwenden', 'einsetzen'; ● *saeva eius indoles*: 'dessen grausamer Charakter'; *eius* weist auf *bellum* zurück; ● *proeliantes*: als selbstständiges Nomen gebrauchtes Part., erfüllt die Funktion eines Objektes bei *adducere*; Übersetzung 'streitende Parteien'; ● *adduco* 3 *ad*: 'bringen zu', 'versetzen in';

5 ● *minatur*: s. WB *minor* II.2; ● *quae ... superet*: Relativsatz, der eine Näherbestimmung zu *barbariem* bildet; in derartigen Nebensätzen steht das Prädikat oft im Modus Konjunktiv (*superet*); ● *illam anteactorum temporum*: das Demonstrativpron. *illam* weist zurück auf *barbariem*: 'die Grausamkeit früherer Zeiten';

6 ● *complexitas, atis* f.: 'Komplexität'; der Gen. Sg. *condicionis* bildet ein Attribut zu dem Nom. Sg. *complexitas*; *intricatio, onis* f.: 'Verflechtung', 'Verflochtenheit'; ● *relationum inter nationes* bildet hierzu ein Attribut: 'die Verflechtung zwischenstaatlicher Beziehungen'; ● *permittunt*: Mehrzahl, weil das Subjekt aus zwei Teilen besteht: *complexitas* und *intricatio*;

7 ● *ut ... protrahantur*: *ut* + Konj.: 'dass', 'damit', 'so dass'; ● *larvatus*: 'verhext', 'teuflisch', 'bösartig';

8 ● *pluribus*: s. im WB unter *plus*; *usus methodorum terrorismi*: 'der Einsatz der Methoden der Abschreckung';

9 ● *ratio, onis* f.: Art und Weise; *bellandi*: Gerundium im Gen. zu *bello* 1 'Krieg führen'; *ratio bellandi*: 'die Art der Kriegsführung'; ● *habetur*: 3. Sg. Ind. Präs. Pass. zu *habeo* 2; das Passiv von *habeo* hat hier die Bedeutung 'betrachtet werden als'.

## 6 „Missa pro Ecclesia", § 1

Der folgende Text stammt aus der ersten Rede, die der neugewählte Papst Benedikt XVI am 20. April 2005 vor dem Kardinalskollegium hielt. Zu Anfang ging er auf seinen Vorgänger, Papst Johannes Paul II (1978-2005) und dessen Tod ein:[1]

[1] Mit freundlicher Genehmigung der "Libreria Editrice Vaticana", Rom. Der vollständige Text und eine deutsche Übersetzung finden sich im Internet unter:

*Summi Pontificis Ioannis Pauli Secundi obitus, et subsequentes dies, pro Ecclesia mundoque insigne fuerunt gratiae tempus. [...] Id quidem dicere possumus: Ioannis Pauli Secundi funus experientia fuit revera unica ubi quodammodo potentia Dei percepta est per ipsius Ecclesiam quae cunctos populos magnam familiam efficere vult, per coniungentem virtutem Veritatis atque Amoris (cfr Lumen Gentium, 1). Mortis hora, suo Magistro Dominoque figuratus, Ioannes Paulus Secundus suum diuturnum frugiferumque Pontificatum extulit, in fide christianum populum confirmans, eundem circum se congregans atque efficiens ut universa hominum familia coniunctiorem se esse sentiret.*

Erläuterungen:

1 ● *summi*: s. WB unter *summus*; ● *pontifex*: Priester; ● *obitus, ūs*: Tod; *summi ... Secundi*: Genitivverbindung zu *obitus*; *subsequi* DP: unmittelbar folgen; ● *obitus et ... dies* bilden das zweiteilige Subjekt zu dem Prädikat *insigne fuerunt ... tempus*;

2 ● Ecclesia: (griech. FW, eigentl.: Volksversammlung:) Kirche; ● mundus: Welt; ● insignis, e: ausgezeichnet; ● gratia: Gnade; ● quidem: freilich, jedenfalls;

3 ● *funus, eris* n.: Begräbnis; ● *experientia*: Erfahrung; ● *revera*: tatsächlich, in der Tat, wirklich; ● *unicus, a, um*: einzigartig; ● *ubi*: wo;

4 ● *quodammodo* = *quodam modo*: in gewissem Maße; ● *potentia*: Macht; ● *percipere*: wahrnehmen, spüren; ● *ipsius*: von ihm selbst (gehört zu *Ecclesiam* und nimmt *Dei* wieder auf); ● *Ecclesia*: Kirche; ● *cuncti*: alle, sämtliche;

5 ● *efficere*: + Akk. 1 (*cunctos populos*) + Akk. 2 (*magnam familiam*): jem. machen zu; ● *vult*: s. „Liste der wichtigsten unregelmäßigen Wortformen“ (Anhg. IV); ● *per*: durch, mit Hilfe von; ● *coniungentem*: PPA, s. WB unter *coniungo*; ● *virtūs, tūtis* f.: Kraft; ● *veritas, tatis* f.: Wahrheit;

6 ● *amor, oris* m.: Nächstenliebe, die Großschreibung betont (wie bei *veritas*) die Wichtigkeit dieser Werte; ● *Lumen Gentium* („Licht der Völker“): Titel einer theologischen Erklärung über die Kirche, die auf dem 2. Vatikanischen Konzil am 21.11.1964 veröffentlicht wurde; ● *mortis horā*: in der/seiner Todesstunde; *Magistro*$_1$ *Dominoque*$_2$: Herr$_2$ und Meister$_1$ (d.h. Christus), zur Großschreibung s.o.);

7 ● *figurare* im Pass. + Dat.: jemandem nachgebildet werden; ● *diuturnus, a, um*: langjährig; ● *frugiferumque*: = *et frugiferum*: s. WB unter *frugifer, a, um*;

8 ● *pontificatus, ūs* m.: Pontifikat, Papstamt; ● *efferre*, Pf. *extuli*: erheben, vollenden, zur Vollendung führen; ● *fides, ei* f.: Glaube; ● *confirmare*: stärken, ermutigen; ● *eundem*: (zu *idem*: derselbe) nimmt *populum* wieder auf ;

9 ● *circum se*: um sich herum; ● *congregans*: s. WB unter *congrego*; ● *efficere, ut*: bewirken, dass; *universus, a, um*: allumfassend, weltweit, universal;

10 ● *coniunctior*: verbundener, enger verbunden; ● *confirmans ... congregans atque efficiens*: Partizipien, die sich gut durch einen Modalsatz wiedergeben lassen: indem er ..., dadurch dass er ...; ● *sentire* + AcI (*se coniunctiorem esse*): spüren, fühlen, dass sie ...

---

http://www.vatican.va/holy_father/benedict_xvi/messages/pont-messages/2005/documents/hf_ben-xvi_mes_20050420_missa-pro-ecclesia_lt.html.

## 7.5 Auflösung der Übungen

### Auflösungen von 7.2.2

*Romae*

| | | |
|---|---|---|
| 1 | WB-Lemma | *Roma, ae* |
| 2 | Informationen des WB | ‘Rom’ *f.* |
| 3 | Wortart | Substantiv; nominale Form |
| 4 | Stamm + Endung | *Rom-ae* |
| 5 | Bedeutung der Endung | (1) (N) Gen./Dat. Sg. 1. Dekl.<br>(2) (N) Nom./[Vok.] Sg. 1. Dekl. |
| | Analyse | *Roma* kommt in sinnvoller Sprache nicht in der Mehrzahl vor; *Romae* ist also: Gen./Dat. Sg. 1. Dekl.: ‘des/für Rom’ |

Anmerkung: *Romae* kann auch ‘in Rom’ bedeuten.

*prudentiam*

| | | |
|---|---|---|
| 1 | WB-Lemma | *prudentia, ae* (s. WB unter *prudens* und Bemerkung auf S.80) |
| 2 | Informationen des WB | ‘Kenntnis’, ‘Verstand’ *f.* |
| 3 | Wortart | Substantiv; Nominalform |
| 4 | Stamm + Endung | *prudenti-am* |
| 5 | Bedeutung der Endung | (N) Akk. Sg. 1. Dekl. |
| | Analyse | *prudentiam*: ‘Verstand’ (Objekt) |

Anmerkung:
*prudentia* ist eines der Substantive, bei denen die Aufspaltung von Stamm und Endung nicht zwischen einen Mitlaut und einen Selbstlaut fällt.

*canibus*

| | | |
|---|---|---|
| 1 | WB-Lemma | *canis* |
| 2 | Informationen des WB | ‘Hund’ |
| 3 | Wortart | Substantiv; Nominalform (ergibt sich hier nicht aus einer Genus-Angabe, sondern aus der Hinzufügung der Genitiv-Form) |
| 4 | Stamm + Endung | *can-ibus* |
| 5 | Bedeutung der Endung | (N) Dat./Abl. 3. und 4. Dekl. |
| | Analyse | *canibus*: ‘den Hunden/durch die Hunde’ (Dat./Abl.) |

### Auflösung von 7.2.4

*stetisti*

| | | |
|---|---|---|
| 1 | WB-Lemma | Nicht auffindbar ⇨ Liste der unregelmäßigen Zeitwortformen: *stet-*: Pf.-Stamm zu *sto* |
| 2 | Informationen des WB | ‘stehen’; I. Konj. |
| 3 | Wortart | Verb |
| 4 | Stamm + Endung | *stet-isti* |
| 5 | Bedeutung der Endung | (V) 2. Sg. Ind. Perf; Akt. |
| | Analyse | *stetisti*: ‘du hast gestanden’ |

*amabiliora*

| | | |
|---|---|---|
| 1 | WB-Lemma | *amabilis* |
| 2 | Informationen des WB | Adj.: 'liebenswürdig' |
| 3 | Wortart | Adj. (Nominalform) |
| 4 | Stamm + Endung | *amabil-ior-a* |
| 5 | Bedeutung des Infixes | macht aus einem Adjektiv-Stamm einen Komparativ |
| | Bedeutung der Endung | Nom./[Vok.]/Abl. Sg. 1. Dekl.<br>Nom./[Vok.]/Akk. Pl. 2. und 3. Dekl. n. |
| | Analyse | Das Adj. *amabilis* verhält sich wie ein Substantiv der 3. Dekl. (dies ist den Informationen des WB.s zu entnehmen, s. S.77). *Amabiliora* ist also: komparativisches Adj. Nom./[Vok.]/Akk. Pl. n. 'liebenswürdig' |

## Auflösung von 7.2.5

1 Gen. Sg. von *miles*: 'des Soldaten'
2 1. Sg. Ind. Fut. ex. des Deponens *patior*: 'ich werde gelitten haben' (*passus ero* ist eine periphrastische Konstruktion, s. S.39)
3 Abl. Sg. von *fraus*: 'durch Betrug'
4 3. Sg. Ind. Präs. von *volo*: 'er will'
5 Gen. Sg. von *ius*: 'des Rechtes'
6 a Nom./Akk. Pl. von *consul*: 'Konsuln'
b 2. Sg. Ind. Fut. Akt. von *consulo* III: 'du wirst zu Rate ziehen'
7 Akk. Sg. von *requies*: 'Ruhe' (Akk.)
8 2. Pl. Konj. Präs. des DP *hortor*: 'ihr fordert auf' (Konj.)
9 Inf. Präs. Pass. von *capio*: 'genommen werden'
10 1. Sg. Ind. Präs. Pass. von *defendo*: 'ich werde verteidigt'
11 3. Sg. Konj. Präs. Akt. von *fio*: 'es möge geschehen' (für diese Bedeutung des Konjunktivs s. S.52)
12 a Dat. Sg. von *canis*: 'dem Hunde/für den Hund'
b Nom. Pl. m. oder Gen. Sg. m/n von *canus*: 'Greis'
c Inf. Präs. Pass. von cano III: 'gesungen werden'

## Auflösung von 7.2.6

1 *pro*: Präp. + Abl.; *deo*: Abl. Sg. zu *deus*; übers.: 'für Gott'
2 *cum*: Präp. + Abl.; *laude*: Abl. Sg. zu *laus*; übers.: 'mit Auszeichnung'
3 *rigor*: Nom. Sg.; *mortis*: Gen. Sg. zu *mors*: 'Erstarrung des Todes', 'Todesstarre'
4 *ne*: Konj; *bis*: Zahladverb; *in*: Präp. + Akk./Abl.; *idem*: Determinativpron. Akk. N.: 'nicht zweimal gegen dasselbe'
5 *anno*: Dat./Abl. Sg. zu *annus*; *domini*: Gen. Sg. zu *dominus*; übers.: 'im Jahre des Herrn'
6 *vice*: Abl. Sg. von *vicis*; *versa*: PPP von *verto*; wörtlich: 'die Reihe(nfolge) umgekehrt habend', 'rückwärts' (Abl. abs. s. S.56f.)
7 *modus*: Nom. Sg.; *vivendi*: Gerundium im Gen.; übers. 'Art zu leben', 'Lebensweise'/'Lebensstil'; zum Gerundium s. S.41
8 *bona*: Abl. Sg. zu *bonus*; *fide*: Abl. Sg. zu *fides*; übers.: 'mit gutem Glauben', 'in gutem Glauben'

## Auflösung von 7.3.5

1 Der Wille des Königs ist das höchste Gesetz.
2 Die Ausnahme bestätigt die Regel, bzw. freier: Ausnahmen bestätigen die Regel.
3 Badeanstalten/Badehäuser, Wein und Liebe entkräften den Körper.
Was aber wäre unser Leben ohne Badehäuser, Wein und Liebe?
(wörtliche Übersetzung: 'Aber Badehäuser, Wein und Liebe machen das Leben [aus]'
4 Ein Haus für die Ewigkeit ist dies
Das Ende der Arbeit ist dies
Ein wenig Erinnerung ist dies
5 Ein Kahlkopf und einer, dem soeben die Haare ausgegangen waren:
Ein Kahlkopf fand zufällig an einer Weggabelung einen Kamm. Er näherte sich dem anderen, dem es ebenfalls an Haaren mangelte. Und dieser rief: „He da! Es wird ehrlich geteilt, was auch immer das für ein Gewinn sein mag!"
Der erste Mann zeigte die Beute und fügte hinzu: „Der Wille der Götter war uns günstig gesinnt; aber durch Hinzutun eines ungünstigen Schicksals haben wir, wie man [so] sagt, eine Kohle anstelle eines Schatzes gefunden."
Für den, der durch falsche Hoffnung betrogen wurde, schickt es sich zu jammern!
6 Rezept für Würstchen:
"Reiben Sie Eier und Hirn fein, Pinienkerne, Pfeffer, Bouillon und ein Bisschen Sylphium-Saft und füllen Sie hiermit einen Darm. Kochen Sie und braten Sie es und servieren Sie es anschließend."
Warme, gekochte Gans in kalter Sauce à la Apicius:
"Reiben Sie fein: Pfeffer, Leber, Koriandersamen, Minze, Korinthen; gießen Sie Bouillon und in Maßen Öl darüber; rühren Sie es um. Machen Sie aber die gekochte glühend heiße Gans gut mit einem sauberen Tuch trocken, gießen Sie Sauce darüber und servieren Sie sie anschließend."

## Auflösung von 7.4.3

### 1 *Grabschrift von L. Cornelius Scipio*

[Hier ruht] Cornelius Lucius Scipio Barbatus ('der Bärtige')
Sohn von [Vater] Gnaeus, ein tapferer und weiser Mann,
dessen Aussehen in höchstem Maße mit seinem tugendhaften Wesen übereinstimmte.
Konsul, Zensor [und] Ädil war er bei euch,
Taurasia [und] Cisauna nahm er in Samnium ein,
ganz Lukanien unterwarf er und führte von dort Geiseln ab.

### 2 Catull, *Carmen* 85

Ich hasse und liebe. Warum ich das tue, fragst du vielleicht.
Ich weiß es nicht, aber ich fühle, dass es geschieht, und werde davon gequält.

### 3 Petronius, *Satyricon* 49[1]

Noch war Trimalchio mit seinem Geschwätz nicht zu Ende, als die Anrichte mit dem Riesenschwein den ganzen Tisch einnahm. Wir bewunderten die Schnelligkeit und schworen,

[1] Übersetzung nach Carl Hoffmann, *Petronius. Satiricon*, München 1948 (Tusculum-Bücherei), S.101.103.

nicht einmal ein Haushahn hätte so schnell gebraten werden können, zumal uns das Schwein noch viel größer erschien als kurz vorher das Wildschwein. Darauf sah sich Trimalchio das Schwein immer genauer, an und meinte: "Was, wie? Das Schwein ist gar nicht ausgenommen? Wahrhaftig, es ist nicht ausgenommen! Man rufe sofort den Koch herein!" Als der Koch traurig am Tische stand und sich entschuldigte, er habe vergessen, das Schwein auszuweiden, ruft Trimalchio laut: "Was? Vergessen? Man könnte glauben, er hätte Kümmel und Pfeffer daran zu tun vergessen. Runter mit den Kleidern!" Unverzüglich wird der Koch entkleidet und steht nun jammervoll zwischen zwei Prügelknechten. Alle baten jedoch für ihn und sagten: "So etwas kann vorkommen, wir bitten dich, lass ihn frei; wenn er es noch einmal tut, dann wird keiner von uns mehr für ihn bitten."

## 4 Livius, *Ab urbe condita* 1,4,3.5f.[1]

Die Priesterin wurde gefesselt und in Haft genommen; die Knaben befahl der König in fließendes Wasser zu schaffen. [...] So setzten sie, als wenn sie sich damit des königlichen Auftrags entledigt hätten, die Knaben in der nächsten Lache aus, wo jetzt der Ruminalische Feigenbaum steht – man sagt, er habe früher der Romularische geheißen. Damals war in dieser Gegend eine ungeheure Einöde. Es hält sich die Sage, als das seichte Wasser den schwankenden Trog, in dem die Knaben ausgesetzt waren, aufs Trockene gesetzt hatte, habe eine durstige Wölfin aus den umliegenden Bergen auf das Wimmern der Kinder hin ihren Weg geändert. Sie habe den Kindern ihre Zitzen gereicht und sei dabei so sanft gewesen, daß der Aufseher der königlichen Herden – man sagt, er habe Faustulus geheißen – sie fand, wie sie die Knaben mit der Zunge leckte.

## 5 *Acta Synodalia* II, 4, 1 c.79:

Über den Rüstungswettlauf und die Vermeidung von Krieg

Obwohl moderne Kriege unserer Welt sowohl in materieller als auch in moralischer Hinsicht schweren Schaden zugefügt haben, bringt bis auf den heutigen Tag noch täglich in dem einen oder anderen Teile der Welt ein Krieg sein verwüstendes Werk zustande. Ja selbst seit technische Waffen jeder möglichen Art im Krieg eingesetzt werden, droht der grausame Charakter des Krieges die streitenden Parteien in einen Zustand der Barbarei zu versetzen, der denjenigen von früher bei weitem übertrifft.
Ferner ermöglichen es die Komplexität der heutigen Verhältnisse und die Verflechtung zwischenstaatlicher Beziehungen, dass mit neuen Methoden, die in ihrer Art heimtückisch und subversiv sind, verwerfliche Kriege geführt werden. In mehreren Ländern wird der Gebrauch der Mittel der Abschreckung als eine neue Art der Kriegführung betrachtet.

## 6 „Messe für die Kirche", § 1[2]

Der Tod des Heiligen Vaters Johannes Paul II. und die Tage danach waren für die Kirche und für die ganze Welt eine außerordentliche Zeit der Gnade. [...] Wir dürfen sagen: die Beerdigung Johannes Pauls II. war wirklich eine außerordentliche Erfahrung, bei der in gewisser Weise die Macht Gottes zu spüren war, der durch seine Kirche alle Völker zu einer großen Familie machen will mit der einenden Kraft der Wahrheit und der Liebe (vgl. *Lumen gentium*, 1). Ähnlich seinem Meister und Herrn hat Johannes Paul II. in der Todes-

[1] Übersetzung nach Hans Jürgen Hillen, *T. Livius. Römische Geschichte. Band I-III*, München & Zürich 1987 (Sammlung Tusculum), S.17.19.
[2] Zur Übersetzung vgl.: http://www.intratext.com/ixt/deu0311/_p2.htm.

stunde sein langes und fruchtbares Pontifikat gekrönt, indem er das christliche Volk im Glauben gestärkt und es um sich versammelt hat, so daß sich die ganze Menschheitsfamilie geeinter fühlen konnte.

**Literaturhinweise:**

*Das meistgebrauchte lateinische Wörterbuch ist:*

*Oxford Latin Dictionary*, hg. v. P.G.W. Glare, Oxford 1982.

*Daneben gibt es im deutschsprachigen Raum das altbewährte Lexikon von:*

Karl Ernst Georges, *Ausführliches lateinisch-deutsches Handwörterbuch*, 2 Bde., Nachdruck der 8. Aufl. 1913, Hannover 1976.

*Eine Zusammenstellung der häufigsten Wörter und ihrer Bedeutung im klassischen Latein ist:*

Ernst Habenstein u.a., *Grund- und Aufbauwortschatz Latein*, neubearb. v. Eberhard Hermes, Stuttgart 1992.

*Ferner gibt es einige lateinisch-deutsche Schulwörterbücher, darunter v.a.:*

Joseph M. Stowasser u.a., *Lateinisch-deutsches Schulwörterbuch*. Auf der Grundlage der Bearbeitung 1979 [...] neu bearbeitet von Alexander Christ u.a., Wien 1994.

# Teil 3: Literaturgeschichtlicher Überblick

# 8. KURZGEFASSTE ÜBERSICHT ÜBER DIE KLASSISCHE LATEINISCHE LITERATUR

Unsere Kenntnis der lateinischen Literatur beruht zu einem Großteil auf den literarischen Werken, die uns aus dieser Periode überliefert sind. Eine Anzahl Autoren aus der klassischen Zeit ist in den vorausgehenden Kapiteln bereits genannt worden. In diesem zusammenfassenden Kapitel sollen mehr die besonderen Entwicklungen in der Literatur behandelt werden. Das Kapitel gliedert sich in zwei Teile. Der erste Teil enthält einen geschichtlichen Überblick über die Entwicklungen der verschiedenen literarischen Genera. Der zweite Teil enthält Informationen über eine Anzahl von Schriftstellern, die für die Entwicklung der westlichen Literatur von besonderer Bedeutung waren.

Vorab ein paar Bemerkungen. Der Begriff 'Literatur' im Titel dieses Kapitels wird hier im umfassenderen Sinne als heute üblich verwendet. Darunter verstehen wir auch Werke, die nicht notwendig als Literaturwerke für ein größeres Publikum bestimmt waren. Ein Beispiel sind die Briefe Ciceros. Ferner war es gebräuchlich, auf die stilistische Formgebung von Werken, die wir heute eher als 'technisch' oder 'wissenschaftlich' bezeichnen würden, bedeutend mehr Wert zu legen als heute. Dies gilt besonders für die Historiographie. Autoren wie Livius und Tacitus waren nicht nur gewissenhafte Geschichtsschreiber, sondern auch brillante Prosaschriftsteller. Auch Enzyklopädisten wie Varro (1. Jahrhundert v. Chr.) und Celsus (1. Jahrhundert n. Chr.) legten auf ihren Stil vergleichsweise großen Wert.

## 8.1 Geschichtlicher Überblick

Über Umfang, Art und Inhalt der Literaturwerke in den ersten fünf Jahrhunderten der römischen Kultur wissen wir wenig. Für uns beginnt die lateinische Literatur 240 v. Chr. mit der Aufführung einer Tragödie von Livius Andronicus, einem ehemaligen griechischen Sklaven. Von diesem Stück ist fast nichts erhalten, und dies gilt für den größten der lateinischen Literatur vor der 'goldenen' Phase. Livius Andronicus gründete sein Stück auf das Werk griechischer Vorgänger. In Kapitel 1 wurde bereits angemerkt, dass die römische Literatur sich inmitten einer überlegenen griechischen Kultur entwickelte. Die griechische Literatur der Anfangszeit (mit Homer als bedeutendstem Autor) bis zur Mitte der sog. Hellenistischen Epoche (nach Alexander dem Großen) ist für beinahe alle Genera der lateinischen Literatur eine Quelle der Inspiration und des Wetteifers gewesen. Die Römer beriefen sich, sowohl was die Thematik als auch was die Struktur betrifft, auf griechische Vorbilder. Im Laufe der Zeit entwickelte sich auch in Rom eine eigene literarische Tradition, innerhalb der neue Autoren im Wetteifern mit ihren Vorgängern ihre eigene Form suchten. Der Unterricht spielte dabei eine wichtige Rolle, sowohl durch die rhetorischen Übungen, die dabei die Regel waren, als auch durch die Kanonbildung von 'klassischen' lateinischen Schriftstellern.

### 8.1.1 Die Frühphase (ca. 240-70 v. Chr.)

Von den ältesten Literaturwerken sind uns außer einigen Ausnahmen fast nur Bruchstücke erhalten geblieben in Form von Zitaten bei späteren Autoren. Dies trifft beispielsweise auf die Tragödien des obengenannten Livius Andronicus und diejenigen von Naevius zu, ebenso auf Ennius, den durch die lateinischen Kritiker heftig bekämpften Pacuvius wie auf Accius. Von den Komödiendichtern Plautus* und Terenz* haben wir aber eine stattliche Anzahl von Stücken (die mit * gekennzeichneten Autoren werden ausführlicher in 8.2 behandelt). Tragödien und Komödien sind jedoch nur kurze Zeit beliebt gewesen. Andere Formen der Massenunterhaltung wie Zirkusspiele und Gladiatorenkämpfe traten an ihre Stelle.

Von den frühesten Eposdichtern sind ebenfalls lediglich Fragmente erhalten. Wir nennen hier nur das Epos der *Annales* ('Jahrbücher') von Ennius (239-169 v. Chr.). Ennius schreibt dieses Gedicht entsprechend der griechischen Tradition in einem bestimmten Versmaß, nämlich dem Hexameter. Die griechische epische Tradition und das zugehörige Metrum übten großen Einfluss auf Wortwahl und Gebrauch syntaktischer Konstruktionen aus. Das Thema dieses Werkes war die Geschichte Roms, von ihren Anfängen bis zu Ennius' eigener Zeit. Form und Inhalt von Ennius' Gedicht haben großen Einfluss auf die späteren Epiker ausgeübt, besonders auf Vergil*.

Auf dem Gebiete der Prosa kann außer Fragmenten einiger Redner, darunter M. Porcius *Cato* (234-149 v. Chr.), ein technisches Werk des letztgenannten Autors erwähnt werden (*De agricultura*, 'Über die Landwirtschaft')

### 8.1.2 Die Goldene Phase (70 v. Chr. - 14 n. Chr.)

Wir lassen das goldene Zeitalter der lateinischen Literatur mit einer Reihe von Reden Ciceros* gegen Verres beginnen, einen Gouverneur in der römischen Provinz Sizilien. Mit diesen Reden festigte Cicero entschieden seinen Ruf als größter römischer Redner. Als Ende nennen wir das Todesjahr des ersten römischen Kaisers Augustus, der verantwortlich für die Entstehung eines Klimas war, in dem die Kultur eine wichtige Stelle einnehmen konnte. Eine bedeutende Rolle spielte dabei Augustus' Freund Maecenas, der durch die Art bekannt wurde, mit der er junge Künstler unterstützte.

Auf dem Gebiete der Prosa in republikanischer Zeit verdienen besonders Cicero*, Caesar* und C. *Sallustius* Crispus (85-35 v. Chr.) Erwähnung. Sallust verfasste historische Schriften, von denen zwei Monographien in ihrem vollem Umfang überliefert sind. Sein Stil weicht auffällig von demjenigen Ciceros und Cäsars ab durch sein Streben nach Abwechslung in Satzbau und Wortwahl und durch seine Vermeidung des periodischen Stils (s. 5.6), dem die beiden anderen gerade eifrig nachstrebten. In diesen Aspekten wird er zu einem Vorbild für Tacitus* (s. 8.1.3). In der frühen Kaiserzeit wirkte Livius, der Verfasser eines nach Umfang und Stil monumentalen Geschichtswerkes.

Die lyrische Poesie hat als bedeutendste Vertreter Catull* und Horaz*. Beide schrieben, wenn auch jeder auf seine eigene Weise, in der Nachfolge der griechischen Lyrik: Catull leidenschaftlich, Horaz eher zurückhaltend und dadurch weniger leicht zu folgen. Als Vertreter der Liebesdichtung nennen wir Tibull, Properz* und Ovid*. Der zuletzt genannte Dichter hat sich übrigens auch in anderen Formen der Dichtung Sporen verdient (s. 8.2). Der größte Epiker der Römer – und einer der größten in der Weltliteratur – ist Vergil*. Er ist zugleich der Autor eines Lehrgedichtes in Hexametern (*Georgica*, 'Über die Landwirtschaft') und von bukolischen Gedichten. Vor ihm hatte auch Lukrez ein Lehrgedicht geschrieben (*De rerum natura*, 'Über die Natur der Dinge'), in dem er die Bedeutung der epikureischen Philosophie nachzuweisen versuchte. In diesen didaktischen Rahmen passt auch Horazens *Ars poetica* ('Über die Dichtkunst').

Ein Genus ist bisher noch unerwähnt geblieben, nämlich die Satire. Die satirische Dichtung beginnt in Rom im zweiten Jahrhundert v. Chr. mit Lucilius. Horazens Satiren (von ihm selbst *sermones*, 'Plaudereien', genannt) sind leicht ironisch im Ton, im Gegensatz zu der späteren scharfen satirischen Dichtung eines Juvenals*. Die Römer haben das Genus der Satire stets als genuin römisch betrachtet, weil sie sich hierin nicht an griechischen Vorbildern orientieren konnten.

### 8.1.3 Die Silberne Phase (14 n. Chr. - ca. 150 n. Chr.)

Am Ende der Goldenen Phase gab es lateinische Meisterwerke für nahezu alle literarischen Genera. Spätere Schriftsteller versuchten sich einen eigenen Ort in der Literatur zu erobern, indem sie ihren Vorgängern nachfolgten, bestimmte Verfahren öfter oder komplizierter anwendeten oder bewusst einen anderen Weg einschlugen. Dies macht auf heutige Leser zuweilen den Eindruck von Gekünsteltheit.

Dieses Letzte gilt in hohem Maße für die Epiker nach Vergil, und zwar so sehr, dass auf ihre Dichtung der Begriff 'manieristisch' angewendet wird. Zu dieser Strömung gehören die folgenden Autoren aus der zweiten Hälfte des ersten Jahrhunderts n. Chr.: Lukan*, Valerius Flaccus (Verfasser eines mythologischen Epos *Argonautica*, 'Der Zug der Argonauten'), Statius* und Silius Italicus (*Punica*, 'Der Punische Krieg', ein historisches Epos über den Streit zwischen Rom und Karthago).

Persius (34-62 n. Chr.) schrieb etwa sechs schwer zugängliche Satiren. Von Juvenal* werden 16 umfangreiche Satiren überliefert. Martial* ist der bekannteste Dichter von Epigrammen aus dieser Zeit. Ein neues Element in der lateinischen Literatur ist die schlecht überlieferte Sammlung von *Fabulae*, '(Tier)Fabeln' des Phädrus (18 v. Chr. – 50 n. Chr.), geschrieben in der Nachfolge des Griechen Äsop. Diese Fabeln waren im Mittelalter sehr populär und auch eine Quelle der Inspiration für La Fontaine und andere Dichter.

Seneca* ist berühmt durch seine Tragödien, vor allem aber auch durch seine philosophischen Schriften (Briefe und Traktate). In einem konzentrierten Stil mit kurzen Sätzen (bewusst nicht-periodisch) behandelt er Themen aus der stoischen Philosophie in einer wenig fachgelehrten, allgemeinverständlichen Weise. Daneben schrieb er u.a. einen satirischen Text (*Apocolocyntosis*, 'die Verkürbissung') über den Kaiser Claudius. Plinius (der Jüngere, ca. 61-112 n. Chr.) hat uns u.a. eine Anzahl literarischer Briefe hinterlassen, die ein gutes Bild vom römischen Reich um die Jahrhundertwende vermitteln. Berühmt ist sein Brief an Tacitus* mit einem Bericht über den Ausbruch des Vesuvs, infolge dessen Pompeji begraben wurde. Tacitus wird von vielen als der größte römische Historiker betrachtet. In einem sehr prägnanten Stil, mit viel Variation in Satzbau und Wortwahl und unter Vermeidung geläufiger Ausdrücke, gibt er eine sowohl tendenzielle als auch eindringliche Beschreibung der Ereignisse in der frühen Kaiserzeit und vor allem auch der Verhältnisse am Hofe. Petrons* Abenteuerroman *Satyricon* war der erste seiner Art in Rom, gefolgt von Apuleius' *Metamorphosen* (auch bekannt unter dem Titel 'Der goldene Esel') im zweiten Jahrhundert. Schließlich verdient Quintilian (bis 96 n. Chr.) hier Erwähnung. Er ist der Verfasser eines Handbuches der Rhetorik (*Institutio oratoria*), das großen Einfluss auf die späteren rhetorischen Theorien hatte. Gleichzeitig gibt er eine lesenwerte Übersicht über die griechische und lateinische Literatur (Buch 10).

## 8.2. Einige römische Schriftsteller

Hierauf folgt, alphabetisch angeordnet nach den geläufigsten Namen, eine Anzahl lateinischer Autoren mit skizzenhaften Bemerkungen zu ihren bekanntesten Werken. Außerdem informieren wir über den Einfluss dieser Autoren auf die abendländische Literatur. Ihr Einfluss ist übrigens nicht nur auf die Literatur beschränkt geblieben. Auch in der bildenden Kunst, der Musik (vor allem in der Oper) und der Wissenschaft (Philosophie und Theologie) ist ein Einfluss lateinischer Schriftsteller zu verzeichnen.

Gaius Iulius *Caesar* (110-44 v. Chr., geb. in Rom). Autor, Heerführer und Staatsmann. Eroberte 58-51 Gallien. Ein Bericht davon ist in seinem Werk *De Bello Gallico* zu finden. In *De Bello Civili* ('Über den Bürgerkrieg') erzählt er von den Ereignissen in den Jahren 49/48 und von seinem Kampf gegen Pompejus. Anfang 44 wird er als 'dictator' auf Lebenszeit ausgerufen und schon bald darauf im Senatsgebäude ermordet. Seine Reden, die seine Zeitgenossen fast ebenso hoch schätzten wie diejenigen Ciceros, sind verloren. Seine Persönlichkeit und seine Taten haben auf spätere Zeiten großen Eindruck gemacht, wie sich aus Shakespeares nach ihm benannten Stück ergibt.

Gaius Valerius *Catullus* (ca. 84 – ca. 54 v. Chr., geb. in Verona). Dichter in verschiedenen Gattungen. Am bekanntesten sind eine Anzahl leidenschaftlicher Gedichte, die von seiner Geliebten Lesbia handeln. Außerdem schrieb Catull einige Schmähgedichte. Spürbaren Einfluss hatte er auf Lessing, Mörike, Ezra Pound und viele andere. Einige seiner Gedichte wurden von Carl Orff in Musik umgesetzt.

Marcus Tullius *Cicero* (106-43 v. Chr., geb. in Arpinum). Autor, Redner und Staatsmann. Nach einem berühmt gewordenen Prozess gegen Verres allgemein anerkannt als größter Redner Roms. Als Politiker eigentlich gescheitert. Nach einer Anzahl Reden gegen Cäsars Nachfolger Antonius (die sog. *Philippicae*) ermordet. Vollendete – in Nachfolge von griechischen Vorläufern – den rhetorischen Stil, der auch nach der Antike, seit der Renaissance, sehr einflussreich war, u.a. bei Petrarca und Erasmus. Außer Reden sind von ihm Briefe und einige rhetorische Schriften erhalten. Ferner spielte er eine bedeutende Rolle als Bearbeiter und Anhänger griechischer philosophischer Schriften.

Quintus *Horatius* Flaccus (65-8 v. Chr., geb. in Venusia). Dichter. Horaz kam 38 unter den Schutz von Maecenas und wurde durch diesen beim Kaiser Augustus bekannt. Schrieb Satiren (ziemlich mild im Charakter), Epoden und Oden (*Carmina*, 23 v. Chr.). Die zuletzt genannten – lyrischen – Gedichte haben Liebe, Trinken, Freundschaft, Natur und Politik zum Thema. Diese Oden waren in der europäischen Literatur einflussreich (u.a. Ronsard). Außerdem schrieb Horaz literarische Briefe, darunter die *Epistula ad Pisones*, bekannter unter dem Titel *Ars Poetica*, die von großer Bedeutung für die spätere Literaturtheorie war (u.a. Boileau).

Decimus Iunius *Iuvenalis* (ca. 60-130 v. Chr., geb. in Aquinum). Satirenschreiber. Juvenals sechzehn erhaltene Satiren umfassen ziemlich viele drastische Beschreibungen einer Kritik am Verfall der Sitten zur Zeit des Kaisers Domitian, in einem sehr gekünstelten Stil. Im Mittelalter sehr beliebt und danach vor allem in England einflussreich (u.a. Einfluss auf Samuel Johnson).

Marcus Annaeus *Lucanus* (39-65 n. Chr., geb. in Kordoba, Spanien). Epiker. Verwandt mit Seneca*. Lukan schrieb ein Epos über den Bürgerkrieg zwischen Cäsar und Pompejus in einem gekünstelten und pathetischen Stil (*Pharsalia = Bellum Civile*), wo der Einfluss von stoischer Philosophie durchscheint. Sehr geschätzt von Autoren wie Dante, Corneille, Hölderlin.

Marcus Valerius *Martialis* (ca. 40 – ca. 104 n. Chr., geb. in Bilbilis, Spanien). Dichter. Martial schrieb eine große Anzahl scharfer Epigramme über verschiedene Themen, von Politik bis zu privaten Feierlichkeiten, darunter viele gesellschaftskritische Gedichte. Einfluss u.a. auf Lessing, Goethe und Schiller.

Publius *Ovidius* Naso (43 v. Chr. – ca. 18 n. Chr., geb. in Sulmo). Dichter von verschiedenen Gattungen, mit einem gleichermaßen geschmeidigen und gekünstelten Stil. Ovid schrieb Liebesgedichte (*Amores*), die eine große Nachwirkung hatten. Vor allem bekannt durch seine *Metamorphosen*, die von mythischen Verwandlungen handeln. Dieses Werk war die Quelle für die mythologische Kenntnis von Autoren in späteren Epochen. Schrieb außerdem noch u.a. die *Heroides* (fingierte Briefe von einer Anzahl mythischer Heldinnen).

Gaius *Petronius* Arbiter (gestorben 66 n. Chr.).[1] Nach einer politischen Laufbahn hatte Petron eine hohe Stellung am Hofe des Kaisers Nero inne (als 'Arbiter elegantiae', eine Art Zeremonienmeister). Autor des *Satyricon*, eines Schelmenromans in Prosa, unterbrochen von poetischen Partien, der schlecht erhalten geblieben ist. Hauptperson dieses komisch-satirischen Werkes ist der neureiche Trimalchio. Der Roman wurde von Fellini verfilmt.

Titus Maccius *Plautus* (ca. 250 – 184 v. Chr., geb. in Sarsina). Komödiendichter. Schrieb eine große Zahl Komödien in Nachfolge (und manchmal Bearbeitung) der sog. Neuen Griechischen Komödie. Missverständnisse und Verwechslungen zwischen Herren, Söhnen und Sklaven bilden die Hauptthemen. Großer Einfluss auf die spätere europäische Komödie, u.a. auf Calderon, Goldoni, Kleist und Giraudoux (*Amphitryo*), Lessing, Molière (*Aulularia* ⇨ *L'avare*), Shakespeare (*Menaechmi* ⇨ *Comedy of Errors*).

Sextus *Propertius* (ca. 50-15 v. Chr., geb. in Assisi). Wie Horaz gehörte Properz zum Kreis um Maecenas. Schrieb vier Bücher Elegien, drei von ihnen sind einer Cynthia gewidmet. Schwer zugänglicher Stil, u.a. wegen der vielen Metaphern und Anspielungen auf die Mythologie. Sehr geschätzt von Petrarca und nachgeahmt u.a. in Goethes *Römischen Elegien*.

Lucius Annaeus *Seneca* (4 v. – 65 n. Chr., geb. in Kordoba, Spanien). Bühnenautor, Essayist, Philosoph. Betraut mit der Erziehung des späteren Kaisers Nero und schließlich von diesem zum Selbstmord gezwungen. Er schrieb eine große Anzahl philosophischer Abhandlungen in einem kurzen und dichten Stil in Briefform: die *Epistulae Morales*. Diese hatten großen Einfluss u.a. auf Montaigne. Daneben haben wir von ihm neun erhaltene Tragödien, meist Bearbeitungen von griechischen Vorbildern, u.a. *Medea*, *Phaedra*, *Oedipus*. Diese waren von großer Nachwirkung, besonders auf die französische klassische und Barockliteratur (u.a. Racine's *Phèdre*), aber auch in England und anderswo (d'Annunzio's *Fedra*).

Publius Papinius *Statius* (ca. 4 – ca. 96 n. Chr., geb. in Neapel). Zu seiner Zeit und im Mittelalter ein sehr berühmter Dichter. Verfasser eines Epos über

[1] Dies ist nach den Ausführungen von Pierre Flobert (« Considérations intempestives sur l'auteur et la date du *Satyricon* sous Hadrien ». In: József Herman & Hannah Rosén (Hgg.), *Petroniana. Gedenkschrift für Hubert Petersmann*, Heidelberg 2003, S.109-122) jetzt umstritten. Er hat gezeigt, dass der in 66 gestorbene Konsul Petronius Niger nicht identisch mit dem unter Hadrian anzusetzendem Freigelassen Petronius Arbiter war: Die Identität ist also umstritten: Entweder lebte der Autor in Neronischer oder in Hadrianischer Zeit.

die Sagen von Theben (*Thebais*) und vor allem einer Sammlung von Gelegenheitsgedichten (*Silvae*). Manierierter, pathetischer Stil und in der Thebais deutlich darauf konzentriert, grausame Einzelheiten voll zum Vorschein zu bringen.

Publius Cornelius *Tacitus* (ca. 55 – 115 n. Chr.). Geschichtsschreiber. Einige kurze Monographien, darunter das Werk *Germania* und eine Schrift über die Rhetorik (*Dialogus de oratoribus*). Vor allem ist er durch seine – nur zum Teil erhaltenen – *Historiae* und *Annales* berühmt geworden, in denen die Geschichte des größten Teils des ersten nachchristlichen Jahrhunderts in einem sehr prägnanten Stil behandelt wird, mit einer stark psychologisierenden und dramatisierenden Darstellungsweise. Von großem Einfluss auf (den Stil der) spätere(n) Historiographie.

Publius *Terentius* Afer (ca. 195 – 159 v. Chr., wahrscheinlich in Karthago geb.). Komödiendichter. Ebenso wie Plautus dichtete Terenz in der Nachfolge griechischer Vorbilder. In seiner eigenen Zeit und auch danach weniger populär als Plautus. Seine Stücke sind verfeinerter und weniger komisch.

Publius *Vergilius* Maro (70 – 19 v. Chr., geb. bei Mantua). Vergil gehörte wie Horaz und Properz zum Kreis um Maecenas. Schrieb Werke in verschiedenen Gattungen. Sein erstes Werk waren die *Bucolica*, Liebesgedichte, die auf dem Lande spielen und Anspielungen auf aktuelle Ereignisse enthalten. Eine wichtige Quelle für die spätere Hirtendichtung u.a. Petrarcas und Bocaccios. Das danach verfasstes Lehrgedicht *Georgica* handelt vom Bauernleben. Sein Hauptwerk ist das Epos *Aeneis*, das von der mythischen Vorgeschichte Roms als einer Art Vorwegnahme der späteren Größe und der typisch römischen Werten handelt. Vergil war das ganze Mittelalter hindurch sehr beliebt, weil man aus einem seiner bukolischen Gedichte eine Weissagung von Jesu Geburt herauslas. Vergil ist Dantes Führer in der *Divina Commedia*. In seiner Nachfolge stehen spätere epische Dichter, besonders Milton, Tasso und Camões sowie ein Romanzen-Dichter wie Ariost.

**Literaturhinweise zu Kap.8**:

*Literaturgeschichte:*

Manfred Fuhrmann, *Geschichte der römischen Literatur*, Stuttgart 1999.

Edward J. Kenney & W.V. Clausen, *The Cambridge History of Classical literature II*, Cambridge 1982 (fünfbändige Paperback-Ausgabe ebd. 1983).

Reinhart Herzog & Peter L. Schmidt (Hgg.). *Handbuch der lateinischen Literatur der Antike, München:* Bd.1: *Die archaische Literatur* (240-78 v. Chr.), hg. v. Werner Suerbaum 2002; B.4: *Die Literatur des Umbruchs* (117-284 n. Chr.), hg. v. Klaus Sallmann, München 1997; Bd.5: *Restauration und Erneuerung* (284-374 n. Chr.), hg. v. Reinhart Herzog, München 1989.

Eckard Lefèvre u.a., *Geschichte der lateinischen Literatur*, in: *Einleitung in die lateinische Philologie* a.O. (S.12), S.165-356.

Michael von Albrecht, *Geschichte der römischen Literatur. Von Andronicus bis Boëthius*, 2 Bände, Bern & München $^{2}$1994 (Taschenbuchausgabe München 1997).

*Wirkungsgeschichte der klassischen Literatur:*

Gilbert Highet, *The Classical Tradition. Greek and Roman influences on western literature*, New York & London 1949.

Michael von Albrecht, Rom: *Spiegel Europas. Das Fortwirken antiker Texte und Themen in Europa*, Tübingen [2]1998.

*Empfehlenswerte Übersetzungsreihen:*

*Es gibt einige zweisprachige Reihen, die den lateinischen Text links und die Übersetzung parallel daneben auf der rechten Seite platzieren. Sie sind ideal, um den Originaltext, den jede Übersetzung bereits ein Stück weit interpretiert, nicht aus den Augen zu verlieren. Hinzuweisen ist z.B. auf die folgenden Reihen:*

*Sammlung Tusculum: zweisprachige Ausgaben lateinischer Autoren*. Wissenschaftliche Beratung: Karl Bayer, Manfred Fuhrmann, Fritz Graf, Erik Hornung, Rainer Nickel, Düsseldorf (Patmos Verlag).

Zweisprachige Ausgaben und Übersetzungen lateinischer Autoren in der Reihe *Reclams Universal-Bibliothek*, Stuttgart & Leipzig (Reclam-Verlag).

*Andere empfehlenswerte zweisprachige Übersetzungsreihen:*

*The Loeb Classical Library*, ed. by George P. Goold, Cambridge, Mass. & London (Harvard University Press).

*Collections des Universités de France*, publiés sous le patronage de L'association Guillaume Budé, Paris (Société d'Édition « Les Belles Lettres »).

# Anhang I bis VI

# ANHANG I: DAS AUFFINDEN VON SUBSTANTIVEN DER 3. DEKLINATION IM WÖRTERBUCH

Die Liste unregelmäßiger Wortformen in Anhang IV enthält nur die am häufigsten vorkommenden Substantive der 3. Deklination. Um auch zu denjenigen Substantiven, die nicht in dieser Liste aufgenommen sind, das WB-Lemma zu finden, können die folgenden Regeln angewendet werden:

Spalten Sie das betreffende Wort aus dem Text in Stamm + Endung nach dem in 7.2 beschriebenen Prinzip auf. Hierbei ist es hilfreich zu wissen, dass bei den Substantiven der 3. Deklination der Stamm beinahe immer auf einen Mitlaut endet. Für die WB-Form (= Nom. Sg.) gibt es nun zwei Möglichkeiten:

1. Der Nom. Sg. bekommt keine Endung, sondern ist gleich dem Stamm.
   Beispiel: Stamm *sol-*, WB-Form *sol*, ‘Sonne’
   Die Nom.-Sg.-Form weicht manchmal ziemlich vom Stamm ab:
   a) Einem *-r* als Stammauslaut korrespondiert in der WB-Form ein *-s*,
   Beispiel: Stamm *mor-*, WB-Form *mos* ‘Gewohnheit’.
   b) Der Selbstlaut in der letzten Silbe des Stamms kann anders sein als derjenige in der WB-Form, z.B. *e* > *u*; *i* > *e* usw.,
   Beispiel: Stamm *nomin-*, WB-Form *nomen* ‘Name’.
   c) Der Schlusskonsonant des Stamms kann in der WB-Form ausfallen,
   Beispiel: Stamm *variation-*, WB-Form *variatio* ‘Abwechslung’.
2. Der Nom. Sg. bekommt die Endung *-s* (Stamm + *-s*),
   Beispiel: Stamm *hiem-*, WB-Form *hiems* ‘Winter’;
   Besonderheiten hierbei:
   a) Die Kombination von Guttural (*c* oder *g*) + *s* wird als *-x* geschrieben,
   Beispiel: Stamm *reg-*, WB-Form *rex* ‘König’ (entstanden aus **reg-s*).
   b) Bei der Verbindung eines Dentals (*d* oder *t*) + *-s* fällt der Dental aus,
   Beispiel: Stamm *mont-*, WB-Form *mons* ‘Berg’ (entstanden aus
   c) **mont-s*).
   Veränderung der Selbstlaute wie unter 1b beschrieben,
   d) Beispiel: Stamm *comit-*, WB-Form *comes* ‘Begleiter’.

N.B. 1 Sowohl bei 1 als bei 2 ist auch eine Kombination der Lautunterschiede a, b und c möglich.

N.B. 2 Wenn der Nom. Sg. auf zwei Konsonanten endet, dann tritt manchmal ein Selbstlaut (*e* oder *i*) zwischen diese beiden Mitlaute. Beispiele:

- Stamm *nub-*, WB-Form *nub-e-s* 'Wolke' (Typ 2: Stamm + Nom.-Endung *-s*)
- Stamm *patr-*, WB-Form *pat-e-r* 'Vater' (Typ 1: Stamm ohne Endung).

Anwendung dieser Regeln auf einige Beispiele:

| Stamm | WB-Form | Bedeutung | Form des WB-Lemmas nach Regel: |
|---|---|---|---|
| salut- | salus | 'Heil' | 2b |
| duc- | dux | 'Führer' | 2a |
| lapid- | lapis | 'Stein' | 2b |
| carmin- | carmen | 'Lied' | 1b |
| oss- | os | 'Knochen', 'Bein' | 1c |
| turr- | turris | 'Turm' | 2 + eingeschobener Vokal (NB 2) |
| homin- | homo | 'Mensch' | 1b + 1c |
| gener- | genus | 'Geschlecht' | 1a + 1b |
| arbor- | arbor | 'Baum' | 1 |

Mit Hilfe der oben stehenden Regeln ist es – wenn auch mit einiger Mühe – möglich, die WB-Form der meisten Substantive der 3. Deklination aufzufinden. Hauptregel: Der Nom. Sg. der meisten Substantive der 3. Deklination ist gleich dem Stamm des betreffenden Substantivs oder dem Stamm und einer Nominativ-Endung *-s*. Leider lässt sich aber nicht voraussagen, welche Substantive diese Endung *-s* bekommen.

Ferner gibt es noch eine kleine Anzahl unregelmäßiger Nom.-Sg.-Formen.

Beispiele:
- Stamm *itin-*, WB-Form *iter* 'Reise';
- Stamm *niv-*, WB-Form *nix* 'Schnee'.

# ANHANG II: LISTE DER VERBALEN UND DER NOMINALEN INFIXE

a) Liste der verbalen Infixe

| | |
|---|---|
| - bedeutet: | Ein Stamm geht hier *direkt* voraus. Mit Stamm ist stets, wenn nicht anders angegeben, der Infektiv-Stamm gemeint. |
| + bedeutet: | hierauf folgt eine der verbalen Endungen (s. Liste der Endungen); manchmal ist diese Endung schon angegeben. |

Die römischen Ziffern I bis IV verweisen auf die Konjugationen I – IV.

| | |
|---|---|
| -a+ | 1) bildet aus einem Stamm der Zeitwörter II, III und IV einen Konjunktiv Präsens<br>2) bildet aus einem Stamm der Zeitwörter III u. IV eine 1. Pers. Ind. Fut. (*-a-* + *-m*) |
| -ba+ | bildet aus einem Stamm der Zeitwörter I u. II die Impf.-Form |
| -be+ | bildet aus einem Stamm der Zeitwörter I u. II eine Fut.-Form |
| -bi+ | bildet aus einem Stamm der Zeitwörter I u. II eine Fut.-Form |
| -b+o | bildet aus einem Stamm der Zeitwörter I u. II die Form der 1. Sg. Fut. Akt. |
| -b+or | bildet aus einem Stamm der Zeitwörter I u. II die Form der 1. Sg. Fut. Pass. |
| -bu+ | bildet aus einem Stamm der Zeitwörter I u. II eine Fut.-Form |
| -e+ | 1) bildet aus einem Stamm der Zeitwörter III u. IV eine Fut.-Form<br>2) bildet aus einem Stamm der Zeitwörter I minus *-a-* einen Konj. Präs.<br>N.B.: bei Zeitwörtern der 2. Konjug. gehört das *-e-* zum Stamm |
| -eba+ | bildet aus einem Stamm der Zeitwörter III u. IV die Impf.-Form |
| -era+ | bildet aus einem Perf.-Stamm die Form des Plusquamperfekts |
| -ere+ | bildet aus einem Stamm der Zeitwörter III die Impf.-Form des Konjunktivs |
| -eri+ | 1) bildet aus einem Perf.-Stamm die Form für das Fut. ex.<br>2) bildet aus einem Perf.-Stamm die Perf.-Form des Konjunktivs<br>3) s. auch *-eris* in der Endungsliste (Anhg. 3) |
| -er+o | bildet aus einem Perf.-Stamm eine 1. Sg. Ind. Fut. ex. Akt. |
| -isse+ | bildet aus einem Perf.-Stamm die Plqpf.-Form des Konjunktivs |
| -(e)nd+ | bildet aus einem Infektiv-Stamm ein Gerundium oder Gerundiv (+ Nom.-Endung der 1./2. Dekl.) |

-(e)nt+ bildet aus einem Infektiv-Stamm ein Part. Präs. Akt. (+ Nom.-Endung der 3. Dekl.)

-re+ bildet aus einem Stamm die Impf.-Form des Konjunktivs

-ur+ bildet aus einem PPP-Stamm ein Part. des Futurs (+ Nom.-Endung der 1./2. Dekl.)

-v+ macht einen Infektiv-Stamm zu einem Perf.-Stamm

b) Liste der nominalen Infixe

-ior+ bildet aus einem adjektivischen Stamm einen Komparativ (+ nominale Endung der 3. Deklination)

-issim+ bildet aus einem adjektivischen Stamm einen Superlativ (+ nominale Endung der 1./2. Deklination)

-lim+ bildet aus einem adjektivischen Stamm einen Superlativ (+ nominale Endung der 1./2. Deklination)

-rim+ bildet aus einem adjektivischen Stamm einen Superlativ (+ nominale Endung der 1./2. Deklination)

# ANHANG III: LISTE DER ENDUNGEN

| | | |
|---|---|---|
| [-] | bedeutet: | Voraus geht ein Stamm oder eventuell ein Infix + Stamm. |
| (V) | bedeutet: | Derjenige Stamm, welcher der Endung vorausgeht, ist verbal. Sofern nicht anders vermerkt, ist der Infektivstamm gemeint. |
| (N) | bedeutet: | Derjenige Stamm, welcher der Endung vorausgeht, ist nominal oder:<br>- im Falle von Partizipien ein PPP<br>- im Falle von Gerundium / Gerundivum ein (verbaler) Infektivstamm |
| [...] | bedeutet: | kommt selten vor |

| | | |
|---|---|---|
| -Ø | (V) | Imp. 2. Sg. (s. S.{110}) |
| -a | (N) | Nom./[Vok.]/Abl. Sg. 1. Dekl. (auch bei einigen Pronomina) |
| | (N) | Nom./[Vok.]/Akk. Pl. 2. u. 3. Dekl. n. (auch bei einigen Pronomina) |
| -ae | (N) | Gen./Dat. Sg. 1. Dekl. |
| | (N) | Nom./[Vok.] Pl. 1. Dekl. (auch bei einigen Pronomina) |
| -am | (N) | Akk. Sg. 1. Dekl. (auch bei einigen Pronomina) |
| | (V) | s. *-a-* (Liste der Infixe) + *-m* |
| -arum | (N) | Gen. Pl. 1. Dekl. (auch bei einigen Pronomina) |
| -as | (N) | Akk. Pl. 1. Dekl. (auch bei einigen Pronomina) |
| | (V) | s. *-a-* (Liste der Infixe) + *-s* |
| -bo | (V) | 1. Sg. Ind. Fut. Akt. |
| -bor | (V) | 1. Sg. Ind. Fut. Pass. |
| -cum | | keine Endung, sondern Verhältniswort; s. WB (2.) *cum* |
| -cumque | | keine Endung, sondern Suffix zu dem Pron. *qui*; s. WB *quicumque* |
| -dam | | keine Endung, sondern Nachsilbe zu dem Pron. *qui(s)*; s. WB (1) *quidam* |
| -dem | | keine Endung, sondern Nachsilbe zu dem Pron. determinativum *is*; s. WB (1.) *idem* |
| -e | (N) | Abl. Sg. 3. u. 5. Dekl. |
| | (N) | [Vok. Sg. 2. Dekl. zu Wörtern mit Nom. auf *-us*] |
| | (N) | bildet zu einem Adjektivstamm ein Adverb |
| | (V) | Imp. 2. Sg. zu Verben der 3. Konjug. |
| -ebus | (N) | Dat./Abl. Pl. 5. Dekl. |
| -ei | (N) | Gen./Dat. Sg. 5. Dekl. |

| | | |
|---|---|---|
| -em | (N) | Akk. Sg. 5. Dekl. |
| | (V) | s. *-e-* (Infix-Liste) + *-m* |
| -ens, Gen. -entis | (V) | Part. Präs. Akt. Nom. Sg. m/f/n und Akk. Sg. n. |
| -er | (N) | bildet zu einem Adjektivstamm ein Adverb |
| -ere | (V) | Inf. Präs. Akt. |
| | (V) | Imp. 2. Sg. zu Deponentien |
| -eris | (V) | 2. Sg. Ind. Präs. Pass. zur 3. Konjug. |
| | (V) | s. auch *-e-* (Infix-Liste) + *-ris* |
| | (V) | s. auch *-eri-* (Infix-Liste) + *-s* im Falle eines Perf.-Stamms |
| -ero | (V) | 1. Sg. Ind. Fut. 2 Akt. |
| -erum | (N) | Gen. Pl. 5. Dekl. |
| -erunt | (V) | 3. Pl. Ind. Perf. Akt. |
| -es | (N) | Nom./[Vok.]/Akk. Pl. 3. u. 5. Dekl. |
| | (N) | Nom./[Vok.] Sg. 5. Dekl. |
| | (V) | s. auch *-e-* (Infix-Liste) + *-s* |
| | (V) | s. *-s-* im Falle der 2. Konjug. |
| -i | (N) | Gen. Sg. 2. Dekl. m./n. |
| | (N) | Nom./[Vok.] Pl. 2. Dekl. m. (auch bei einigen Pronomina) |
| | (N) | Dat. Sg. 3. Dekl. (auch bei einigen Pronomina) |
| | (N) | [Abl. Sg. zu *i*-Stämmen der 3. Dekl.] |
| | (V) | 1. Sg. Ind. Perf. Akt. |
| | (V) | Inf. Präs. Pass. zur 3. Konjug. |
| -ia | (N) | Nom./[Vok.]/Akk. Pl. n. 3. Dekl. u. Adjektiv |
| -ibus | (N) | Dat./Abl. Pl. 3. u. 4. Dekl. |
| -im | (N) | [Akk. Sg. zu *i*-Stämmen der 3. Dekl.] |
| | (V) | s. auch *-eri-* (Infix-Liste) + *-m* |
| -imini | (V) | 2. Pl. Ind. Pass. zur 3. Konjug. |
| | (V) | s. auch *-bi-* (Infixliste) + *-mini* |
| -imur | (V) | 1. Pl. Pass. zur 3. Konjug. |
| | (V) | s. auch *-bi-* (Infixliste) + *-mur* |
| -imus | (V) | 1. Pl. Ind. Perf. Akt. |
| | (V) | 1. Pl. Ind. Präs. Akt. zur 3. Konjug. |
| | (V) | s. auch *-bi-* (Infixliste) + *-mus* |
| -ior | (N) | bildet zu einem Adjektiv-Stamm einen Komp. Nom. Sg. m./f. |
| -is | (N) | Dat./Abl. Pl. 1. u. 2. Dekl. (auch bei einigen Pronomina) |
| | (N) | Gen. Sg. 3. Dekl. |
| | (V) | 2. Sg. Ind. Akt. zur 3. Konjug. |
| | (V) | s. auch *-bi-* (Infixliste) + *-s* |
| -isse | (V) | Inf. Perf. Akt. |
| -isti | (V) | 2. Sg. Ind. Perf. Akt. |
| -istis | (V) | 2. Pl. Ind. Perf. Akt. |
| -it | (V) | 3. Sg. Ind. Perf. Akt. |

| | | |
|---|---|---|
| | (V) | 2. Sg. Ind. Präs. Akt. zur 3. Konjug. |
| | (V) | s. auch *-bi-* (Infixliste) + *-t* |
| -ite | (V) | Imp. 2. Pl. zur 3. Konjug. |
| -iter | (N) | bildet zu einem Adjektivstamm ein Adverb |
| -itis | (V) | 2. Pl. Ind. Präs. Akt. zur 3. Konjug. |
| | (V) | s. auch *-bi-* (Infixliste) + *-tis* |
| -ito | (V) | Imp. 2./3. Sg. zur 3. Konjug. |
| -itote | (V) | Imp. 2. Pl. zur 3. Konjug. |
| -itur | (V) | 3. Sg. Ind. Pass. zur 3. Konjug. |
| | (V) | s. auch *-bi-* (Infixliste) + *-tur* |
| -ium | (N) | Gen. Pl. bei einigen Substantiven der 3. Dekl. und beim Adj. |
| -ius | (N) | bildet zum Adjektiv-Stamm einen Komp. Nom./Akk. Sg. n. |
| | (N) | bildet zum Adjektiv-Stamm ein komparativisches Adverb |
| | (N) | Gen. Sg. bei einigen Pronomina |
| -m | (V) | 1. Sg. Akt. (beim Infektiv- und Perfektivstamm) |
| -mini | (V) | 2. Pl. Pass. |
| | (V) | Imp. 2. Pl. bei Deponentien |
| -mur | (V) | 1. Pl. Pass. |
| -mus | (V) | 1. Pl. Akt. (beim Infektiv- und Perfektstamm) |
| -nam | | keine Endung, sondern Nachsilbe zu dem Pron. *quis*; s. WB *quisnam* |
| -ne | | keine Endung, sondern enklitische Fragepartikel, s. WB |
| -ns, Gen. -ntis | (V) | Part. Präs. Akt. Nom. Sg. m/f/n und Akk. Sg. n |
| -nt | (V) | 3. Pl. Akt. (zum Infektiv- und Perfektstamm) |
| -nto | (V) | Imp. 3. Pl. |
| -ntur | (V) | 3. Pl. Pass. |
| -o | (N) | Dat./Abl. Sg. 2. Dekl. m./n. |
| | (N) | Abl. Sg. m./n. bei einigen Pronomina |
| | (V) | 1. Sg. Ind. Präs. Akt. (N.B.: kommt bei der 1. Konjug. anstelle von *-a* vor); s. auch *-b-* + *-o* |
| -or | (V) | 1. Sg. Ind. Präs. Pass. |
| -orum | (N) | Gen. Pl. 2. Dekl. m./n. (auch bei einigen Pronomina) |
| -os | (N) | Akk. Pl. 2. Dekl. m. (auch bei einigen Pronomina) |
| -quam | | keine Endung, sondern Nachsilbe zu dem Pron. *quis*; s. WB *quisquam* |
| -que | | keine Endung, sondern: 1.) Nachsilbe, s. WB *que* 2.) Nachsilbe zu dem Pron. quis; s. WB *quisque* |
| -r | (V) | 1. Sg. Pass. |
| -re | (V) | Inf. Präs. Akt. |
| | (V) | Imp. 2. Sg. bei Deponentien |
| -ri | (V) | Inf. Präs. Pass. |
| -ris | (V) | 2. Sg. Pass. |

| | | |
|---|---|---|
| -s | (V) | 2. Sg. Akt. (bei Infektiv- und Perfektstamm) |
| -t | (V) | 3. Sg. Akt. (bei Infektiv- und Perfektstamm) |
| -te | (V) | Imp. 2. Pl. |
| -ter | (N) | bildet zu einem Adj.-Stamm das Adv. |
| -tis | (V) | 2. Pl. Akt. (bei Infektiv- und Perfektstamm) |
| -to | (V) | Imp. 2./3. Sg. zur 1., 2. und 4. Konjug. |
| -tur | (V) | 3. Sg. Pass. |
| -u | (N) | Nom./[Vok.]/Akk. Sg. 4. Dekl. n. |
| | (N) | Abl. Sg. 4. Dekl. |
| -ua | (N) | Nom./[Vok.]/Akk. Pl. 4. Dekl. n. |
| -ui | (N) | Dat. Sg. 4. Dekl. |
| -um | (N) | Akk. Sg. 4. Dekl. |
| | (N) | Gen. Pl. 3. Dekl. |
| | (N) | Akk. Sg. 2. Dekl. (auch bei einigen Pronomina) |
| | (N) | Nom./[Vok.]/Akk. Sg. 2. Dekl. n. |
| -unt | (V) | 3. Pl. Ind. Akt. zur 3. Konjug. |
| | (V) | s. auch *-bu-* (Infixliste) + *-nt* |
| | (V) | s. auch *-er-* (Infixliste) + *-unt* |
| -unto | (V) | Imp. 3. Pl. zur 3. Konjug. |
| -untur | (V) | 3. Pl. Ind. Pass. zur 3. Konjug. |
| | (V) | s. auch *-bu-* (Infixliste) + *-ntur* |
| -us | (N) | Nom. Sg. 2. Dekl. m. |
| | (N) | Nom./[Vok.]/Gen. Sg. 4. Dekl. |
| | (N) | Nom./[Vok.]/Akk. Pl. 4. Dekl. |
| -uum | (N) | Gen. Pl. 4. Dekl. |
| -vis | | Keine Endung, sondern Nachsilbe zu dem Pron. *qui*; s. WB *quivis* |

# ANHANG IV: LISTE DER WICHTIGSTEN UNREGELMÄßIGEN WORTFORMEN

Diese Liste enthält in der ganz linken Spalte eine Anzahl häufig vorkommender *unregelmäßig* gebildeter Stämme und Wortformen, bei denen das zugehörige Lemma im Wörterbuch schwer auffindbar ist. Es geht besonders um Stammformen von Zeitwörtern und um selbstständige Nomina der dritten Deklination (Konsonantenstämme). Ein Bindestrich hinter der Form in der ersten Kolumne bedeutet, dass es sich um einen Stamm handelt, hinter dem noch eine Endung (oder ein Infix + Endung) kommt. In der zweiten Spalte sind jeweils summarische grammatische Informationen aufgenommen worden. Die Abkürzung ‘PPP’ in dieser Säule steht für: ‘Stamm, von dem das Partizip Perfekt Passiv abgeleitet wird’. Die dritte Säule gibt an, unter welchem Wörterbuchlemma die Bedeutung des unregelmäßigen Wortes aufgesucht werden kann.

Die Liste ist in zwei Punkten unvollständig: Erstens sind nur diejenigen unregelmäßigen Formen aufgenommen worden, die auch in dem *Grund- und Aufbauwortschatz Latein* von Habenstein und Hermes (Stuttgart 1992 u.ö.) vorkommen und außerdem nicht oder nur schwer im Wörterbuch aufzufinden sind. Zweitens ist von den meisten Zeitwörtern, die mit einem Präfix zusammengesetzt sind, nur die einfache Variante aufgeführt. So sind in der linken Spalte beispielsweise die unregelmäßigen Formen von *pono* (‘setzen’) aufgenommen (s. *posu-* und *posit-*), nicht aber diejenigen von *depono* (‘niederlegen’). Wie zusammengesetzte von einfachen Zeitwörtern abgeleitet werden können, ist in 4.4.2 beschrieben.

| ***Form*** | ***Grammatische Informationen*** | ***Wörterbuchlemma*** |
|---|---|---|
| **A** | | |
| access- | 1 Perf.-Stamm | accedo 3. |
| | 2 PPP | accedo 3. |
| act- | PPP | ago 3. |
| adiec- | Perf.-Stamm | adicio 3. |
| adiect- | PPP | adicio 3. |
| aer- | Subst. | 1 aes, Gen. aeris<br>2 aer, Gen. aeris |
| ali- | + Form von qui(s), siehe dort | aliqui(s) |
| alit- | Adj. | ales, Gen. alitis |
| alu- | Perf.-Stamm | alo 3. |
| arc- | Subst. | arx, Gen. arcis |

| | | |
|---|---|---|
| arcu- | Perf.-Stamm | arceo 2. |
| ars- | Perf.-Stamm | ardeo 2. |
| art- | Subst. | ars, Gen. artis |
| aspect- | PPP | aspicio 3. |
| aspex- | Perf.-Stamm | aspicio 3. |
| assecut- | PPP | assequor 3. (DP) |
| auct- | PPP | augeo 2. |
| aus- | PPP (aktive Bedeutung) | audeo 2. |
| aux- | Perf.-Stamm | augeo 2 |

**B**

| | | |
|---|---|---|
| bov- | Subst. | bos, Gen. bovis |

**C**

| | | |
|---|---|---|
| caes- | PPP | caedo 3. |
| capit- | Subst. | caput, Gen. capitis |
| capt- | PPP | capio 3. |
| carmin- | Subst. | carmen, Gen. carminis |
| caru- | Perf.-Stamm | careo 2. |
| cecid- | Perf.-Stamm | 1 cado 3.<br>2 caedo 3. |
| cecin- | Perf.-Stamm | cano 3. |
| censu- | Perf.-Stamm | censeo 2. |
| cep- | Perf.-Stamm | capio 3. |
| cervic- | Subst. | cervix, Gen. cervicis |
| cess- | 1 Perf.-Stamm<br>2 PPP | cedo 3.<br>cedo 3. |
| cinct- | PPP | cingo 3. |
| ciner- | Subst. | cinis, Gen. cineris |
| cinx- | Perf.-Stamm | cingo 3. |
| civ- | 1 Perf.-Stamm<br>2 Subst. | cieo 2.<br>civis, Gen. civis |
| claus- | 1 Perf.-Stamm<br>2 PPP | claudo 3.<br>claudo 3. |
| coact- | PPP | cogo 3. |
| coeg- | Perf.-Stamm | cogo 3. |
| cognit- | PPP | cognosco 3. |
| cognov- | Perf.-Stamm | cognosco 3. |
| collat- | PPP | confero 3. |
| collect- | PPP | colligo 3. |
| colleg- | Perf.-Stamm | colligo 3. |
| colu- | Perf.-Stamm | colo 3. |
| comit- | Subst. | comes, Gen. comitis |
| complex- | PPP | complector 3. (DP) |
| concep- | Perf.-Stamm | concipio 3. |
| concept- | PPP | concipio 3. |
| concuss- | 1 Perf.-Stamm<br>2 PPP | concutio 3.<br>concutio 3. |
| condid- | Perf.-Stamm | condo 3. |
| condit- | PPP | condo 3. |
| confec- | Perf.-Stamm | conficio 3. |

| | | |
|---|---|---|
| confect- | PPP | conficio 3. |
| confis- | PPP (aktive Bedeutung) | confido 3. |
| coniec- | Perf.-Stamm | conicio 3. |
| conect- | PPP | conicio 3. |
| coniug- | Subst. | coniunx, Gen. coniugis |
| consed- | Perf.-Stamm | consido 3. |
| conspect- | PPP | conspicio 3. |
| conspex- | Perf.-Stamm | conspicio 3. |
| constit- | Perf.-Stamm | 1 consisto 3.<br>2 consto 1. |
| consult- | PPP | consulo 3. |
| consulu- | Perf.-Stamm | consulo 3. |
| contact- | PPP | contingo 3. |
| contemps- | Perf.-Stamm | contemno 3. |
| contempt- | PPP | contemno 3. |
| content- | PPP | 1 contendo 3.<br>2 contineo 2. |
| contig- | Perf.-Stamm | contingo 3. |
| continu- | Perf.-Stamm | contineo 2. |
| convers- | PPP | converto 3. |
| coort- | PPP | coorior 4. (DP) |
| cord- | Subst. | cor, Gen. cordis |
| corpor- | Subst. | corpus, Gen. corporis |
| corrept- | PPP | corripio 3. |
| corrup- | Perf.-Stamm | corrumpo 3. |
| corrupt- | PPP | corrumpo 3. |
| cortic- | Subst. | cortex, Gen. corticis |
| credid- | Perf.-Stamm | credo 3. |
| credit- | PPP | credo 3. |
| cret- | PPP | 1 cerno 3.<br>2 cresco 3. |
| crev- | Perf.-Stamm | 1 cerno 3.<br>2 cresco 3. |
| cucurr- | Perf.-Stamm | curro 3. |
| cui | Dat. Sg. | qui, quis |
| cult- | PPP | colo 3. |
| cupidin- | Subst. | cupido, Gen. cupidinis |
| custod- | Subst. | custos, Gen. custodis |

**D**

| | | |
|---|---|---|
| dat- | PPP | do 1. |
| debit- | PPP | debeo 2. |
| debu- | Perf.-Stamm | debeo 2. |
| decor- | 1 Subst.<br>2 Subst. | decor, Gen. decoris<br>decus, Gen. decoris |
| decret- | PPP | decerno 3. |
| decrev- | Perf.-Stamm | decerno 3. |
| delus- | 1 Perf.-Stamm<br>2 PPP | deludo 3.<br>deludo 3. |
| demps- | Perf.-Stamm | demo 3. |
| dempt- | PPP | demo 3. |

| | | |
|---|---|---|
| dent- | Subst. | dens, Gen. dentis |
| deposit- | PPP | depono 3. |
| deposu- | Perf.-Stamm | depono 3. |
| depul- | Perf.-Stamm | depello 3. |
| depuls- | PPP | depello 3. |
| desi- | Perf.-Stamm | desino 3. |
| desit- | PPP | desino 3. |
| dict- | PPP | dico 3. |
| didic- | Perf.-Stamm | disco 3. |
| dilect- | PPP | diligo 3. |
| dilex- | Perf.-Stamm | diligo 3. |
| divit- | Adj. | dives, Gen. divitis |
| dix- | Perf.-Stamm | dico 3. |
| doct- | PPP | doceo 2. |
| docu- | Perf.-Stamm | doceo 2. |
| dolu- | Perf.-Stamm | doleo 2. |
| domit- | PPP | domo 1. |
| domu- | Perf.-Stamm | domo 1. |
| duc- | Subst. | dux, Gen. ducis |
| duct- | PPP | duco 3. |
| dux- | Perf.-Stamm | duco 3. |

**E**

| | | |
|---|---|---|
| ea (-dem) | 1 Nom./Abl. Sg. f | is (bzw. idem) |
| | 2 Nom./Akk. Pl. n | is (bzw. idem) |
| | 3 Adv. | ea |
| ea- (+ Endung (V)) | Konj. Präs. | (1) eo |
| eae (-dem) | Nom. Pl. | is |
| eam | 1 Akk. Sg. f | 1 is |
| | 2 1. Sg. Konj. Präs. | 2 (1) eo |
| eandem | Akk. Sg. f | idem |
| earum | Gen. Pl. f | is |
| earundem | Gen. Pl. f | idem |
| eas (-dem) | 1 Akk. Pl. f | 1 is (bzw. idem) |
| | 2 2. Sg. Konj. Präs. | 2 (1) eo |
| edid- | Perf.-Stamm | (1) edo 3. |
| eg- | Perf.-Stamm | ago 3. |
| egress- | PPP | egredior 3. (DP) |
| egu- | Perf.-Stamm | egeo 2. |
| ei (-dem) | 1 Dat. Sg. | is (bzw. idem) |
| | 2 Nom. Pl. m | is (bzw. idem) |
| eis (-dem) | Dat./Abl. Pl. | is (bzw. idem) |
| eius (-dem) | Gen. Sg. | is (bzw. idem) |
| empt- | PPP | emo 3. |
| eo (-dem) | 1 Abl. Sg. m/n | 1 is (bzw. idem) |
| | 2 Adv. | 2 (2) eo |
| | 3 1. Sg. Ind. Präs. | 3 (1) eo |
| eorum | Gen. Pl. m/n | is |
| eorundem | Gen. Pl. m/n | idem |
| eos (-dem) | Akk. Pl. m | is (bzw. idem) |
| equit- | Subst. | eques, Gen. equitis |

| | | |
|---|---|---|
| era- | Ind. Impf. | sum (siehe Anhg. VI) |
| eri- | Ind. Fut. | sum (s. Anhg. VI) |
| ero | 1. Sg. Ind. Fut. | sum (s. Anhg. VI) |
| erunt | 3. Pl. Ind. Fut. | sum (s. Anhg. VI) |
| es | 1 2. Sg. Ind. Präs. | sum (s. Anhg. VI) |
| | 2 2. Sg. Imp. | sum (s. Anhg. VI) |
| esse | Inf. Praes. | sum (s. Anhg. VI) |
| esse- | Konj. Impf. | sum (s. Anhg. VI) |
| est | 3. Sg. Ind. Präs. | sum (s. Anhg. VI) |
| este | 2. Pl. Imp. | sum (s. Anhg. VI) |
| estis | 2. Pl. Ind. Präs. | sum (s. Anhg. VI) |
| eum | Akk. Sg. m | is |
| eundem | Akk. Sg. m | idem |
| eunt | 3. Pl. Ind. Präs. | (1) eo |
| eunt- (+ Endung (N)) | Part. Präs. Akt. | (1) eo |
| exact- | PPP | exigo 3. |
| excuss- | 1 Perf.-Stamm | excutio 3. |
| | 2 PPP | excutio 3. |
| exeg- | Perf.-Stamm | exigo 3. |
| exem- | Perf.-Stamm | eximo 3. |
| exempt- | PPP | eximo 3. |
| exercit- | PPP | exerceo 2. |
| exercu- | Perf.-Stamm | exerceo 2. |
| expert- | 1 PPP | 1 experior 4. (DP) |
| | 2 Adj. | 2 expers, Gen. expertis |
| express- | 1 Perf.-Stamm | exprimo 3. |
| | 2 PPP | exprimo 3. |
| expul- | Perf.-Stamm | expello 3. |
| expuls- | PPP | expello 3. |

**F**

| | | |
|---|---|---|
| fac | 2. Sg. Imp. Präs. | facio 3. |
| fac- | 1 Infektiv-Stamm | 1 facio 3. |
| | 2 Subst. | 2 fax, Gen. facis |
| fact- | PPP | 1 facio 3. |
| | | 2 fio (DP) |
| fec- | Perf.-Stamm | facio 3. |
| fefell- | Perf.-Stamm | fallo 3. |
| felic- | Adj. | felix, Gen. felicis |
| feroc- | Adj. | ferox, Gen. ferocis |
| fict- | PPP | fingo 3. |
| fieri | Inf. Präs. | fio 3. |
| finx- | Perf.-Stamm | fingo 3. |
| fix- | 1 Perf.-Stamm | figo 3. |
| | 2 PPP | figo 3. |
| flex- | 1 Perf.-Stamm | flecto 3. |
| | 2 PPP | flecto 3. |
| flor- | Subst. | flos, Gen. floris |
| flumin- | Subst. | flumen, Gen. fluminis |
| flux- | Perf.-Stamm | fluo 3. |
| foeder- | Subst. | (2) foedus, Gen. foederis |

| | | |
|---|---|---|
| formidin- | Subst. | formido, Gen. formidinis |
| font- | Subst. | fons, Gen. fontis |
| fort- | 1 Subst. | fors, Gen. fortis |
| | 2 Adj. | fortis, Gen. fortis |
| fot- | PPP | foveo 2. |
| fov- | Perf.-Stamm | foveo 2. |
| fract- | PPP | frango 3. |
| fraud- | Subst. | fraus, Gen. fraudis |
| freg- | Perf.-Stamm | frango 3. |
| frigor- | Subst. | frigus, Gen. frigoris |
| frond- | Subst. | (1) frons, Gen. frondis |
| front- | Subst. | (2) frons, Gen. frontis |
| frug- | Subst. | frux, Gen. frugis |
| fu- | Perf.-Stamm | sum (s. Anhg. VI) |
| fud- | Perf.-Stamm | fundo 3. |
| fuera- | Ind. Plqpf. | sum (s. Anhg. VI) |
| fueri- | 1 Ind. Fut. ex. | sum (s. Anhg. VI) |
| | 2 Konj. Perf. | sum (s. Anhg. VI) |
| fuero | 1. Sg. Ind. Fut. ex. | sum (s. Anhg. VI) |
| fuisse- | Konj. Plqpf. | sum (s. Anhg. VI) |
| fulmin- | Subst. | fulmen, Gen. fulminis |
| fuls- | Perf.-Stamm | fulgeo 2. |
| funct- | PPP | fungor 3. (DP) |
| funer- | Subst. | funus, Gen. funeris |
| fus- | PPP | fundo 3. |
| futur- (+ Endg. (N)) | Part. Fut. | 1 sum (s. Anhg. VI)<br>2 fio |

**G**

| | | |
|---|---|---|
| gavis- | PPP (aktive Bedeutung) | gaudeo 2. |
| gemu- | Perf.-Stamm | gemo 3. |
| gener- | Subst. | genus, Gen. generis |
| gent- | Subst. | gens, Gen. gentis |
| gess- | Perf.-Stamm | gero 3. |
| gest- | PPP | gero 3. |
| genit- | PPP | gigno 3. |
| genu- | Perf.-Stamm | gigno 3. |
| greg- | Subst. | grex, Gen. gregis |

**H**

| | | |
|---|---|---|
| habit- | PPP | habeo 2. |
| habu- | Perf.-Stamm | habeo 2. |
| hac | 1 Abl. Sg. f | (1) hic |
| | 2 Adv. | hac |
| hae | Nom. Pl. f | (1) hic |
| haec | 1 Nom. Sg. f | (1) hic |
| | 2 Nom./Akk. Pl. n | (1) hic |
| haes- | Perf.-Stamm | haereo 2. |
| hanc | Akk. Sg. f | (1) hic |
| harum | Gen. Pl. f | (1) hic |
| has | Akk. Pl. f | (1) hic |
| hi | Nom. Pl. m | (1) hic |

| | | |
|---|---|---|
| his | Dat./Abl. Pl. | (1) hic |
| hoc | 1 Abl. Sg. m/n | (1) hic |
| | 2 Nom./Akk. Sg. n | (1) hic |
| homin- | Subst. | homo, Gen. hominis |
| horum | Gen. Pl. m/n | (1) hic |
| hos | Akk. Pl. m | (1) hic |
| hospit- | Subst. | hospes, Gen. hospitis |
| huic | Dat. Sg. | (1) hic |
| huius | Gen. Sg. | 3. hic |
| hunc | Akk. Sg. m | (1) hic |

**I**

| | | |
|---|---|---|
| i- | 1 Präsens-Stamm | (1) eo |
| | 2 Perf.-Stamm | (1) eo |
| iact- | PPP | iacio 3. |
| iacu- | Perf.-Stamm | iaceo 2. |
| id | Nom./Akk. Sg. n | is |
| iec- | Perf.-Stamm | iacio 3. |
| iera- | Ind. Plqpf. | (1) eo |
| ieri- | 1 Ind. Fut. ex. | (1) eo |
| | 2 Konj. Perf. | |
| iero | 1. Sg. Ind. Fut. ex. | (1) eo |
| ii | siehe ivi | (1) eo |
| ii (-dem) | 1 Nom. Pl. m (= ei) | is (bzw. idem) |
| | 2 1. Sg. Ind. Perf. Akt. | (1) eo |
| iis (-dem) | Dat./Abl. Pl. (= eis) | is (bzw. idem) |
| illud | Nom./Akk. Sg. n | ille |
| imagin- | Subst. | imago, Gen. imaginis |
| imposit- | PPP | impono 3. |
| imposu- | Perf.-Stamm | impono 3. |
| impul- | Perf.-Stamm | impello 3. |
| incep- | Perf.-Stamm | incipio 3. |
| incept- | PPP | incipio 3. |
| inert- | Adj. | iners, Gen. inertis |
| infant- | Adj. | infans, Gen. infantis |
| ingent- | Adj. | ingens, Gen. ingentis |
| ingress- | PPP | ingredior 3. (DP) |
| inquit | 3. Sg. Ind. Präs. Akt. | inquam 'ich sage' |
| instruct- | PPP | instruo 3. |
| instrux- | Perf.-Stamm | instruo 3. |
| intellect- | PPP | intellego 3. |
| intellex- | Perf.-Stamm | intellego 3. |
| invas- | PPP | invado 3. |
| ipsum | 1 Akk. Sg. m | ipse |
| | 2 Nom./Akk. Sg. n | ipse |
| ire | Inf. Präs. Akt. | eo (1) |
| ire- | Konj. Impf. Akt. | eo (1) |
| iri (+ PPP) | = Inf. Fut. Pass. | |
| isse | Inf. Perf. Akt. | eo (1) |
| isse- | Konj. Plqpf. | eo |
| itiner- | Subst. | iter, Gen. itineris |

| | | |
|---|---|---|
| itur- (+ Endg. (N)) | Part. Fut. | eo |
| iudic- | Subst. | iudex, Gen. iudicis |
| iunct- | PPP | iungo 3. |
| iunx- | Perf.-Stamm | iungo 3. |
| iur- | Subst. | ius, Gen. iuris |
| iuss- | 1 Perf.-Stamm | iubeo 2. |
| | 2 PPP | iubeo 2. |
| iut- | PPP | iuvo 1. |
| ivi (= ii) | 1. Sg. Ind. Perf. Akt. | (1) eo |

**L**

| | | |
|---|---|---|
| lact- | Subst. | lac, Gen. lactis |
| laes- | 1 Perf.-Stamm | laedo 3. |
| | 2 PPP | laedo 3. |
| lapid- | Subst. | lapis, lapidis |
| laps- | PPP | (1) labor 3. (DP) |
| lat- | PPP | fero 3. |
| later- | Subst. | latus, Gen. lateris |
| latu- | Perf.-Stamm | lateo 2. |
| laud- | Subst. | laus, Gen. laudis |
| lect- | PPP | lego 3. |
| leg- | Subst. | lex, Gen. legis |
| leon- | Subst. | leo, Gen. leonis |
| lepor- | Subst. | lepos, Gen. leporis |
| libidin- | Subst. | libido, Gen. libidinis |
| libu- | Perf.-Stamm | libet 2. |
| licit- | PPP | licet 2. |
| licu- | Perf.-Stamm | 1 liceo 2. |
| | | 2 licet 2. |
| lit- | Subst. | lis, Gen. litis |
| litor- | Subst. | litus, Gen. litoris |
| locut- | PPP | loquor 3. (DP) |
| luc- | Subst. | lux, Gen. lucis |
| lumin- | Subst. | lumen, Gen. luminis |
| lus- | Perf.-Stamm | ludo 3. |
| lux- | Perf.-Stamm | lugeo 2. |

**M**

| | | |
|---|---|---|
| mal- | Praes.-Stamm | malo |
| mali- | Konj. Präs. Akt. | malo |
| malle | Inf. Präs. Akt. | malo |
| malle- | Konj. Impf. Akt. | malo |
| malu- | Perf.-Stamm | malo |
| malumus | 1. Pl. Ind. Präs. Akt. | malo |
| malunt | 3. Pl. Ind. Präs. Akt. | malo |
| mans- | Perf.-Stamm | maneo 2. |
| mavis | 2. Sg. Ind. Präs. Akt. | malo |
| mavult | 3. Sg. Ind. Präs. Akt. | malo |
| mavultis | 2. Pl. Ind. Präs. Akt. | malo |
| me | Akk. Sg. | ego |
| mei | Gen. Sg. | ego (siehe auch meus) |

| | | |
|---|---|---|
| mell- | Subst. | mel, Gen. mellis |
| ment- | Subst. | mens, Gen. mentis |
| merced- | Subst. | merces, Gen. mercedis |
| merit- | PPP | 1 mereo 2.<br>2 mereor 2. (DP) |
| meru- | Perf.-Stamm | mereo 2. |
| mihi | Dat. Sg. | ego |
| milit- | Subst. | miles, Gen. militis |
| minac- | Adj. | minax, Gen. minacis |
| mis- | Perf.-Stamm | mitto 3. |
| miss- | PPP | mitto 3. |
| monit- | PPP | moneo 2. |
| mont- | Subst. | mons, Gen. montis |
| monu- | Perf.-Stamm | moneo 2. |
| mor- | Subst. | mos, Gen. moris |
| mort- | Subst. | mors, Gen. mortis |
| mortu- | PPP | morior 3. (DP) |
| mot- | PPP | moveo 2. |
| muner- | Subst. | munus, Gen. muneris |
| | | |
| N | | |
| nact- | PPP | nanciscor 3. (DP) |
| nat- | PPP | nascor 3. (DP) |
| nec- | Subst. | nex, Gen. necis |
| neglex- | Perf.-Stamm | neglego 3. |
| nemini | Dat. Sg. | nemo |
| nemor- | Subst. | nemus, Gen. nemoris |
| nepot- | Subst. | nepos, Gen. nepotis |
| nequi- | Perf.-Stamm | nequeo 4. |
| nex- | PPP | necto 3. |
| nexu- | Perf.-Stamm | necto 3. (2) |
| nis- | PPP | nitor 3. (2) |
| nix- | PPP | nitor 3. |
| nobis | 1. Pl. Dat./Abl. | ego |
| noct- | Subst. | nox, Gen. noctis |
| nocu- | Perf.-Stamm | noceo 2. |
| nomin- | Subst. | nomen, Gen. nominis |
| nol- | Präs.-Stamm | nolo |
| noli | 2. Sg. Imp. Präs.<br>+ Inf. = Verbot | nolo |
| noli- | Konj. Präs. | nolo |
| nolite | 2. Pl. Imp. Präs.<br>+ Inf. = Verbot | nolo |
| nolle | Inf. Präs. | nolo |
| nolle- | Konj. Impf. | nolo |
| nolu- | Perf.-Stamm | nolo |
| nolumus | 1. Pl. Ind. Präs. | nolo |
| nolunt | 3. Pl. Ind. Präs. | nolo |
| nos | 1. Pl. Nom./Akk. | ego |
| nostri | 1 1. Pl. gen<br>2 Gen. Sg. m/n | ego<br>noster |

| | | |
|---|---|---|
| | Nom. Pl. m | |
| nostrum | 1 1. Pl. Gen. | ego |
| | 2 Akk. Sg. m | noster |
| | Nom./Akk. Sg. n | |
| nov- | Perf.-Stamm | nosco 3. |
| nulli | Dat. Sg. | 1 nemo |
| | | 2 nullus |
| numin- | Subst. | numen, Gen. numinis |
| nups- | Perf.-Stamm | nubeo 2. |

**O**

| | | |
|---|---|---|
| obi- | Perf.-Stamm | obeo 4. |
| obiec- | Perf.-Stamm | obicio 3. |
| obiect- | PPP | obicio 3. |
| obit- | PPP | obeo 4. |
| oblat- | PPP | offero 3. |
| oblit- | PPP | obliviscor 3. (DP) |
| obsed- | Perf.-Stamm | obsideo 2. |
| obsess- | PPP | obsideo 2. |
| obstit- | Perf.-Stamm | obsto 1. |
| obtul- | Perf.-Stamm | offero 3. |
| occas- | PPP | (1) occido 3. |
| occis- | PPP | (2) occido 3. |
| oner- | Subst. | onus, Gen. oneris |
| op- | Subst. | ops, Gen. opis |
| oper- | Subst. | opus, Gen. operis |
| oppert- | PPP | opperior 4. (DP) |
| oppress- | 1 Perf.-Stamm | opprimo 3. |
| | 2 PPP | opprimo 3. |
| or- | Subst. | (1) os, Gen. oris |
| ordin- | Subst. | ordo, Gen. ordinis |
| ort- | PPP | orior 4. (DP) |
| oss- | Subst. | (2) os, gen, ossis |
| ostent- | PPP | u.a. ostendo 3. |

**P**

| | | |
|---|---|---|
| pac- | Subst. | pax, Gen. pacis |
| palud- | Subst. | palus, Gen. paludis |
| par- | Adj. | par, Gen. paris |
| parent- | Subst. | parens, Gen. parentis |
| part- | 1 PPP | 1 pario 3. |
| | 2 Subst. | 2 pars, Gen. partis |
| paru- | Perf.-Stamm | pareo 2. |
| pass- | 1 PPP | pando 3. |
| | 2 PPP | patior 3. (DP) |
| past- | PPP | pasco 3. |
| patr- | Subst. | pater, Gen. patris |
| patu- | Perf.-Stamm | pateo 2. |
| pav- | 1 Perf.-Stamm | 1 pasco 3. |
| | 2 Perf.-Stamm | 2 paveo 2. |

| | | |
|---|---|---|
| pecor- | Subst. | pecus, Gen. pecoris |
| pector- | Subst. | pectus, Gen. pectoris |
| ped- | Subst. | pes, Gen. pedis |
| pedit- | Subst. | pedes, Gen. peditis |
| pepend- | Perf.-Stamm | pendo 3. |
| peper- | Perf.-Stamm | pario 3. |
| peperc- | Perf.-Stamm | parco 3. |
| pepul- | Perf.-Stamm | pello 3. |
| perdid- | Perf.-Stamm | perdo 3. |
| permis- | Perf.-Stamm | permitto 3. |
| permiss- | PPP | permitto 3. |
| petit- | PPP | peto 3. |
| petiv- | Perf.-Stamm | peto 3. |
| pignor- | Subst. | pignus, Gen. pignoris |
| placit- | PPP | placeo 2. |
| placu- | Perf.-Stamm | placeo 2. |
| plur- | Adj., Komp. | multus |
| plurim- | Adj., Superl. | multus |
| plus- | Adj., Komp. | multus |
| pont- | Subst. | pons, Gen. pontis |
| posit- | PPP | pono 3. |
| posse | Inf. Präs. | possum |
| posse- | Konj. Impf. | possum |
| possim | 1. Sg. Konj. Präs. | possum |
| possimus | 1. Pl. Konj. Präs. | possum |
| possint | 3. Pl. Konj. Präs. | possum |
| possis | 2. Sg. Konj. Präs. | possum |
| possit | 3. Sg. Konj. Präs. | possum |
| possitis | 2. Pl. Konj. Präs. | possum |
| possumus | 1. Pl. Ind. Präs. | possum |
| possunt | 3. Pl. Ind. Präs. | possum |
| posu- | Perf.-Stamm | pono 3. |
| potera- | Ind. Impf. | possum |
| poteri- | Ind. Fut. | possum |
| potero | 1. Sg. Ind. Fut. | possum |
| poterunt | 3. Pl. Ind. Fut. | possum |
| potes | 2. Sg. Ind. Präs. | possum |
| potest | 3. Sg. Ind. Präs. | possum |
| potestis | 2. Pl. Ind. Präs. | possum |
| potu- | Perf.-Stamm | possum |
| praebu- | Perf.-Stamm | praebeo 2. |
| praecep- | Perf.-Stamm | praecipio 3. |
| praecept- | PPP | praecipio 3. |
| praecipit- | Adj. | praeceps, Gen. praecipitis |
| praestit- | Perf.-Stamm | praesto 1. |
| press- | 1 Perf.-Stamm | premo 3. |
| | 2 PPP | premo 3. |
| princip- | Adj. | princeps, Gen. principis |
| prodid- | Perf.-Stamm | prodo 3. |
| prodit- | PPP | prodo 3. |
| prospex- | Perf.-Stamm | prospicio 3. |

| | | |
|---|---|---|
| proxim- | Adj., Superl. | propior |
| puls- | PPP | pello 3. |
| pulver- | Subst. | pulvis, Gen. pulveris |

Q

| | | |
|---|---|---|
| qua | 1 Abl. Sg. f | qui (2) |
| | 2 Nom./Abl. Sg. f | quis |
| quae | 1 Nom. Sg./Pl. f | qui |
| | 2 Nom./Akk. Pl. n | qui, quis |
| quaesit- | PPP | quaero 3. |
| quaesiv- | Perf.-Stamm | quaero 3. |
| quam | Akk. Sg. f | 1 qui |
| | Adv. | 2 quam |
| quarum | Gen. Pl. f | qui |
| quas | Akk. Pl. f | qui |
| quem | Akk. Sg. m | qui, quis |
| quest- | PPP | queror 3. (DP) |
| qui | 1 Nom. Sg. m | qui |
| | 2 Nom. Pl. m/f | qui, quis |
| quibus | Dat./Abl. Pl. | qui, quis |
| quid | Nom./Akk. Sg. n | quis |
| quiet- | 1 Subst. | quies, Gen. quietis |
| | 2 Adj. | quietus |
| quit- | PPP | queo 4. |
| quiv- | Perf.-Stamm | queo 4. |
| quo | 1 Abl. Sg. m/n | qui, quis |
| | 2 Adv. | quo (1) und (2) |
| quod | 1 Nom./Akk. Sg. n | qui (1) |
| | 2 Adv. | (1) quod |
| quorum | Gen. Pl. m/n | qui, quis |
| quos | Akk. Pl. m | qui, quis |

**R**

| | | |
|---|---|---|
| rapt- | PPP | rapio 3. |
| rapu- | Perf.-Stamm | rapio 3. |
| rat- | PPP | reor 2. (DP) |
| ration- | Subst. | ratio, Gen. rationis |
| re- | Subst. | res, Gen. rei (s. Anhg. VI) |
| recent- | Adj. | recens, Gen. recentis |
| reddid- | Perf.-Stamm | reddo 3. |
| reddit- | PPP | reddo 3. |
| redi- | Perf.-Stamm | redeo |
| reg- | Subst. | rex, Gen. regis |
| relict- | PPP | relinquo 3. |
| reliqu- | Perf.-Stamm | relinquo 3. |
| repper- | Perf.-Stamm | reperio 4. |
| respons- | PPP | respondeo 2. |
| restit- | Perf.-Stamm | resisto 3. |
| rex | Perf.-Stamm | rego 3. |
| ris- | Perf.-Stamm | rido 3. |
| robor- | Subst. | robur, Gen. roboris |

| | | |
|---|---|---|
| ror- | Subst. | ros, Gen. roris |
| ru- | Perf.-Stamm | ruo 3. |
| rup- | Perf.-Stamm | rumpo 3. |
| rupt- | PPP | rumpo 3. |
| rur- | Subst. | rus, Gen. ruris |
| rut- | PPP | ruo 3. |

**S**

| | | |
|---|---|---|
| salut- | Subst. | salus, Gen. salutis |
| sanguin- | Subst. | sanguis, Gen. sanguinis |
| sapient- | Adj. | sapiens, Gen. sapientis |
| sat- | PPP | sero 3. |
| sceler- | Subst. | scelus, Gen. sceleris |
| scrips- | Perf.-Stamm | scribo 3. |
| script- | PPP | scribo 3. |
| secu- | Perf.-Stamm | seco 1. |
| secut- | PPP | sequor 4. (DP) |
| seget- | Subst. | seges, Gen. segetis |
| semin- | Subst. | semen, Gen. seminis |
| sen- | Subst. | senex, Gen. senis |
| sens- | 1 Perf.-Stamm | sentio 4. |
| | 2 PPP | sentio 4. |
| sepult- | PPP | sepelio 4. |
| sev- | Perf.-Stamm | sero 3. |
| sider- | Subst. | sidus, Gen. sideris |
| sim | 1. Sg. Konj. Präs. | sum (s. Anhg. VI) |
| simus | 1. Pl. Konj. Präs. | sum (s. Anhg. VI) |
| sint | 3. Pl. Konj. Präs. | sum (s. Anhg. VI) |
| sis | 2. Sg. Konj. Präs. | sum (s. Anhg. VI) |
| sit | 3. Sg. Konj. Präs. | sum (s. Anhg. VI) |
| sit- | PPP | sino 3. |
| sitis | 2. Pl. Konj. Präs. | sum (s. Anhg. VI) |
| siv- | Perf.-Stamm | sino 3. |
| solit- | PPP (aktive Bedeutung) | soleo 2. |
| solut- | PPP | solvo 3. |
| sonit- | PPP | sono 1. |
| sonu- | Perf.-Stamm | sono 1. |
| sort- | Subst. | sors, Gen. sortis |
| spars- | 1 Perf.-Stamm | spargo 3. |
| | 2 PPP | spargo 3. |
| spret- | PPP | sperno 3. |
| sprev- | Perf.-Stamm | sperno 3. |
| stat- | PPP | sto 1. |
| statut- | PPP | statuo 3. |
| stet- | Perf.-Stamm | sto 1. |
| strat- | PPP | sterno 3. |
| strav- | Perf.-Stamm | sterno 3. |
| struct- | PPP | struo 3. |
| strux- | Perf.-Stamm | struo 3. |
| studu- | Perf.-Stamm | studeo 2. |
| su- | 1 Subst. | sus, Gen. suis |

| | | |
|---|---|---|
| | 2 Poss.-Pron. | suus |
| suas | 1 Perf.-Stamm | suadeo 2. |
| | 2 PPP | suadeo 2. |
| subact- | PPP | subigo 3. |
| subeg- | Perf.-Stamm | subigo 3. |
| subiec- | Perf.-Stamm | subicio 3. |
| subiect- | PPP | subicio 3. |
| sublat- | PPP | tollo 3. |
| submis- | Perf.-Stamm | submitto 3. |
| submiss- | PPP | submitto 3. |
| sumus | 1. Pl. Ind. Präs. | sum (s. Anhg. VI) |
| sumps- | Perf.-Stamm | sumo 3. |
| sumpt- | PPP | sumo 3. |
| sunt | 3. Pl. Ind. Präs. | sum (s. Anhg. VI) |
| superior | Adj., Komp. | superus |
| superior- | Adj., Komp. | superus |
| superius | Adj., Komp. Sg. n | superus |
| superum | Gen. Pl. | superi |
| supplic- | Subst. | supplex, Gen. supplicis |
| surrect- | PPP | surgo 3. |
| surrex- | Perf.-Stamm | surgo 3. |
| suscep- | Perf.-Stamm | suscipio 3. |
| sustent- | PPP | sustineo 2. |
| sustul- | Perf.-Stamm | tollo 3. {?} |

**T**

| | | |
|---|---|---|
| tact- | PPP | tango 3. |
| te | Akk. Sg. | tu |
| tect- | PPP | tego 3. |
| tellur- | Subst. | tellus, Gen. telluris |
| tempor- | Subst. | tempus, Gen. temporis |
| tent- | 1 PPP | tendo 3. |
| | 2 PPP | teneo 2. |
| tenu- | Perf.-Stamm | teneo 2. |
| territ- | PPP | terreo 2. |
| terru- | Perf.-Stamm | terreo 2. |
| tetend- | Perf.-Stamm | tendo 3. |
| tetig- | Perf.-Stamm | tango 3. |
| tex- | Perf.-Stamm | tego 3. |
| tibi | Dat. Sg. | tu |
| timu- | Perf.-Stamm | timeo 2. |
| torru- | Perf.-Stamm | torreo 2. |
| tors- | Perf.-Stamm | torqueo 2. |
| tract- | PPP | traho 3. |
| tradid- | Perf.-Stamm | trado 3. |
| tradit- | PPP | trado 3. |
| trax- | Perf.-Stamm | traho 3. |
| tremu- | Perf.-Stamm | tremo 3. |
| trit- | PPP | tero 3. |
| triv- | Perf.-Stamm | tero 3. |
| tui | Gen. Sg. | tu (siehe auch tuus) |

| | | |
|---|---|---|
| tul- | Perf.-Stamm | fero 3. |
| tur- | Subst. | tus, Gen. turis |
| turbin- | Subst. | turbo, Gen. turbinis |

U

| | | |
|---|---|---|
| urb- | Subst. | urbs, Gen. urbis |
| urs- | Perf.-Stamm | urgeo 2. |
| us- | PPP | utor 3. (DP) |
| uss- | Perf.-Stamm | uro 3. |
| ust- | PPP | uro 3. |

**V**

| | | |
|---|---|---|
| valu- | Perf.-Stamm | valeo 2. |
| vect- | PPP | veho 3. |
| veli- | Konj. Präs. | (2) volo |
| velle | Inf. Präs. | (2) volo |
| velle | Konj. Impf. | (2) volo |
| veloc- | Adj. | velox, Gen. velocis |
| ven- | Perf.-Stamm | venio 4. |
| vener- | Subst. | venus, Gen. veneris |
| vent- | PPP | venio 4. |
| ventr- | Subst. | venter, Gen. ventris |
| verit- | PPP | vereor 2. (DP) |
| vers- | PPP | verto 3. |
| vertic- | Subst. | vertex, Gen. verticis |
| vestri | Gen. Pl. | tu (siehe auch vester) |
| vestrum | Gen. Pl. | tu (siehe auch vester) |
| veter- | Adj. | vetus, Gen. veteris |
| vetit- | PPP | veto 1. |
| vetu- | Perf.-Stamm | veto 1. |
| vex- | Perf.-Stamm | veho 3. |
| vi | Subst. Abl. Sg. | vis |
| vic- | Perf.-Stamm | vinco 3. |
| vict- | PPP | 1 vinco 3.<br>2 vivo 3. |
| vid- | Perf.-Stamm | video 2. |
| vigu- | Perf.-Stamm | vigeo 2. |
| vim | Subst. Akk. Sg. | vis |
| vinct- | PPP | vincio 4. |
| vinx- | Perf.-Stamm | vincio 4. |
| vires | Subst. Nom./Akk. Pl. | vis |
| virgin- | Subst. | virgo, Gen. virginis |
| viribus | Subst. Dat./Abl. Pl. | vis |
| virium | Subst. Gen. Pl. | vis |
| virtut- | Subst. | virtus, Gen. virtutis |
| vis | 2. Sg. Ind. Präs. | volo (siehe auch vis) |
| vis- | PPP | video 2. |
| vix- | Perf.-Stamm | vivo 3. |
| vobis | Dat./Abl. Pl. | tu |
| voc- | Subst. | vox, Gen. vocis |
| vol- | Präs.-Stamm | volo |

| | | |
|---|---|---|
| volu- | Perf.-Stamm | volo |
| volumus | 1. Pl. Ind. Präs. | volo |
| volunt | 3. Pl. Ind. Präs. | volo |
| volut- | PPP | volvo 3. |
| vos | Nom./Akk. Pl. | tu |
| vulner- | Subst. | vulnus, Gen. vulneris |
| vult | 3. Sg. Ind. Präs. | volo |
| vultis | 2. Pl. Ind. Präs. | volo |

## ANHANG V: ABKÜRZUNGSVERZEICHNIS

| | |
|---|---|
| Abl. | Ablativ |
| Abl. abs. | Ablativus absolutus |
| A.c.i. | Accusativus cum infinitivo |
| adi indecl | adiectivum indeclinabile (unveränderbares Eigenschaftswort) |
| adi num | adiectivum numerale (beigefügtes Zahlwort) |
| Adj. | Adjektiv (beigefügtes Nomen) |
| Adv. | Adverb (Umstandswort) |
| adv num | adverbium numerale (adverbiales Zahlwort) |
| Akk. | Akkusativ |
| Akt. | Aktiv (Tätigkeitsform) |
| D | Deutsch |
| Dat | Dativ |
| Dekl. | Deklination (Veränderung/Beugung [eines Nomens]) |
| Demonstr | Demonstrativum (+ pron = hinweisendes Fürwort) |
| DP | Deponens passivum |
| E | Englisch |
| engl. | englisch |
| ex. | exactum (s. Fut.-ex.) |
| f | femininum (weiblich) |
| frz. | französisch |
| Fut. | Futur (Zukunft) |
| Fut. ex. | Futurum exactum (vollendete Zukunft) |
| Fw. | Fürwort (Pronomen) |
| FW | Fremdwort |
| Gen. | Genitivus |
| I | Italienisch |
| Imp. | Imperativ (Befehlsform) |
| Impf. | Imperfekt (unvollendete Vergangenheit) |
| Ind. | Indikativ (anzeigende Aussageweise) |
| indecl. | indeclinabile (unveränderbar) |
| indef. | indefinitum (+ pron = unbestimmtes Fürwort) |
| Inf. | Infinitiv (unbestimmte Aussageweise) |
| Interr. | Interrogativum (+ pron = fragendes Fürwort) |
| intr. | intransitiv ('unübergänglich') |
| ital. | italienisch |
| Kj. | Konjunktion (Bindewort) |

| | |
|---|---|
| Komp. | Komparativ (Vergleichsstufe) |
| Konj. | Konjunktiv (verbindende Aussageweise) |
| Konjug. | Konjugation (Veränderung/Beugung [eines Verbs]) |
| m | maskulinum (männlich) |
| n | neutrum (sächlich) |
| Nom. | Nominativ |
| Num. | Numeral (Zahlwort) |
| Obj. | Objekt |
| Pass. | Passiv (Leideform) |
| Pers. | 1. personale (+ pron = persönliches Fürwort)<br>2. Person |
| Pf./Pf.-Stamm | 1. Perfekt (vollendete Gegenwart)<br>2. Perfekt-Stamm |
| Pl. | Plural (Mehrzahl) |
| Plqpf. | Plusquamperfekt (Vorvergangenheit) |
| Poss. | possessivum (+ pron = besitzanzeigendes Fürwort) |
| PPP | Partizip Perfekt Passiv |
| Präp. | Präposition (Verhältniswort) |
| Praes. | Praesens (Gegenwart) |
| Pron. | Pronomen (Fürwort) |
| pron demonstr | Pronomen demonstrativum (hinweisendes Fürwort) |
| pron indef | Pronomen indefinitum (unbestimmtes Fürwort) |
| pron interr | Pronomen interrogativum (fragendes Fürwort) |
| pron pers | Pronomen personale (persönliches Fürwort) |
| pron poss | Pronomen possessivum (besitzanzeigendes Fürwort) |
| pron refl | Pronomen reflexivum (rückbezügliches Fürwort) |
| pron relat | Pronomen relativum (bezügliches Fürwort) |
| Ptz. | Partizip (Mittelwort) |
| refl. | reflexiv (+ pron = rückbezügliches Fürwort) |
| relat. | relativ(isch) (+pron = bezügliches Fürwort) |
| Sg. | Singular (Einzahl) |
| Subj. | Subjekt (Satzgegenstand) |
| Subj.-Akk. | Subjektsakkusativ |
| Subst. | Substantiv (selbstständiges Nennwort) |
| Superl. | Superlativ (Höchststufe) |
| tr. | transitiv ('übergänglich') |
| Vok. | Vokativ |
| WB | Wörterbuch |
| Zw. | Zeitwort |

# ANHANG VI: FORMENTABELLEN ('PARADIGMEN')

## a) Deklination der Substantive (selbstständigen Nomina)

### 1. Deklination: *-a*-Stämme

| | | | | |
|---|---|---|---|---|
| *Sing.* | *Nom.* | rosa ('Rose') | *Pl.* | rosae |
| | *Vok.* | ~ a | | ~ ae |
| | *Gen.* | ~ ae | | ~ ārum |
| | *Dat.* | ~ ae | | ~ īs |
| | *Akk.* | ~ am | | ~ ās |
| | *Abl.* | ~ ā | | ~ īs |

### 2. Deklination: *-o*-Stämme

| | | | | |
|---|---|---|---|---|
| *Sing.* | *Nom.* | dominus ('Herr') | *Pl.* | dominī |
| | *Vok.* | ~ e | | ~ ī |
| | *Gen.* | ~ ī | | ~ ōrum |
| | *Dat.* | ~ ō | | ~ īs |
| | *Akk.* | ~ um | | ~ ōs |
| | *Abl.* | ~ ō | | ~ īs |

*-o*-Stämme auf *-er* ohne Vokalschwund

| | | | | |
|---|---|---|---|---|
| *Sing.* | *Nom.* | puer ('Kind') | *Pl.* | puerī |
| | *Vok.* | ~ | | ~ ī |
| | *Gen.* | ~ ī | | ~ ōrum |
| | *Dat.* | ~ ō | | ~ īs |
| | *Akk.* | ~ um | | ~ ōs |
| | *Abl.* | ~ ō | | ~ īs |

*-o*-Stämme auf *-er* mit Vokalschwund

| | | | | |
|---|---|---|---|---|
| *Sing.* | *Nom.* | ager ('Acker') | *Pl.* | agrī |
| | *Vok.* | ager | | ~ ī |
| | *Gen.* | agrī | | ~ ōrum |
| | *Dat.* | ~ ō | | ~ īs |
| | *Akk.* | ~ um | | ~ ōs |
| | *Abl.* | ~ ō | | ~ īs |

-*o*-Stämme im Neutrum

| | | | | |
|---|---|---|---|---|
| *Sing.* | *Nom.* | templum ('Tempel') | *Pl.* | templa |
| | *Vok.* | ~ | | ~ |
| | *Gen.* | templī | | templōrum |
| | *Dat.* | ~ ō | | ~ īs |
| | *Akk.* | ~ um | | ~ a |
| | *Abl.* | ~ ō | | ~ īs |

**3. Deklination: Konsonantische Stämme**

| | | | | |
|---|---|---|---|---|
| *Sing.* | *Nom.* | dux ('Führer') | *Pl.* | ducēs |
| | *Vok.* | ~ | | ~ ēs |
| | *Gen.* | ducis | | ~ um |
| | *Dat.* | ~ ī | | ~ ibus |
| | *Akk.* | ~ em | | ~ ēs |
| | *Abl.* | ~ e | | ~ ibus |

Konsonantische Stämme des Neutrums

| | | | | |
|---|---|---|---|---|
| *Sing.* | *Nom.* | opus ('Werk') | *Pl.* | opera |
| | *Vok.* | ~ | | ~ a |
| | *Gen.* | operis | | ~ um |
| | *Dat.* | ~ ī | | ~ ibus |
| | *Akk.* | opus | | ~ a |
| | *Abl.* | opere | | ~ ibus |

-*i*-Stämme

| | | | | |
|---|---|---|---|---|
| *Sing.* | *Nom.* | cīvis ('Bürger') | *Pl.* | cīvēs |
| | *Vok.* | ~ is | | ~ ēs |
| | *Gen.* | ~ is | | ~ ium |
| | *Dat.* | ~ ī | | ~ ibus |
| | *Akk.* | ~ em | | ~ ēs |
| | *Abl.* | ~ e | | ~ ibus |

-*i*-Stämme im Neutrum

| | | | | |
|---|---|---|---|---|
| *Sing.* | *Nom.* | mare ('Meer') | *Pl.* | maria |
| | *Vok.* | ~ e | | ~ ia |
| | *Gen.* | ~ is | | ~ ium |
| | *Dat.* | ~ ī | | ~ ibus |
| | *Akk.* | ~ e | | ~ ia |
| | *Abl.* | ~ ī | | ~ ibus |

Gemischte Stämme

| | | | | |
|---|---|---|---|---|
| *Sing.* | *Nom.* | urbs ('Stadt') | *Pl.* | urbēs |
| | *Vok.* | ~ s | | ~ ēs |
| | *Gen.* | ~ is | | ~ ium |
| | *Dat.* | ~ ī | | ~ ibus |
| | *Akk.* | ~ em | | ~ ēs |
| | *Abl.* | ~ e | | ~ ibus |

**4. Deklination: -*u*-Stämme**

| | | | | |
|---|---|---|---|---|
| *Sing.* | *Nom.* | manus ('Hand') | *Pl.* | manūs |
| | *Vok.* | ~ us | | ~ ūs |
| | *Gen.* | ~ ūs | | ~ uum |
| | *Dat.* | ~ uī | | ~ ibus |
| | *Akk.* | ~ um | | ~ ūs |
| | *Abl.* | ~ ū | | ~ ibus |

-*u*-Stämme im Neutrum

| | | | | |
|---|---|---|---|---|
| *Sing.* | *Nom.* | cornū ('Horn') | *Pl.* | cornua |
| | *Vok.* | ~ ū | | ~ ua |
| | *Gen.* | ~ ūs | | ~ uum |
| | *Dat.* | ~ ūi/ū | | ~ ibus |
| | *Akk.* | ~ ū | | ~ ua |
| | *Abl.* | ~ ū | | ~ ibus |

**5. Deklination: -*ē*-Stämme**

| | | | | |
|---|---|---|---|---|
| *Sing.* | *Nom.* | diēs ('Tag') | *Pl.* | diēs |
| | *Vok.* | ~ ēs | | ~ ēs |
| | *Gen.* | ~ eī | | ~ ērum |
| | *Dat.* | ~ eī | | ~ ēbus |
| | *Akk.* | ~ em | | ~ ēs |
| | *Abl.* | ~ ē | | ~ ēbus |

## b Deklination der Pronomina

**Pronomina personalia – persönliche Fürwörter (Personalpronomina)**

| | *1. Person (Sprecher)* | *2. Person (Angesprochener)* | *3. Person (Besprochene Person)* | | |
|---|---|---|---|---|---|
| *Nom.* | ego 'ich' | tū 'du', 'Sie' | is 'er' | ea 'sie' | id 'es' |
| *Gen.* | meī | tuī | eius | eius | eius |
| *Dat.* | mihi | tibi | eī | eī | eī |
| *Akk.* | mē | tē | eum | eam | id |
| *Abl.* | mē | tē | eō | eā | eō |
| | | | | | |
| *Nom.* | nōs 'wir' | vōs 'ihr', 'Sie' | eī, iī 'sie' | eae | ea |
| *Gen.* | nostrum, nostrī | vestrum, vestrī | eōrum | eārum | eōrum |
| *Dat.* | nōbīs | vōbīs | eīs, iīs | eīs, iīs | eīs, iīs |
| *Akk.* | nōs | vōs | eōs | eās | ea |
| *Abl.* | nōbīs | vōbīs | eīs, iīs | eīs, iīs | eīs, iīs |

**Pronomina reflexiva – rückbezügliche Fürwörter (Reflexivpronomina)**

| | |
|---|---|
| *Gen.* | suī 'seiner' |
| *Dat.* | sibi 'sich' |
| *Akk.* | sē, sēsē |
| *Abl.* | sē |

| | | | |
|---|---|---|---|
| *nicht-reflexiv* | laudo | eum, eam, eos, eas | 'ich lobe ihn, sie' |
| vs. | | vs. | |
| *reflexiv* | laudat | se | 'er lobt sich, sie lobt sich' |
| | laudant | se | 'sie loben sich' |

**Pronomina possessiva – besitzanzeigende Fürwörter (Possessivpronomina)**

| *mask.* | *fem.* | *neutr.* | |
|---|---|---|---|
| meus | mea | meum | 'mein' |
| tuus | tua | tuum | 'dein, Ihr' |
| noster | nostra | nostrum | 'unser' |
| vester | vestra | vestrum | 'euer, Ihr' |
| suus | sua | suum | 'sein (eigen), ihr (eigen)' |

**Pronomina demonstrativa – hinweisende Fürwörter (Demonstativpronom.)**

| | | | |
|---|---|---|---|
| hic, | haec, | hoc | 'dieser, der (hier bei mir)' |
| iste, | ista, | istud | 'der, die, das (bei dir)' |
| ille, | illa, | illud | 'jener, jene, jenes (bei ihm, drüben) |

| | *Singular* | | | | | |
|---|---|---|---|---|---|---|
| | *mask.* | *fem.* | *neutr.* | *mask.* | *fem.* | *neutr.* |
| *Nom.* | hic | haec | hoc | ille | illa | illud |
| *Gen.* | huius | huius | huius | illīus | illīus | illīus |
| *Dat.* | huic | huic | huic | illī | illī | illī |
| *Akk.* | hunc | hanc | hoc | illum | illam | illud |
| *Abl.* | hōc | hāc | hōc | illō | illā | illō |

| | *Plural* | | | | | |
|---|---|---|---|---|---|---|
| | *mask.* | *fem.* | *neutr.* | *mask.* | *fem.* | *neutr.* |
| *Nom.* | hī | hae | haec | illī | illae | illa |
| *Gen.* | hōrum | hārum | hōrum | illōrum | illārum | illōrum |
| *Dat.* | hīs | hīs | hīs | illīs | illīs | illīs |
| *Akk.* | hōs | hās | haec | illos | illās | illa |
| *Abl.* | hīs | hīs | hīs | illīs | illīs | illīs |

*iste* wird dekliniert wie *ille.*

**Pronomina determinativa – bestimmende Fürwörter**

| | | | |
|---|---|---|---|
| is, | ea, | id | 'dieser, derjenige' (s. oben) |
| ipse, | ipsa, | ipsum | 'selbst' |
| īdem | eadem | idem | 'derselbe, dieselbe, dasselbe' |

Beugung von *ipse*

| | *Singular* | | | *Plural* | | |
|---|---|---|---|---|---|---|
| | *mask.* | *fem.* | *neutr.* | *mask.* | *fem.* | *neutr.* |
| *Nom.* | ipse | ipsa | ipsum | ipsī | ipsae | ipsa |
| *Gen.* | ipsīus | ipsīus | ipsīus | ipsōrum | ipsārum | ipsōrum |
| *Dat.* | ipsī | ipsī | ipsī | ipsīs | ipsīs | ipsīs |
| *Akk.* | ipsum | ipsam | ipsum | ipsōs | ipsās | ipsa |
| *Abl.* | ipsō | ipsā | ipsō | ipsīs | ipsīs | ipsīs |

Beugung von *idem*

| | *Singular* | | | *Plural* | | |
|---|---|---|---|---|---|---|
| | *mask.* | *fem.* | *neutr.* | *mask.* | *fem.* | *neutr.* |
| *Nom.* | īdem | eadem | idem | eīdem | eaedem | eadem |
| *Gen.* | | eiusdem | | eōrundem | eārundem | eōrundem |
| *Dat.* | | eīdem | | eīsdem | eīsdem | eīsdem |
| *Akk.* | eundem | eandem | idem | eōsdem | eāsdem | eadem |
| *Abl.* | eōdem | eādem | eōdem | eīsdem | eīsdem | eīsdem |

**Pronomina relativa – bezügliche Fürwörter (Relativpronomina)**
Beugung des bezüglichen Fürwortes *qui*, *quae*, *quod* ('der', 'die', 'das')

| | *Singular* | | | *Plural* | | |
|---|---|---|---|---|---|---|
| | *mask.* | *fem.* | *neutr.* | *mask.* | *fem.* | *neutr.* |
| *Nom.* | quī | quae | quod | quī | quae | quae |
| *Gen.* | cuius | cuius | cuius | quōrum | quārum | quōrum |
| *Dat.* | cui | cui | cui | quibus | quibus | quibus |
| *Akk.* | quem | quam | quod | quōs | quās | quae |
| *Abl.* | quō | quā | quō | quibus | quibus | quibus |

**Pronomina interrogativa – fragende Fürwörter (Interrogativpronomina)**

| | *Singular* | | *Plural* | |
|---|---|---|---|---|
| | *mask./fem.* | *neutr.* | *mask./fem.* | *neutr.* |
| *Nom.* | quis/quae | quid | quī/quae | quae |
| *Gen.* | cuius | cuius | quōrum/quārum | quōrum |
| *Dat.* | cui | cui | quibus | quibus |
| *Akk.* | quem/quam | quid | quōs/quās | quae |
| *Abl.* | quō/quā | quō | quibus | quibus |

## c) Das Zeitwort (Verb)

**Erste oder *a*-Konjugation**
1 Unvollendete Zeiten (Präsensstamm)

*Activum*

| | *Indicativus* | *Coniunctivus* | *Imperativus* | *Infinitivus* | *Participium* |
|---|---|---|---|---|---|
| | *ich lobe* | *möge ich loben (lasst uns loben)* | *lobe! (lobt!)* | *(zu) loben* | *lobend* |
| *Praesens* | laudō | laudem | | laudāre | laudāns, ntis |
| | laudās | laudēs | laudā | | |
| | laudat | laudet | | | |
| | laudāmus | laudēmus | | | |
| | laudātis | laudētis | laudāte | | |
| | laudant | laudent | | | |
| | *ich lobte* | *ich würde loben* | | | |
| *Imperfectum* | laudābam | laudārem | | | |
| | laudābās | laudārēs | | | |
| | laudābat | laudāret | | | |
| | laudābāmus | laudārēmus | | | |
| | laudābātis | laudārētis | | | |
| | laudābant | laudārent | | | |
| | *ich werde loben* | | | *loben werden*[1] | *loben werdend*[2] |
| *Futurum (simplex)* | laudābo | | | laudātūrus, -a, -um esse | laudātūrus, -a, -um |
| | laudābis | | | | |
| | laudābit | | | | |
| | laudābimus | | | | |
| | laudābitis | | | | |
| | laudābunt | | | | |

[1] N.B.: Die Formen des Infinitivs und Partizips kommen im Deutschen nicht vor (vgl. M. Wermke u.a. (Hgg.). *Duden. Bd.4: Die Grammatik* [der deutschen Gegenwartssprache]. Mannheim u.a. [7]2005, § 664 ff.) und sind hier nur nachgebildet [Anm. des Übersetzers].
[2] Vgl. Anm.1.

*Passivum*

| | *Indicativus* | *Coniunctivus* | *Imperativus* | *Infinitivus* |
|---|---|---|---|---|
| | *ich werde gelobt* | *ich möge gelobt werden* | *du sollst gelobt werden* | *gelobt werden* |
| *Praesens* | laudor | lauder | | laudārī |
| | laudāris | laudēris | laudāre | |
| | laudātur | laudētur | | |
| | laudāmur | laudēmur | | |
| | laudāminī | laudēminī | laudāminī | |
| | laudantur | laudentur | | |
| | *ich wurde gelobt* | *ich würde gelobt werden* | | |
| *Imperfectum* | laudābār | laudārer | | |
| | laudābāris | laudārēris | | |
| | laudābātur | laudārētur | | |
| | laudābāmur | laudārēmur | | |
| | laudābāminī | laudārēminī | | |
| | laudābantur | laudārentur | | |
| | *ich werde gelobt werden* | | | *künftig gelobt werden* |
| *Futurum* | laudābor | | | laudātum īrī |
| *(simplex)* | laudāberis | | | |
| | laudābitur | | | |
| | laudābimur | | | |
| | laudābiminī | | | |
| | laudābuntur | | | |

2 Vollendete Zeiten (Perfektstamm)

*Activum*

| | *Indicativus* | *Coniunctivus* | *Infinitivus* |
|---|---|---|---|
| *Perfectum* | *ich habe gelobt / ich lobte*<br>laudāvī<br>laudāvistī<br>laudāvit<br>laudāvimus<br>laudāvistis<br>laudāvērunt | *ich möge gelobt haben*<br>laudāverim<br>laudāveris<br>laudāverit<br>laudāverimus<br>laudāveritis<br>laudāverint | *gelobt zu haben*<br>laudāvisse |
| *Plusquamperfectum* | *ich hatte gelobt*<br>laudāveram<br>laudāverās<br>laudāverat<br>laudāverāmus<br>laudāverātis<br>laudāverant | *ich hätte gelobt*<br>laudāvissem<br>laudāvissēs<br>laudāvisset<br>laudāvissēmus<br>laudāvissētis<br>laudāvissent | |
| *Futurum exactum* | *ich werde gelobt haben*<br>laudāverō<br>laudāveris<br>laudāverit<br>laudāverimus<br>laudāveritis<br>laudāverint | | |

*Passivum*

| | *Indicativus* | | *Coniunctivus* | | *Infinitivus* | *Participium* |
|---|---|---|---|---|---|---|
| | *ich bin gelobt worden / ich wurde gelobt* | | *ich möge gelobt sein* | | *gelobt worden sein* | *gelobt* |
| *Perfectum* | laudātus | sum | laudātus | sim | laudātus esse | laudātus |
| | -a, -um | es | -a, -um | sīs | -a, -um | -a, -um |
| | | est | | sit | | |
| | laudātī | sumus | laudātī | sīmus | | |
| | -ae, -a | estis | -ae, -a | sītis | | |
| | | sunt | | sint | | |
| | *ich war gelobt worden* | | *ich wäre gelobt worden* | | | |
| *Plusquamperfectum* | laudātus | eram | laudātus | essem | | |
| | -a, -um | erās | -a, -um | essēs | | |
| | | erat | | esset | | |
| | laudātī | erāmus | laudātī | essēmus | | |
| | -ae, -a | erātis | -ae, -a | essētis | | |
| | | erant | | essent | | |
| | *ich werde gelobt worden sein* | | | | | |
| *Futurum exactum* | laudātus | erō | | | | |
| | -a, -um | eris | | | | |
| | | erit | | | | |
| | laudātī | erimus | | | | |
| | -ae, -a | eritis | | | | |
| | | erunt | | | | |

**Zweite oder *e*-Konjugation**
Unvollendete Zeiten (Präsensstamm)

*Activum*

| | *Indicativus* | *Coniunctivus* | *Imperativus* | *Infinitivus* | *Participium* |
|---|---|---|---|---|---|
| | *ich zerstöre* | *möge ich zerstören (lasst uns zerstören)* | *zerstöre! (zerstört!)* | *(zu) zerstören* | *zerstörend* |
| *Praesens* | deleō | deleam | | delēre | delēns, -ntis |
| | delēs | deleās | delē | | |
| | delet | deleat | | | |
| | delēmus | deleāmus | | | |
| | delētis | deleātis | delēte | | |
| | delent | deleant | | | |
| | *ich zerstörte* | *ich würde zerstören* | | | |
| *Imperfectum* | delēbam | delērem | | | |
| | delēbās | delērēs | | | |
| | delēbat | delēret | | | |
| | delēbāmus | delērēmus | | | |
| | delēbātis | delērētis | | | |
| | delēbant | delērent | | | |
| | *ich werde zerstören* | | | *zerstören werden*[1] | *zerstören werdend*[2] |
| *Futurum (simplex)* | delēbō | | | delētūrus, -a, -um esse | delētūrus, -a, -um |
| | delēbis | | | | |
| | delēbit | | | | |
| | delēbimus | | | | |
| | delēbitis | | | | |
| | delēbunt | | | | |

[1] Vgl. S.167, Anm.1.
[2] Vgl. S.167, Anm.1.

*Passivum*

| | *Indicativus* | *Coniunctivus* | *Imperativus* | *Infinitivus* |
|---|---|---|---|---|
| | *ich werde zerstört* | *ich möge zerstört werden* | *du sollst zerstört werden* | *zerstört werden* |
| *Praesens* | deleor | delear | | delērī |
| | delēris | deleāris | delēre | |
| | delētur | deleātur | | |
| | delēmur | deleāmur | | |
| | delēminī | deleāminī | delēminī | |
| | delentur | deleantur | | |
| | *ich wurde zerstört* | *ich würde zerstört werden* | | |
| *Imperfectum* | delēbār | delērer | | |
| | delēbāris | delērēris | | |
| | delēbātur | delērētur | | |
| | delēbāmur | delērēmur | | |
| | delēbāminī | delērēminī | | |
| | delēbantur | delērentur | | |
| | *ich werde zerstört wer-den* | | | *künftig zerstört werden* |
| *Futurum (simplex)* | delēbor | | | delētum īrī |
| | delēberis | | | |
| | delēbitur | | | |
| | delēbimur | | | |
| | delēbiminī | | | |
| | delēbuntur | | | |

**Dritte oder konsonantische Konjugation**
Unvollendete Zeiten (Präsensstamm)

*Activum*

| | *Indicativus* | *Coniunctivus* | *Imperativus* | *Infinitivus* | *Participium* |
|---|---|---|---|---|---|
| | *ich siege* | *möge ich sie-gen (lasst uns siegen)* | *siege! (siegt!)* | *(zu)siegen* | *siegend* |
| *Praesens* | vincō | vincam | | vincere | vincēns, -ntis |
| | vincis | vincās | vince | | |
| | vincit | vincat | | | |
| | vincimus | vincāmus | | | |
| | vincitis | vincātis | vincite | | |
| | vincunt | vincant | | | |
| | *ich siegte* | *ich würde siegen* | | | |
| *Imperfectum* | vincēbam | vincerem | | | |
| | vincēbās | vincerēs | | | |
| | vincēbat | vinceret | | | |
| | vincēbāmus | vincerēmus | | | |
| | vincēbātis | vincerētis | | | |
| | vincēbant | vincerent | | | |
| | *ich werde siegen* | | | *siegen werden*[1] | *siegen werdend*[2] |
| *Futurum (simplex)* | vincam | | | vinctūrus, -a, -um esse | vinctūrus, -a, -um |
| | vincēs | | | | |
| | vincet | | | | |
| | vincēmus | | | | |
| | vincētis | | | | |
| | vincent | | | | |

[1] Vgl. S.167, Anm.1.
[2] Vgl. S.167, Anm.1.

*Passivum*

| | *Indicativus* | *Coniunctivus* | *Imperativus* | *Infinitivus* |
|---|---|---|---|---|
| | *ich werde besiegt* | *ich möge besiegt werden* | *du sollst besiegt werden* | *besiegt werden* |
| *Praesens* | vincor | vincar | | vincī |
| | vineris | vincāris | vincere | |
| | vincitur | vincātur | | |
| | vincimur | vincāmur | | |
| | vinciminī | vincāminī | vinciminī | |
| | vincuntur | vincantur | | |
| | *ich wurde besiegt* | *ich würde besiegt werden* | | |
| *Imperfectum* | vincēbar | vincerer | | |
| | vincēbāris | vincerēris | | |
| | vincēbātur | vincerētur | | |
| | vincēbāmur | vincerēmur | | |
| | vincēbāminī | vincerēminī | | |
| | vincēbantur | vincerentur | | |
| | *ich werde besiegt werden* | | | *künftig besiegt werden* |
| *Futurum* | vincar | | | victum īrī |
| *(simplex)* | vincēris | | | |
| | vincētur | | | |
| | vincēmur | | | |
| | vincēminī | | | |
| | vincentur | | | |

**Vierte** oder *i*-**Konjugation**
Unvollendete Zeiten (Präsensstamm)

*Activum*

| | *Indicativus* | *Coniunctivus* | *Imperativus* | *Infinitivus* | *Participium* |
|---|---|---|---|---|---|
| | *ich höre* | *möge ich hö-ren (lasst uns hören)* | *höre/horch! (hört!)* | *(zu)hören* | *hörend* |
| *Praesens* | audiō | audiam | | audīre | audiēns, |
| | audīs | audiās | audī | | -ntis |
| | audit | audiat | | | |
| | audīmus | audiāmus | | | |
| | audītis | audiātis | audīte | | |
| | audiunt | audiant | | | |
| | *ich hörte* | *ich würde hören* | | | |
| *Imperfectum* | audiēbam | audīrem | | | |
| | audiēbās | audīrēs | | | |
| | audiēbat | audīret | | | |
| | audiēbāmus | audīrēmus | | | |
| | audiēbātis | audīrētis | | | |
| | audiēbant | audīrent | | | |
| | *ich werde hören* | | | *hören werden*[1] | *hören werdend*[2] |
| *Futurum* | audiam | | | audītūrus, | audītūrus, |
| *(simplex)* | audiēs | | | -a, -um | -a, -um |
| | audiet | | | esse | |
| | audiēmus | | | | |
| | audiētis | | | | |
| | audient | | | | |

[1] Vgl. S.167, Anm.1.
[2] Vgl. S.167, Anm.1.

*Passivum*

| | *Indicativus* | *Coniunctivus* | *Imperativus* | *Infinitivus* |
|---|---|---|---|---|
| | *ich werde gehört* | *ich möge gehört werden* | *du sollst gehört werden* | *gehört werden* |
| *Praesens* | audior | audiar | | audīrī |
| | audīris | audiāris | audīre | |
| | audītur | audiātur | | |
| | audīmur | audiāmur | | |
| | audīminī | audiāminī | audīminī | |
| | audiuntur | audiantur | | |
| | *ich wurde gehört* | *ich würde gehört werden* | | |
| *Imperfectum* | audiēbār | audīrer | | |
| | audiēbāris | audīrēris | | |
| | audiēbātur | audīrētur | | |
| | audiēbāmur | audīrēmur | | |
| | audiēbāminī | audīrēminī | | |
| | audiēbantur | audīrentur | | |
| | *ich werde gehört werden* | | | *künftig gehört werden* |
| *Futurum (simplex)* | audiar | | | audītum īrī |
| | audiēris | | | |
| | audiētur | | | |
| | audiēmur | | | |
| | audiēminī | | | |
| | audientur | | | |

**Das Zeitwort *esse***
Unvollendete Zeiten (Präsensstamm)

| | *Indicativus* | *Coniunctivus* | *Imperativus* | *Infinitivus* | *Participium* |
|---|---|---|---|---|---|
| | *ich bin* | *ich möge sein* | *sei! (seid!)* | *(zu) sein* | |
| *Praesens* | sum | sim | | esse | |
| | es | sīs | es | | |
| | est | sit | | | |
| | sumus | sīmus | | | |
| | estis | sītis | este | | |
| | sunt | sint | | | |
| | ich war | ich würde sein | | | |
| *Imperfectum* | eram | essem (oder forem) | | | |
| | erās | essēs | | | |
| | erat | esset | | | |
| | erāmus | essēmus | | | |
| | erātis | essētis | | | |
| | erant | essent | | | |
| | *ich werde sein* | | | *sein werden*[1] | *sein werdend*[2] |
| *Futurum (simplex)* | erō | | | futūrus, -a, -um esse | futūrus, -a, -um |
| | eris | | | | |
| | erit | | | | |
| | erimus | | | | |
| | eritis | | | | |
| | erunt | | | | |

[1] Vgl. S.167, Anm.1.
[2] Vgl. S.167, Anm.1.

Vollendete Zeiten (Perfektstamm)

| | *Indicativus* | *Coniunctivus* | *Imperativus* | *Infinitivus* | *Participium* |
|---|---|---|---|---|---|
| | *ich bin gewesen/ich war* | *ich möge gewesen sein* | | *gewesen sein* | |
| *Perfectum* | fuī | fuerim | | fuisse | |
| | fuistī | fueris | | | |
| | fuit | fuerit | | | |
| | fuimus | fuerimus | | | |
| | fuistis | fueritis | | | |
| | fuerunt | fuerint | | | |
| | *ich war gewesen* | *ich wäre gewesen* | | | |
| *Plusquamperfectum* | fueram | fuissem | | | |
| | fuerās | fuissēs | | | |
| | fuerat | fuisset | | | |
| | fuerāmus | fuissēmus | | | |
| | fuerātis | fuissētis | | | |
| | fuerant | fuissent | | | |
| | *ich werde gewesen sein* | | | | |
| *Futurum exactum* | fuerō | | | | |
| | fueris | | | | |
| | fuerit | | | | |
| | fuerimus | | | | |
| | fueritis | | | | |
| | fuerint | | | | |

# SACHREGISTER

# SPRACHENREGISTER

# AUTORENREGISTER

## Lateinische und griechische Autoren

*Lateinische Autoren bzw. Quellen:*



*Griechische Autoren:*



## Autoren der Wirkungsgeschichte

## Die Autoren

*Harm Pinkster,* Professor emeritus der Universität Amsterdam, ist Mitglied vieler nationaler und internationaler Gremien und Akademien, u. a. des Thesaurus Linguae Latinae in München und korrespondierendes Mitglied der British Academy (FBA). Vorlesungen hielt er an zahlreichen bedeutenden Universitäten und lehrte u. a. als Gastprofessor in Oxford, Bologna und Chicago. International bekannt wurde Pinkster als Begründer der Internationalen Kolloquien zur lateinischen Linguistik in Amsterdam 1981. Mit A. Leeman verfaßte er ein umfangreiches mehrbändiges Kommentarwerk zu Ciceros Schrift *De oratore,* das im Universitätsverlag Winter in Heidelberg erschienen ist. Sein bekanntestes Buch, die *Latijnse syntaxis en semintiek* wurde in mehrere Sprachen übersetzt.

*Caroline Kroon,* seit 1999 Professorin für Klassische Philologie an der *Vrije Universiteit Amsterdam,* gehört zum Vorstand der Internationalen Kolloquien zur lateinischen Linguistik und veröffentlichte zahlreiche Arbeiten und Aufsätze zu Fragen der lateinischen Syntax und Pragmatik.

## Der Übersetzer

*Roland Hoffmann,* unterrichtet am Gymnasium Nieder-Olm bei Mainz. 1994 promovierte er über ein Thema der lateinischen Morphosyntax, nahm seitdem an mehreren inter-nationalen Kongressen mit eigenen Beiträgen teil und verfaßte viele Aufsätze und Rezensionen zu syntaktischen und typologischen Fragestellungen der lateinischen Linguistik.